Friedrich Rapp
Die Dynamik der modernen Welt

Friedrich Rapp

Die Dynamik der modernen Welt

Eine Einführung in die Technikphilosophie

JUNIUS

Junius Verlag GmbH
Stresemannstraße 375
22761 Hamburg

© 1994 by Junius Verlag GmbH
Alle Rechte vorbehalten
Umschlaggestaltung: Ulrich Klaus
Herstellung: Das Herstellungsbüro, Hamburg
Satz: H & G Herstellung, Hamburg
Druck: Clausen & Bosse GmbH, Leck
Printed in Germany 1994
ISBN 3-88506-244-5
1. Auflage Oktober 1994

Die Deutsche Bibliothek - CIP-Einheitsaufnahme

Rapp, Friedrich:
Die Dynamik der modernen Welt: eine Einführung in die
Technikphilosophie / Friedrich Rapp. - 1. Aufl. -
Hamburg : Junius, 1994
ISBN 3-88506-244-5

Inhalt

1. Einführung

Konzeption und Gliederung 7
Eine junge Disziplin 10
Die philosophische Dimension 15
Varianten des Technikbegriffs 18
Der allgemeine Kontext 23

2. Ideengeschichtliche Voraussetzungen

Theoretische Einsicht und magische Praxis 28
Natur als beseelter Kosmos 31
Das Technikverständnis der Antike 35
Das Konzept der Naturbeherrschung 37
Die geometrisch-mathematische Methode 41
Die Welt als Maschine 46
Anschauung und Begrifflichkeit 49
Naturwissenschaftliche Theorie
und technische Praxis 54
Die Rolle des Christentums 60

3. Die Dynamik des technischen Wandels

Die »Neutralität« der technischen Mittel 66
Der Spielraum des technischen Handelns 71
Steigerungsmechanismen 77
Die Technokratiediskussion 81
Sachzwänge und Wertentscheidungen 85
Das Unendlichkeitsstreben der Moderne 91

4. Naturalismus

Die anthropologische Sicht 99
Technik als Produktivität der Natur 104

5. Die Rationalität des Verfahrens

Die Fortsetzung der Schöpfung 110
Die marxistisch-leninistische Technikdeutung 114

6. Die Technik als Element der Kultur

Die technisierte Lebenswelt 119
Technik als symbolische Form 125
Technische Utopien 129

7. Metaphysisch-spekulative Deutungen

Die Wirkmacht der Technik 133
Die Seinsgeschichte 138
Technik als Mythos 143

8. Probleme und Alternativen

Die Kritische Theorie 149
Allgemeine Wissenschafts- und Rationalitätskritik ... 154
Ökologie- und Ressourcenprobleme 161
Alternative Technik 166
Ausblick 172

Anhang

Anmerkungen 181
Literatur 195
Register 204
Über den Autor 209

1. Einführung

Konzeption und Gliederung

Der Leser hat ein Recht darauf, vorab zu erfahren, was er von einer Abhandlung erwarten darf und auf welchen Leitgedanken die innere Architektonik des Textes beruht. Die folgenden Ausführungen sind aus der Überarbeitung eines Studienkurses der Fernuniversität Hagen hervorgegangen. Sie haben das Ziel, eine allgemeine Übersicht über den gegenwärtigen Diskussionsstand der Technikphilosophie zu geben, so daß auftretende Fragen im Sinne einer »intellektuellen Geographie« (Kant) bestimmten Themenbereichen zugeordnet werden können. Der dadurch bereitgestellte theoretische Bezugsrahmen trägt zur Verdeutlichung und Interpretation bei, weil die sonst gleichsam isoliert im dunklen Raum stehenden Einzelprobleme durch den übergeordneten systematischen Kontext Kontur gewinnen und durch die Einordnung in ein Beziehungsgefüge zusätzlich erhellt werden.

Dem Anliegen einer systematisch durchstrukturierten Gliederung stehen jedoch in doppelter Hinsicht Schwierigkeiten entgegen. Erstens hat jedwede philosophische Untersuchung teil an der Offenheit und Vielfalt des geistigen Lebens, so daß eine wie auch immer getroffene Festlegung problematisch und angreifbar erscheinen muß. Dies kreative Potential äußert sich gerade auch im Fall der Technikphilosophie in einer Vielfalt von Fragestellungen, Ansätzen, Zugangsweisen und Prämissen. Dem wird in der Gliederung dadurch Rechnung getragen, daß die Grundzüge der verschiedenen Positionen ungeschmälert zur Geltung kommen. Aber sie werden in einen ganz bestimmten systematischen Kontext gestellt, den man — das sei ausdrücklich hervorgehoben — in manchen Fällen auch anders hätte formulieren können. Zweitens sind zum Verständnis des hochkomplexen Phänomens Technik die historische und die systematische Dimension unerläßlich, wobei die konkrete Technikentwicklung sowohl von gesellschaftlichen, ökonomischen und politischen Bedingungen abhängt als auch von mentalitäts- und ideengeschichtlichen Voraussetzungen. Diese Komplexität und Mehrdimensionalität wird berücksichtigt, indem die dem engeren, traditionellen Philosophieverständnis zuzurechnenden Wesensbestimmungen erst im Anschluß an die Untersuchung des historischen Werdegangs und der vielberufenen Eigendynamik der Technik abgehandelt werden.

Im einzelnen führen diese Prämissen zu folgender Gliederung des Textes: Das erste Kapitel gibt eine Einführung in die Themenstellung und erläutert die Besonderheiten, durch die sich die Technikphilosophie von anderen philosophischen Gebieten unterscheidet. Wegen der vielfältigen Facetten des Phänomens Technik sind stets auch weiter gespannte, übergeordnete Zusammenhänge zu berücksichtigen, wobei es gleichwohl darauf ankommt, die spezifisch philosophischen Fragestellungen herauszuarbeiten und im Blick zu behalten. Das Thema des zweiten Kapitels ist der Weg, der zur modernen Technik geführt hat. Dabei geht es nicht um die Einzelheiten des konkreten historischen Prozesses – dafür sind die verschiedenen historischen Disziplinen zuständig, also etwa die Wissenschafts-, die Technik-, die Sozial- und die Kulturgeschichte. Es wird vielmehr der historische Wandel der philosophischen, insbesondere der methodologischen, erkenntnistheoretischen und ontologischen, Prämissen untersucht, auf denen die moderne Technik beruht. Das dritte Kapitel behandelt den allumfassenden, beschleunigten Wandel, der für die gegenwärtige Technik charakteristisch ist. Es liegt in der Natur der Sache, daß die Darstellungen und Erklärungen, die dazu vorgebracht werden, auch in die Nähe von sozial-, politik- und wirtschaftswissenschaftlichen Fragestellungen kommen. Philosophische Berührungsängste gegenüber der Empirie sind hier unangebracht. Wenn die philosophische Reflexion den Vorwurf der apriorischen Spekulation vermeiden will, darf sie sich nicht auf abgehobene Wesenbestimmungen beschränken; sie muß auch die konkreten Wirkungsmechanismen und die strukturellen Zusammenhänge technischen Wandels ins Auge fassen. Die Konzeptionen, die hier dikutiert und analysiert werden, betreffen eine mittlere Ebene, die zwischen der generellen Beschreibung der Phänomene und einer letzten, vertieften philosophischen Deutung liegt.

Daß es schwerlich eine einheitliche, gleichsam kanonische, alle in Frage kommenden Gesichtspunkte gleichzeitig abdeckende philosophische Wesensbestimmung der Technik geben kann, wird deutlich, wenn man sich die vielfältigen Aspekte vor Augen führt, die hier einschlägig sind.

Die Technik wird nach methodischen Prinzipien von Menschen hervorgebracht; sie beruht auf der Umgestaltung der physischen Welt für menschliche Zwecke aufgrund der erkannten Naturgesetze; sie ist integrierender Bestandteil unserer Lebenswelt und Kultur; sie ist wesentliche Vorgabe für alle ökonomischen, sozialen und politischen Prozesse — und alle diese Prozesse und Phänomene sind als konkrete geschichtliche Gestaltungen ihrerseits dem historischen Wandel unterworfen.

So erwägt denn auch Moser die Möglichkeit, »daß die Technik keine so einheitlich durchgearbeitete Struktur wie die ›Natur‹ und die Naturwissenschaft hat, so daß es für sie auch keine entsprechend einheitliche kategoriale Analyse gäbe; weil sie ein zu komplexes Phänomen, zusammengesetzt aus heterogensten Elementen sein könnte. Es gäbe dann auch nicht ›das Wesen‹ der Technik. In diesem Falle wäre es auch prinzipiell verfehlt, zu meinen, daß die Kritik der reinen Vernunft, die Kant im Hinblick auf die naturwissenschaftliche Begriffsbildung seiner Zeit versucht hat, für die technische Begriffswelt noch ausstehe.« [1]

Dieser Vielfalt entsprechend kommen in den Kapiteln 4 bis 7 jeweils unterschiedliche, aber gleichwohl zentrale philosophische Gesichtspunkte zur Geltung, die alle mit einem gewissen Recht beanspruchen können, zur Wesensbestimmung der Technik beizutragen. Die Technik steht im Zusammenhang mit der leiblichen Ausstattung des Menschen (Gehlen), und sie ist produktive Gestaltung der Natur (Moscovici). Das wird im vierten Kapitel unter dem Oberbegriff »Naturalismus« zusammengefaßt. Weil sie zielstrebig und folgerichtig zustande kommt, gehört die Technik in den Kontext des rationalen, vernunftorientierten Denkens. Sie kann in theologisch-spekulativer Deutung als Fortsetzung der Schöpfung erscheinen (Dessauer) und in marxistisch-leninistischer Sicht als gesellschaftliche Aneignung der Natur verstanden werden. Da beide Aspekte die Rationalität

9

des Verfahrens betonen, werden sie, trotz ihrer sonstigen Verschiedenheit, im fünften Kapitel unter diesem gemeinsamen Titel abgehandelt. Die Technik ist Bestandteil unserer alltäglichen Lebenswelt (Husserl), sie gehört zu den Manifestationen des objektivierten Geistes bzw. der symbolischen Formen (Cassirer), und sie ist das Ziel utopischer Zukunftserwartungen (Bloch). Gemeinsam ist diesen drei Gesichtspunkten, daß die Technik als Element der Kultur wahrgenommen wird; dies ist das Oberthema des sechsten Kapitels. Im siebten Kapitel geht es dann um den Versuch, durch bestimmte metaphysisch-spekulative Deutungen eine unüberbietbar letzte Wesensbestimmung der Technik zu geben, sei es, indem man ihre universelle Wirkmacht herausstellt (Ellul), indem man sie als Konsequenz der abendländischen Metaphysik interpretiert (Heidegger) oder indem man sie als Konsequenz vorbegrifflicher, bildhafter, mythischer Denkmuster auffaßt. Das abschließende Kapitel »Probleme und Alternativen« behandelt u. a. die Kritische Theorie (Horkheimer, Adorno, Habermas), die erkenntnistheoretische Technikkritik (Feyerabend), das Ökologieproblem und die Möglichkeiten einer alternativen Technik.

Eine junge Disziplin

Nach Hegels Wort ist die Philosophie »ihre Zeit in Gedanken erfaßt«. Wenn man diesen Anspruch ernst nimmt, müßte es heute eine weitreichende und systematisch ausgebaute Technikphilosophie geben. Technik und Naturwissenschaft sind — neben Säkularisierung, Aufklärung, Demokratie, Marktwirtschaft und Emanzipationsbewegungen — bestimmende Kräfte unserer Zeit. In den Industrienationen ist durch die moderne Technik eine zweite, künstliche Natur geschaffen worden, die weithin die erste, organisch gewachsene Natur ersetzt. Durch die wissenschaftlich-technische Entwicklung, die Verbesserung bestehender und die Einführung neuer technischer Verfahren und Produkte wird unsere Welt in globalem Maßstab umgestaltet. Die technischen Innovationen sind der materielle Auslöser und die äußere Vorgabe für den beschleunigten Wandel, der heute in allen Lebensbereichen stattfindet.

Die Anfänge einer eigenständigen, expliziten, unmittelbar philosophischen Fragestellungen gewidmeten Reflexion über die Technik reichen kaum weiter als hundert Jahre zurück. Die Handwerkstechnik, die bis zur Industrialisierung das Bild bestimmte, galt als theorielose Praxis und damit als ein Gegenstand, der keiner ernsthaften philosophischen Untersuchung würdig ist. Vor dem Ende des 19. Jahrhunderts wurde die Technik in der philosophischen Literatur entweder gar nicht oder nur beiläufig thematisiert.[2] Seitdem ist allmählich und schrittweise eine Änderung eingetreten. In jüngster Zeit wird denn auch die Technikphilosophie international zunehmend als Teilgebiet der Philosophie anerkannt.[3]

Auf diesen verspäteten Beginn sind bestimmte Besonderheiten der Technikphilosophie zurückzuführen. Die Technikphilosophie ist nicht in dem Maße ausdifferenziert wie andere Gebiete der Philosophie, also etwa Geschichtsphilosophie, Sozialphilosophie, Ethik, Ästhetik, Sprachphilosophie, Erkenntnis- und Wissenschaftstheorie. Diese Teildisziplinen können eine lange Tradition aufweisen, die z. T. bis in die Antike zurückreicht. Auf dem Gebiet der Technikphilosophie sind dagegen grundsätzliche, systematisch entfaltete und kritisch durchdiskutierte »klassische« Konzeptionen, wie sie etwa von Descartes und Kant für die Erkenntnistheorie oder von Herder und Hegel für die Geschichtsphilosophie formuliert wurden, seltener anzutreffen. Hier kommt der Umstand zur Geltung, daß die menschliche Vernunft in erster Linie kritisch ist. Es fällt leichter, etwas Vorhandenes zu kritisieren, sich an einer Vorgabe geistig abzuarbeiten, als aus dem Nichts heraus etwas Neues zu schaffen. Da auf dem relativ jungen Gebiet der Technikphilosophie die etablierten Positionen seltener sind, kann und muß oft Neuland beschritten werden. Das birgt zusätzliche Schwierigkeiten, eröffnet aber auch Chancen für neue, kreative Ansätze.

Charakteristisch für jedes wissenschaftliche Fach ist ein allgemein anerkannter, fester Bestand an Grundbegriffen, Fragestellungen, Methoden sowie an expliziten oder impliziten theoretischen Voraussetzungen. Erst ein solches Begriffssystem und eine solche Fachsprache machen es möglich, wohldefinierte Fragestellungen zu untersuchen und innerhalb des dadurch festgelegten Kontextes neu auftretende Probleme — gegebenenfalls auch kontrovers — zu be-

11

handeln. So wird denn auch im Verlaufe der historischen Entwicklung der Wissenschaften ein neues Fachgebiet erst dann als eigenständiger und in sich abgeschlossener wissenschaftlicher Bereich anerkannt, wenn ein solches Begriffssystem und ein entsprechendes theoretisches Raster entwickelt sind. Dies ist der Zustand, den Kuhn als die »normale Wissenschaft« bezeichnet.[4]

Die Technik hat als zentrales Element der Moderne teil an einem offenen Entwicklungsprozeß, und dieser Charakter des unabgeschlossenen Werdens überträgt sich zwangsläufig auch auf die Technikphilosophie. Dementsprechend schaffen sich die einzelnen Autoren häufig ihre eigene Sprache, so daß vielfach dasselbe gemeint ist, es aber auf unterschiedliche Weise ausgedrückt wird. In solchen Fällen stellt sich dann die Aufgabe, die unter der Oberfläche liegenden Gemeinsamkeiten herauszuarbeiten. Dabei ist jedoch Vorsicht geboten, denn verschiedenartige Bezeichnungen sind immer dann unerläßlich, wenn es um sachlich berechtigte Unterschiede im Zugang und in der Auffassungsweise geht.

Wie kommt es, daß die Technik trotz ihrer für uns heute unverkennbaren Lebensbedeutung historisch gesehen erst so spät zum Gegenstand der philosophischen Reflexion gemacht wurde? Die Antwort darauf bietet der vielberufene Gegensatz zwischen den »zwei Kulturen«, d. h. zwischen dem geistes- und geschichtswissenschaftlichen Denkstil einerseits und dem naturwissenschaftlich-technischen Denken andererseits.[5] Die Unterschiede, um die es hier geht, sind in der Eigenart der jeweiligen Gegenstandsbereiche begründet. Alle Wissenschaft zielt auf Erkenntnis. Diese Erkenntnis handelt nicht von den konkreten Einzelfällen in ihrer einmaligen Besonderheit, sondern von allgemeinen, wiederkehrenden gesetzmäßigen Zusammenhängen, die dann in bestimmten Theorien sprachlich (und gegebenenfalls auch mathematisch) erfaßt werden. Dadurch ist von der Sache her ein Übergewicht des Denkens, der Begriffe, der Theorie gegeben. Die konkreten, einmaligen Objekte, Prozesse und Phänomene kommen nur insofern und in dem Umfang zur Geltung, wie sie sich unter Allgemeinbegriffe oder allgemeine Gesetzmäßigkeiten subsumieren lassen.

An diesem theoretischen Anspruch gemessen, mußte die begrifflose technische Praxis zwangsläufig gegenüber der wissenschaftlichen Theorie zurückfallen. Die Antike und das Mittelalter betrachteten die Technik als eine nur handwerksmäßig ausgeübte Kunstfertigkeit, die einer theoretischen Untersuchung weder fähig noch würdig ist. Verglichen mit dem Ideal theoretischer Argumente, folgerichtiger Ableitungen und allgemeiner Gesetzmäßigkeiten wurden das handwerkliche, technische Können und der praktische Vollzug technischer Handlungen eher als Gegenstände minderen Ranges angesehen. Bis zum Beginn der Industriellen Revolution, die zu einer seitdem beständig fortwirkenden physischen Umgestaltung der Welt geführt hat, konnte die handwerklich betriebene Technik also mit einiger Plausibilität als selbstverständlicher und in theoretischer Hinsicht problemloser Bestandteil des Alltagslebens gelten.

Ganz anders liegen die Dinge bei den mathematischen Naturwissenschaften. Sie galten — etwa für Descartes, Spinoza, Leibniz und Kant — als das Musterbeispiel für sichere, objektive Erkenntnis. So sind denn auch die Ingenieurwissenschaften erst durch die mathematische Beschreibung und die Einführung von Laboratoriumsexperimenten zu einer akademisch anerkannten, eigenständigen theoretischen Disziplin geworden. Unter Berufung auf ihren spezifischen Forschungsgegenstand, der sich nicht auf rein mathematische oder naturwissenschaftliche Fragestellungen reduzieren läßt, wurde den Technischen Hochschulen schließlich 1899 das Promotionsrecht zuerkannt — gegen den heftigen Widerstand der Universitäten.

Inzwischen hat sich die Situation durch den beständig fortschreitenden und neue Gebiete erfassenden Technisierungsprozeß gründlich verändert. Wie die historische Rückschau zeigt, stellt dieser Prozeß keineswegs ein einmaliges, abgeschlossenes Geschehen dar. Für die zunehmend mit wissenschaftlichen Methoden betriebene Industrialisierung sind immer neue Schübe charakteristisch (Manufakturwesen, Dampfmaschine, Eisenbahn, Textilindustrie, chemische Industrie, Elektroindustrie, Automobilindustrie, Kunststoffe, Atomenergie, Mikroelektronik, Gentechnologie), wobei ein Ende der Entwicklung noch keineswegs abzusehen ist. Im Verlaufe dieses Prozesses ist die konkrete Lebensbedeutung der Technik immer weiter gewachsen. Dieser Wandel in der Bedeutsamkeit hat dann auch mit einer gewissen Phasenverschiebung in der philosophischen Aufarbeitung seinen Niederschlag gefunden. Schlagwortartig kommt dies

13

etwa in B. Franklins Bezeichnung vom Menschen als dem »tool-making animal« zum Ausdruck oder in der von H. Bergson geprägten Formel vom »homo faber«, die bewußt im Gegensatz steht zu der traditionellen philosophischen Deutung des Menschen als dem »animal rationale«. So beginnt denn auch das chronologisch geordnete Literaturverzeichnis, das Dessauer 1956 seiner zusammenfassenden Darstellung *Streit um die Technik* beigegeben hat, erst im Jahre 1807.[6] Als erste ausdrücklich der Technik gewidmete Abhandlung gelten die 1877 von Kapp publizierten *Grundlinien einer Philosophie der Technik*.[7] Insgesamt ist festzuhalten, daß auch in der Folgezeit die Technik zunächst eher von Künstlern — insbesondere von Schriftstellern — und erst danach von Philosophen als Thema entdeckt worden ist.[8]

Noch während des 19. Jahrhunderts haben führende Denker wie etwa Hegel, J. Burckhardt und Dilthey der Technik keine entscheidende, welthistorische Bedeutung beigemessen; in diesem Punkt war Marx hellsichtiger. Die Vorstellung, daß die Menschheitsgeschichte wesentlich durch den Stand der technischen Entwicklung bestimmt werde, beruht darauf, daß man die Erfahrungen, die unsere Zeit mit der alle Lebensbereiche durchdringenden Technik gemacht hat, auf die Vergangenheit zurückprojiziert. Tatsächlich haben die Zeitgenossen ihre eigene Situation jedoch ganz anders gesehen. Die in ihren Grundzügen gleichbleibende Handwerkstechnik, die in der Antike und im Mittelalter das Bild beherrschte, wurde — ebenso wie die anderen äußeren Lebensumstände — als eine selbstverständliche, naturhaft vorgegebene Größe ohne grundlegende theoretische Relevanz wahrgenommen. Die Folge war, daß man der als praktische Kunstfertigkeit verstandenen, theoriefreien Technik keine intellektuelle Aufmerksamkeit widmete.

Ferner ist hier ein allgemeinmenschliches Verhaltensmuster bedeutsam: Das Gute wird für selbstverständlich gehalten; erst das Schlechte gibt Anlaß zum Nachdenken. Das gilt auch für kritische Fragen nach Ursprung, Wirkung und Wesen der Technik. Während des »Wirtschaftswunders« nach dem Zweiten Weltkrieg wurde die Technik als Mittel zur Wohlstandssteigerung zunächst ohne viel Nachdenken allgemein begrüßt. Beginnend mit der Sozialkritik der »Frankfurter Schule« und dem Bericht des »Club of Rome« (s. Kapitel 8) ist dann ein Wandel eingetreten, der bis heute andauert. Ange-

sichts der Ressourcenknappheit und des Ökologieproblems wächst
das Interesse an einer Philosophie der Technik, wobei heute die kritische Beurteilung des naturwissenschaftlich-technisch-industriellen
Wandels überwiegt.

Die philosophische Dimension

Verglichen mit den methodisch und experimentell klar definierten,
durch eine entsprechende Fachterminologie und die mathematische
Formelsprache eng eingegrenzten Aussagen der Natur- und Ingenieurwissenschaften sind die Fragestellungen, die Begriffsbildungen
und die Methoden der Geistes- und Geschichtswissenschaften weniger eindeutig festgelegt. Dies gilt insbesondere für die Philosophie.
Der Radikalität und dem grundsätzlichen Charakter ihres Fragens
entsprechend will sie ohne Festlegung auf einen speziellen, einengenden, partikulären Ansatz die allgemeinsten Fragen des Erkennens, des Seins und des Sollens thematisieren und im Idealfall verbindlich beantworten. Doch auch die Philosophie kommt nicht
umhin, sich dabei an bestimmte Regeln zu halten. Die jeweils vertretenen Thesen und die vorgetragenen Argumente müssen Evidenz
beanspruchen, in sich stimmig sein und logisch folgerichtig entfaltet
werden. Obwohl sie angetreten ist, die Perspektivität allen Denkens
und Erkennens kritisch zu reflektieren, bleibt die Philosophie ihrerseits doch wieder bei jeder konkreten Denkbewegung an einen bestimmten Zugang gebunden. Auch in der philosophischen Reflexion
muß man sich für einen ganz bestimmten Einstieg, für einen der Sache möglichst angemessenen Ausgangspunkt entscheiden, wobei
diese Wahl dann die Art der darauffolgenden Untersuchung unvermeidbar präjudiziert.

Von dieser allgemeinen Situation der Philosophie ist auch das spezielle Gebiet der Technikphilosophie nicht ausgenommen. Tatsächlich findet sich in der Literatur eine Fülle von unterschiedlichen, miteinander konkurrierenden Ansätzen und Zugangsweisen — was sich
besonders in den Kapiteln 4 bis 7 zeigen wird. Wie in allen Lebensbereichen besteht auch hier eine Neigung zum »Monotheismus«. Jede

Richtung tendiert dazu, sich im Namen der erstrebten Wahrheit absolut zu setzen und ihren Ansatz für den einzig möglichen und zutreffenden zu halten.

Denkökonomie und Komplexitätsreduktion sind unerläßliche methodische Prinzipien. Doch sie führen dazu, daß bei der theoretischen Aneignung der Welt die konkrete Fülle und die Vieldimensionalität der Wirklichkeit auf einen einzigen Punkt reduziert werden, während doch im konkreten Prozeß immer alles zugleich im Spiel ist. Bei einer unvoreingenommenen Betrachtung zeigt sich denn auch, daß jede wirklich auf die Sache bezogene Position ihre relative Wahrheit und damit ihre Berechtigung hat, ohne daß dadurch die anderen Konzeptionen ausgeschlossen oder gar widerlegt würden. Doch es bleibt der Streit um die letzte Grundlegung: Welche der in den Kapiteln 4 bis 7 behandelten Deutungen kann mit Recht beanspruchen, die eigentliche Grundlage für alle anderen Aspekte zu liefern? Hier liegt ein intellektueller Ermessensspielraum vor, innerhalb dessen jeder Philosophierende ein eigenes Urteil fällen kann — und, wenn er zu Ende denkt, wohl auch fällen muß.

Da die Technik die verschiedensten Gegenstandsbereiche umfaßt, besteht immer die Gefahr einer Überschneidung zwischen philosophischer Reflexion und einzelwissenschaftlichen Untersuchungen. Der Vielfalt und Komplexität des Sachbereichs Technik entsprechend ist dabei eine ganze Reihe von einzelwissenschaftlichen Disziplinen betroffen. So untersucht beispielsweise die Geschichtsschreibung den bisherigen Verlauf der Technikentwicklung, die Soziologie macht die gesellschaftlichen Auswirkungen zum Thema, die Wirtschaftswissenschaften behandeln die wechselseitige Abhängigkeit von Technik und Ökonomie, und die Psychologie thematisiert die individuellen und kollektiven Motive des technischen Handelns und den Wandel der Selbstwahrnehmung in der technisierten Welt. Da die moderne Technik direkt oder indirekt in allen Lebensbereichen zur Geltung kommt, ließen sich die Beispiele beliebig vermehren.

Die entscheidende Differenz zwischen Philosophie und Einzelwissenschaften beruht auf der Art des jeweiligen Fragens. Um ihre Themenstellungen erfolgreich bearbeiten zu können, konzentrieren sich die Einzelwissenschaften auf eine ganz spezifische — im Fall der Realwissenschaften empirische — Erkenntnisperspektive, und sie machen darüber hinaus ausdrücklich oder stillschweigend ganz bestimmte Voraussetzungen, die ihrerseits nicht mehr hinterfragt werden. So untersucht die Geschichtswissenschaft den historischen Verlauf der Technikentwicklung — aber sie fragt nicht nach den letzten Ursachen, nach Sinn und Ziel dieses Prozesses. Die Soziologie konstatiert die gesellschaftlichen Auswirkungen der Technik — doch dabei wird nicht gefragt, ob diese Auswirkungen im Namen eines bestimmten Menschenbildes oder eines bestimmten Kulturverständnisses wirklich wünschenswert sind, d. h. die normative, ethische Beurteilung bleibt ausgeklammert. In den Wirtschaftswissenschaften gilt der »technische Fortschritt« als ein Faktor, der im Rahmen der optimalen Ressourcenallokation zu berücksichtigen ist — doch die eigentliche Herkunft dieses Faktors und die über das Ökonomische hinausreichenden Folgen des technischen Wandels werden nicht thematisiert. Ähnlich liegen die Verhältnisse im Fall der empirischen Psychologie. Für sie ist das beständig wachsende Streben nach zivilisatorischem Komfort ein hinzunehmendes Faktum — wobei aber die letzten Antriebe und die kulturellen, sozialen und ökologischen Folgen dieser Bedürfnisexplosion ihrerseits nicht mehr hinterfragt werden.

Diese Abgrenzung zwischen Philosophie und Einzelwissenschaften stellt ein hilfreiches und um der Klärung willen unerläßliches idealtypisches Schema dar. In der wissenschaftlichen Praxis treten gleichwohl vielfältige Überschneidungen auf. Die Philosophie der Technik befindet sich hier zwischen zwei gefährlichen Extremen: Sie verfehlt die eigentliche philosophische Aufgabe, wenn sie die einzelwissenschaftlichen Forschungsergebnisse unbesehen akzeptiert und sie nur in einer popularisierenden Synthese zusammenfaßt. Die Philosophie kann aber auch daran scheitern, daß sie den Bezug zur Empirie, zu den realen Gegebenheiten verliert und sich in bloßen Spekulationen, in inhaltslosen Gedankensystemen bewegt. Hier ist ein immer wieder aufs neue zu gewinnendes rechtes Maß gefordert, wobei gelegentliche Grenzüberschreitungen in der einen oder anderen Richtung kaum zu vermeiden sind.

Dieser enge Zusammenhang von philosophischen und einzelwissenschaftlichen Fragestellungen kommt in der vorliegenden Literatur sehr deutlich zum Ausdruck. Weil der Sache nach stets die verschiedensten Einflußgrößen im Spiel sind, die dann zu den unterschiedlichsten Fragestellungen Anlaß geben, ist es nur natürlich, daß bei einer weiten Fassung der Technikphilosophie etwa auch historische, soziologische, ökonomische, psychologische und politische Gesichtspunkte angesprochen werden. Die eigentlichen, im fachwissenschaftlichen Sinne philosophischen Arbeiten sind gleichsam von einem breiten Kranz allgemein gehaltener Untersuchungen umgeben, wobei dieses Verhältnis von Zentrum und Peripherie sehr häufig auch innerhalb ein und derselben Arbeit vorliegt. Es ist bezeichnend, daß Mitcham und Mackey in der ersten umfassenden internationalen Bibliographie zur Technikphilosophie (1973) nur jede zehnte der von ihnen aufgenommen Arbeiten als philosophisch in hohem Maße bedeutsam einstufen.[9]

Eine Art Gegenstück dazu bilden Untersuchungen, die ausdrücklich philosophischer Art sind, in denen die Technik aber nur beiläufig, als eine Größe neben anderen behandelt wird. Angesichts der Lebensbedeutung der modernen Technik kann es nicht verwundern, daß auch dieser Fall relativ häufig anzutreffen ist. Immer dann, wenn es darum geht, die gegenwärtige Situation auf den Begriff zu bringen, ist die Technik unvermeidbar mit im Spiel. Auch bei dieser Variante kommt es darauf an, entsprechende Abgrenzungen vorzunehmen bzw. die spezifisch technikphilosophischen Gesichtspunkte herauszuarbeiten. Ein solches Verfahren ist immer dann gerechtfertigt, wenn — in welchem Zusammenhang auch immer — grundsätzliche und systematisch entfaltete Überlegungen über die Technik angestellt werden. Diesem Typ einer philosophisch orientierten, aber eher impliziten Behandlung sind etwa die Arbeiten von Bloch, Blumenberg und Horkheimer zuzuordnen.

Varianten des Technikbegriffs

Neben dem philosophischen Zugang zum Phänomen der Technik bedarf auch die Bestimmung ihres Gegenstandsbereichs einer Erläuterung. Bei näherem Hinsehen zeigt sich, daß hier sachlich zusammengehörige, aber durchaus unterschiedliche Aspekte und Varianten des Technikbegriffs im Spiel sind. [10] Da der eingebürgerte Sprachgebrauch unscharf ist und nicht durch dekretorische Setzung verändert werden kann, wäre es eine rein akademische Forderung, zum Zweck einer eindeutigen Festlegung bestimmte, präzise abgegrenzte Varianten des Technikbegriffs als die einzig zulässigen zu erklären — so sehr dies vom Standpunkt des analytischen Scharfsinns aus auch zu begrüßen wäre. Der vielfältige Sinn der lebendigen Sprache läßt sich nicht durch definitorische Setzung dingfest machen. Man kann ihn nur zur Kenntnis nehmen und gegebenenfalls analytisch differenzierend entfalten. Der Umstand, daß Vielfältiges und Verschiedenartiges, aber doch inhaltlich Zusammengehöriges unter einen Begriff gefaßt oder doch zumindest mitgedacht wird, hat auch eine positive Seite: Schon durch die Wortbedeutung wird ein Zusammenhang hergestellt, der sonst womöglich nicht in den Blick käme. Es sei angemerkt, daß die vielschichtige und komplexe Struktur der modernen Technik keineswegs einen Ausnahmefall darstellt. Auch bei anderen übergreifenden Gegenstandsbereichen, wie etwa »der Wissenschaft«, »der Wirtschaft« und »der Politik«, lassen sich, sobald man sie näher ins Auge faßt, verschiedene Aspekte und Komponenten unterscheiden, die doch im höheren Sinne eine Einheit bilden.

Die naheliegendste Begriffsbestimmung besteht darin, daß man unter einer Technik eine bestimmte Verfahrensweise, eine spezifische Methode versteht, die dazu dient, ein gegebenes Ziel zu erreichen. Das so verstandene technische, d.h. immanent folgerichtige, zwecksprechende Vorgehen kann bereits bei einfachen, aber in sich strukturierten Tätigkeiten einer einzelnen Person zur Anwendung kommen, wie etwa dem Radfahren oder dem Klavierspielen. Ungleich komplizierter, aber bezüglich des technisch-methodischen Vorgehens nicht grundsätzlich anders liegen die Verhältnisse, wenn es um komplexe, zusammengesetzte Prozesse geht, die von mehreren koordiniert handelnden Akteuren gemeinsam im Verlauf eines klar in zeitliche Stufen gegliederten Prozesses ausgeführt werden; Beispiele dafür sind etwa die Techniken der Energiegewinnung oder der Automobilproduktion.

Das gängige Technikverständnis schließt auch die mit Hilfe der »technischen« Verfahrensweise hergestellten Maschinen, Geräte und Apparaturen, d.h. die konkreten, materiellen Realsysteme der Technik ein. Selbst die in diesen materiellen Gebilden (z. B. in Wärmekraft-maschinen) herbeigeführten Prozesse werden gelegentlich noch zur Technik gerechnet. Wenn man den Kreis noch weiter zieht und nach den Voraussetzungen fragt, die für die Herstellung und Benutzung technischer Artefakte erforderlich sind, müßte man auch die Kennt-nis der jeweiligen Verfahrensweisen, einschließlich des Hintergrund-wissens der Natur- und Ingenieurwissenschaften, berücksichtigen. Um das Bild vollständig zu machen, wären dann über die methodi-sche Struktur hinaus schließlich auch das tatsächliche, konkrete Tun, die Ausführung des Herstellungsprozesses und die darauf folgende Nutzung oder Anwendung der hergestellten Artefakte zur Technik zu rechnen. Diese Zusammenhänge gehören zur Sache selbst und sind deshalb nicht durch definitorische Setzungen aufhebbar. Jeder, der von der Technik und ihren philosophischen Problemen spricht, kann es gar nicht vermeiden, zumindest implizit und stillschweigend mit ei-ner ganz bestimmten Variante des Technikbegriffs zu arbeiten.

Die ausdrücklich oder stillschweigend vorgenommene Abgren-zung des Technikbegriffs wirkt unvermeidbar präjudizierend. Sie steckt den Spielraum, den kategorialen Horizont für die zu untersu-chenden Phänomene ab, und sie entscheidet mit darüber, zu welchen Ergebnissen man bei einer bestimmten − philosophischen − Unter-suchung über die Technik überhaupt gelangen kann.

Für die Technikphilosophie sind hier vor allem zwei Begriffsva-rianten bedeutsam: In der ersten, engeren Fassung konzentriert man sich auf die konkreten, handgreiflichen, physischen Gebilde der *Real-technik*. Hierbei geht es dann in erster Linie um die Herstellung und den Gebrauch von Werkzeugen bzw. um die Produktion und Anwen-dung der Systeme der modernen Ingenieurtechnik. Die Realtechnik beruht auf Eingriffen in die sinnfällige Außenwelt durch naturbe-herrschendes, an den Naturgesetzen orientiertes Handeln.[11] In der zweiten, weiter gefaßten Version wird die Technik primär als *Verfah-rensweise* verstanden. Nach dieser Fassung gehören alle durchstruk-turierten, methodischen Vorgehensweisen zur Technik, so daß dann über die Ingenieurtechnik hinaus auch andere organisatorische Ver-fahren und sogar politische Maßnahmen der Technik zuzurechnen sind. In diesem Sinne definiert Ellul die Technik als »die *Totalität der Methoden, die rational gewonnen wurden* und auf *jedem* Gebiet des menschlichen Tuns (für ein bestimmtes Entwicklungsstadium) *absolute Effizienz* haben.«[12]

Wenn man von Elluls weitgespannter Definition ausgeht, ist die Technik als konstitutives Element jedes zweckhaften Handelns schlechthin allgegenwärtig. Angesichts dieser Fassung fällt es schwer – über elementare, unstrukturierte Handlungen und das spielerische Tun hinaus –, überhaupt etwas zu benennen, das nicht der Technik zuzurechnen wäre. Bei dieser bewußt weitgefaßten, meist in kulturkritischer Absicht gewählten Variante wird die Technik dann zum Sammelbegriff für die Struktur der modernen Welt schlechthin. So heißt es in dem seinerzeit (1967) vielbeachteten Buch von Marcuse, *Der eindimensionale Mensch*: »Im Medium der Technik verschmelzen Kultur, Politik und Wirtschaft zu einem allgegenwärtigen System, das alle Alternativen in sich aufnimmt oder abstößt. Produktivität und Wachstumspotential dieses Systems stabilisieren die Gesellschaft und halten den technischen Fortschritt im Rahmen von Herrschaft. Technologische Rationalität ist zu politischer Rationalität geworden.«[13]

Jede Wahl, die hier getroffen wird, hat ihre Vor- und Nachteile. Die jeweils herausgestellte Bedeutungsvariante schärft den Blick für bestimmte Phänomene. Sie birgt aber auch die Gefahr, daß andere, komplementäre Aspekte vernachlässigt werden. Wenn man von dem enggefaßten, nüchternen, ingenieurwissenschaftlich orientierten Begriff der Realtechnik ausgeht, liegt es nahe, die Technik als neutrales Mittel aufzufassen, alle Probleme auf Sachfragen zu reduzieren und sie dadurch zu verharmlosen. Aber auch dann, wenn man sich für die Gegenposition entscheidet und die Technik als Inbegriff aller und jeder effizienten, zielgerichteten Verfahrensweisen betrachtet, ergeben sich Probleme. In diesem Fall ist der Begriff so weit gefaßt, daß spezifische Besonderheiten gar nicht mehr in den Blick kommen. Man operiert dann mit dem nicht weiter aufgeschlüsselten Verständnis eines technisch manipulierbaren bzw. manipulierten Ganzen, das als undurchschaubare, übermächtige, ja als dämonische Instanz erscheint.

Die eigentliche Aufgabe besteht also darin, einerseits den übergeordneten, ganzheitlichen Zusammenhang im Blick zu behalten und ihn doch andererseits durch analytische Differenzierungen durchsichtig und theoretisch faßbar zu machen. In Wirklichkeit sind die beiden hier in idealtypischer Vereinfachung vorgestellten Varianten des Technikverständnisses denn auch gar nicht eindeutig voneinander zu trennen. Vielfach handelt es sich nur um die Betonung eines spezifischen Aspekts, wobei von der Sache her immer auch die andere Seite im Spiel ist. In den folgenden Ausführungen wird versucht, beiden Gesichtspunkten gerecht zu werden, wobei der analytische Zugang von seiten der Realtechnik her, die ja das handgreifliche Substrat für alle technischen Verfahrensweisen bildet, im Idealfall dann auch zum Verständnis des Gesamtphänomens Technik führen soll. Um das Bild abzurunden, seien einige neuere Technikdefinitionen angeführt. So gibt Dessauer folgende Wesensbestimmung:»Technik ist reales Sein aus Ideen durch finale Gestaltung und Bearbeitung aus naturgegebenen Beständen.«[14] Während diese Definition auf die zielgerichtete Ingenieurtätigkeit Bezug nimmt, konzentriert sich Tondl auf die Umgestaltung der Natur:»Technologie ist alles, was der Mensch durch sein Tun *zwischen sich und die objektive Welt* und deren einzelne Teile *einschaltet* mit dem Ziel, diese Welt im Sinne seiner Bedürfnisse und Absichten umzugestalten.«[15] Die am weitesten ausdifferenzierte Definition, die auch die Wirkungen der Technik einschließt, gibt Tuchel. Bei ihm heißt es:»Technik ist der Begriff für alle Gegenstände und Verfahren, die zur Erfüllung individueller oder gesellschaftlicher Bedürfnisse auf Grund schöpferischer Konstruktion geschaffen werden, durch definierbare Funktionen bestimmten Zwecken dienen und insgesamt eine weltgestaltende Wirkung ausüben.«[16]

Der gelegentlich unternommene Versuch, sprachlich streng zwischen der *Technik* als dem Inbegriff der konkreten, handgreiflichen, materiellen Systeme und Prozesse einerseits und der *Technologie* als der jeweils zugehörigen Theorie andererseits zu unterscheiden, hat sich nicht allgemein durchsetzen können. Als Technologie werden heute nicht nur die theoretischen Grundlagen der Ingenieurtätigkeit bezeichnet, sondern darüber hinaus — inspiriert durch das englische »High Tech« — jedes relativ abgeschlossene Gebiet der Technik, das als modern und fortschrittlich gilt.

Der allgemeine Kontext

Die Technik ist kein isoliertes, für sich allein bestehendes Phänomen. Sie ist eingeordnet in weitergespannte Zusammenhänge, aus denen sie nur in der begrifflichen Abstraktion herausgelöst werden kann. Damit stellt sich die Aufgabe, diesen übergeordneten Kontext zumindest im Umriß und in den allgemeinen Zügen zu beschreiben. Die nähere Bestimmung des systematischen Ortes und der Wirkungszusammenhänge, in denen alles technische Handeln steht, ist geeignet, einer Unterschätzung oder einer Überbewertung der Technik entgegenzuwirken.

Der gegenwärtige Zustand wird verständlich, wenn man den *historischen Prozeß* ins Auge faßt, der zur augenblicklichen Situation geführt hat. Wer diesen Versuch zur Vergegenwärtigung der Vergangenheit unternimmt, sieht sich zunächst der Geschichte in ihrer ungeschmälerten Totalität gegenüber. In jedem einzelnen Augenblick bzw. in jeder historischen Periode ist stets die Gesamtheit aller äußeren Vorgaben, aller institutionellen Zwänge und aller individuellen Absichten und Handlungen präsent, woraus sich dann ein Ergebnis herauskristallisiert, das seinerseits den weiteren Verlauf bestimmt. Dabei ist die Technik in mannigfacher Weise mit den kulturellen, wirtschaftlichen, sozialen und politischen Verhältnissen verknüpft. Ihr jeweiliger Zustand resultiert aus dem vorhergehenden Geschehen; und sie ist ihrerseits in zunehmendem Maße ein bestimmender Faktor für die Zukunft. Auch für die philosophische Deutung ist es entscheidend, welche faktische Rolle man der Technik innerhalb dieses übergeordneten historischen und systematischen Wirkungszusammenhangs zuschreibt.

Dabei geht es primär nicht um eine terminologische, begriffliche Abgrenzung, sondern um die konkreten, realen Sachverhalte, d. h. um das tatsächliche Gewicht, das der Technik zukommt. Das ist letzten Endes eine empirische Frage, die in ihren Details durch einzelwissenschaftliche Untersuchungen geklärt werden muß. Hier stößt man dann unvermeidbar auf den aus der Geschichtstheorie bekannten Gegensatz zwischen den theoretischen Entwürfen der Geschichtsphilosophie und den realwissenschaftlichen Befunden der Geschichtsschreibung. Im vorliegenden Fall geht es dabei um die Beziehung zwischen spekulativen technikphilosophischen Thesen einerseits und empirischen technikgeschichtlichen Untersuchungen andererseits.

Für die Art und Weise, wie man den weitergespannten Kontext, also das *Umfeld*, innerhalb dessen die Technik steht, theoretisch aufgliedert, gibt es — wie bei allen begrifflichen Analysen — keine eindeutigen und zwingenden Vorschriften. Jeder Weg hat seine Vor- und Nachteile; sobald man bestimmte Zusammenhänge deutlich herausstellt, treten zwangsläufig andere in den Hintergrund. Die folgenden drei idealtypischen Modelle zeigen, daß die Technik und ihre Umgebung auf ganz unterschiedliche Weise voneinander abgegrenzt werden können.

(1) Eine naheliegende, in der wissenschaftstheoretischen und wissenschaftssoziologischen Diskussion gängige Unterscheidung besteht darin, daß man die konkreten, physischen Geräte und Apparaturen der Realtechnik sowie die ihnen zugrundeliegenden natur- und ingenieurwissenschaftlichen Erkenntnisse in begrifflicher Abstraktion von ihrer Umgebung unterscheidet und sie als einen relativ abgeschlossenen Komplex betrachtet, der einer eigenen historischen Entwicklungslogik folgt. Das Umfeld, innerhalb dessen dieser Systemkomplex »Naturwissenschaft und Technik« lokalisiert ist, erscheint dann als »äußere« Bestimmungsgröße. Die damit gesetzte Unterscheidung zwischen *interner* und *externer* Betrachtung ist fruchtbar, wenn es etwa um die disziplinspezifische Abfolge naturwissenschaftlicher Theorien geht oder um den internen Zusammenhang zwischen den verschiedenen Stadien der Ingenieurtechnik. Die konkrete Einordnung der Technik in den Gesamtzusammenhang der Gesellschaft und des Geschichtsprozesses wird dabei aber gar nicht angesprochen; die Technik erscheint hier lediglich als ein in sich abgeschlossener, gleichsam sich selbst genügender Bereich. Das Umfeld wird nicht thematisiert, es erscheint nur ex negativo und summarisch, als eine in sich nicht weiter strukturierte Einheit (vgl. dazu die auf S. 82-84 dargestellte Diskussion über die Möglichkeiten einer gesellschaftlichen Steuerung der Wissenschafts- und Technikentwicklung).

(2) In dieser Hinsicht führt die Unterscheidung zwischen den verschiedenen *sozialen Systemen* weiter. Nunmehr wird das Umfeld

ausdrücklich zum Thema erhoben. Dafür ist die Technik dann aber nur noch ein abstrakt gefaßtes System neben anderen. Auch diese, an der soziologischen Theorienbildung orientierte Konzeption verzichtet um der übergeordneten Zusammenschau willen auf die Betrachtung der einzelnen Handlungssubjekte. Ins Auge gefaßt werden nur die Organisationen und Institutionen, die die Art der Lebensführung in den hochkomplexen, arbeitsteiligen Industriegesellschaften kanalisieren. Je nach Akzentsetzung kann man hier unterscheiden zwischen dem Wirtschaftssystem (mit der Schlüsselkategorie Geld), dem Politiksystem (in dem Macht und Wiederwahl die entscheidenden Größen sind), dem Rechtssystem (das Konflikte friedlich schlichten soll), dem System der Medien (die die öffentliche Meinung prägen), dem Erziehungs- und Ausbildungssystem (das das erworbene Wissen weitergibt und die kulturellen Präferenzen und Verhaltensweisen vorformt) etc. Innerhalb des so definierten Kontextes stellt dann die naturwissenschaftlich-technisch-industrielle Entwicklung ein weiteres, eigenständiges, historisch variables System dar. Wie alle Abgrenzungen entbehren auch diese Unterscheidungen nicht der Willkür. Sie sind überdies in hohem Maße abstrakt, was sich etwa darin äußert, daß für einen unbefangenen, naiven Beobachter zwar Menschen, Handlungen und Dinge wahrnehmbar sind, aber nicht die genannten sozialen Systeme. Es bedarf des theoretisch geschulten, abstrahierenden Blicks, um die Systeme überhaupt als solche zu erkennen. Für das Verständnis des institutionellen und organisatorischen Zusammenspiels können diese gedanklich isolierten Systeme, die ja eine reale Grundlage haben, dagegen durchaus erhellend sein. Der Systemaspekt wird von Luhmann nachdrücklich herausgestellt.[17] Bezüglich der Technik ist insbesondere die schlechthin alles umfassende *Systemtheorie der Technik* von Ropohl einschlägig, die die naturale, die humane und die soziale Dimension erfassen soll.[18]

(3) Die Unterscheidung verschiedener sozialer Systeme ist vor allem für die synchrone Betrachtung geeignet, bei der zu einem bestimmten Zeitpunkt die Gesamtheit aller Einflußgrößen ins Auge gefaßt wird. Wenn darüber hinaus auch die diachrone historische Dimension ausdrücklich zur Geltung kommen soll, sind Begriffsbildungen fruchtbarer, die einen größeren Zeitraum abdecken. Bezogen auf unsere gegenwärtige Situation bietet sich hier der *Epochenbegriff der*

Moderne an, weil die dynamische Entwicklung der Technik gerade in diesen Zeitraum fällt. Verglichen mit dem grundlegenden technischen Wandel, der sich in den letzten Jahrhunderten vollzogen hat, erscheint die vorhergehende, durch die Handwerkstechnik geprägte Entwicklung als relativ stabil. Bei einer summarischen Betrachtung lassen sich innerhalb der Moderne insbesondere drei grundlegende Prinzipien nennen, die in enger Wechselwirkung mit der Technikentwicklung stehen; man kann sie schlagwortartig als die fortschrittsorientierte Aufklärung, die kapitalistische Marktwirtschaft und die egalitäre Demokratie kennzeichnen.

Die *Aufklärung*, als »der Ausgang des Menschen aus seiner selbstverschuldeten Unmündigkeit« [19], hat die Entfaltung der mathematisch-empirischen Naturwissenschaften und der im Rahmen des Manufakturwesens zunächst noch handwerklich geprägten Technik wesentlich gefördert. Naturwissenschaftliche Erkenntnisse und die Wohlstandsvermehrung durch die Technik galten als allgemeine Fortschrittsbeweise, wobei man in optimistischem Überschwang zugleich auch einen universellen kulturellen und moralischen Fortschritt erwartete. Nach dem modernen Verständnis muß sich ferner alles, was auf dem Gebiet der Technik geschieht, »rechnen«, d. h. dem erforderlichen Aufwand muß ein entsprechender Vorteil oder Gewinn gegenüberstehen. Gemäß der bekannten These von Max Weber geht der aufs engste mit der Technikentwicklung verknüpfte kapitalistische Geist ursprünglich auf die calvinistische Prädestinationslehre zurück. [20] Das systematische Gewinnstreben bildet im Verein mit dem freien Unternehmertum die Grundlage der *kapitalistischen Marktwirtschaft.* An dieser Stelle wird also eine enge Verbindung zwischen Kultur (Theologie), Ökonomie (kapitalistischem Wirtschaften) und der dynamischen Technikentwicklung deutlich. Hinzu kommt die insbesondere durch die Französische Revolution geförderte demokratische Bewegung, die den Massen die Teilnahme an der politischen Willensbildung ermöglicht hat. Auch hier bestehen enge Verknüpfungen mit dem jeweiligen Stand der Technik. So wäre die hohe Effizienz des technischen Systems in den Industrieländern unmöglich ohne die Massenproduktion, die ihrerseits an eine innerhalb der Bevölkerung breit gestreute Kaufkraft gebunden ist. [21]

Für die philosophische Untersuchung der Technik gelten ähnliche

Zusammenhänge. Ebenso wie die Technik selbst in einem weiteren Kontext steht, stellt auch die Technikphilosophie im Rahmen der philosophischen Reflexion kein für sich allein bestehendes, abgeschlossenes Gebiet dar. Sie hat — bildlich gesprochen — offene Grenzen gegenüber anderen Teilbereichen der Philosophie. Je nach Kontext geht es dabei etwa um Wissenschafts- und Erkenntnistheorie (beim Verhältnis von Technik und Naturwissenschaften), um die philosophische Anthropologie (Technik als Verstärkung und Erweiterung der körperlichen Ausstattung), um die Philosophie der Politik (bezüglich einer möglichen Techniksteuerung), um die Geschichtsphilosophie (im Hinblick auf die Fortschrittlichkeit und den Sinn der Technikentwicklung) und schließlich um die Metaphysik (als grundlegender Wesensbestimmung).

2. Ideengeschichtliche Voraussetzungen

Theoretische Einsicht und magische Praxis

Nach einer gängigen Formel verdanken wir der griechischen Antike den Schritt vom Mythos zum Logos. Die astronomischen Berechnungen waren in Griechenland nicht genauer als in Babylonien und Assyrien. Doch die Griechen gaben sich bei der Deutung der Natur nicht mit der Erklärung durch Mythen und Götter zufrieden. Entscheidend ist die »Entdeckung des Geistes«, des Eigenwerts der theoretischen Dimension durch die vorsokratischen Naturphilosophen.[22] Platon hat dann in seinen Dialogen das Streben nach einem intellektuellen Verständnis der Welt, die Suche nach den letzten Prinzipien in einer bis heute fortwirkenden Form exemplarisch entwickelt. Deshalb konnte Whitehead mit Recht sagen, die Geschichte der abendländischen Philosophie bestehe aus Fußnoten zu Platon.[23]

Es geht dabei um die Theorie, die die universellen, überzeitlichen, ideellen Urbilder und Ordnungsprinzipien beschreibt, die sich in den vielfältig wechselnden konkreten Phänomenen der Welt manifestieren. Die so verstandene Ordnung soll grundsätzlich für Natur und für Gesellschaft in gleicher Weise gelten: Der Kosmos bildet das ideale Vorbild, das auch für die Gestaltung der menschlichen Verhältnisse maßgeblich ist. Das Musterbeispiel für diese theoretische Schau sieht Plato in der Geometrie, die dann später für Galilei und Newton — und in verallgemeinerter Form auch für Einstein — den Schlüssel zum Verständnis der Naturprozesse liefern sollte.

Die theoretische, reine Erkenntnis, sei sie nun philosophischer oder naturwissenschaftlicher Art, wird um ihrer selbst willen erstrebt. Sie zielt auf das intellektuelle Verständnis, auf die systematische Erklärung der Welt und nicht auf praktischen Nutzen. In der historischen Rückschau zeigt sich, daß diese »Erfindung« des theoretischen Denkens die intellektuelle Voraussetzung für die spätere Entwicklung war, die dann durch die Verbindung von experimenteller Methode, mechanistischer Naturauffassung, mathematischer Beschreibung und industrieller Produktion schließlich den Siegeszug der modernen Naturwissenschaft und Technik ermöglicht hat. Gerade diese Dominanz der Theorie, die Distanzierung von der konkreten, anschaulichen Realität, ihre Auflösung in die Gedankenwelt der Begriffe, hat sich in der historischen Konsequenz als eminent praktisch erwiesen. Heute wird dies Verhältnis zwischen Theorie und Praxis sogar systematisch ausgenutzt: Die Förderung der naturwissenschaftlichen Grundlagenforschung soll auf lange Sicht auch der praktischen Anwendung dienen.

Aristoteles hat in der »List«, dem kunstfertigen Vorgehen, das charakteristische Merkmal der Technik gesehen.[24] Dieser Gesichtspunkt wird heute in Gestalt der ausgeklügelten, theoretisch begründeten modernen technisch-wissenschaftlichen Verfahren systematisch weiterentwickelt. So kann denn auch Sachsse zu Recht den Umwegcharakter der modernen Technik als ihr entscheidendes methodisches Charakteristikum herausstellen.[25]

Rationalismus und Aufklärung können mit guten Gründen als spezielle Ausformungen dieser intellektuell geprägten Weltsicht verstanden werden. Der damit beschrittene Weg führt, wenn der sachliche, distanzierte Blick zur alleinigen Norm erhoben wird, unvermeidbar zur Ernüchterung und zur Entheiligung der Welt; sie erscheint dann in letzter Konsequenz nur noch als eine zufällige Ansammlung von Materie und als beliebig verfügbares Objekt für die technische Indienstnahme. Dieser ambivalente Charakter des naturwissenschaftlichen Forschens und technischen Handelns war der »Weisheit des Mythos« von jeher bewußt. Das kommt im Bild des gefesselten Prometheus und des abstürzenden Ikarus ebenso zum Ausdruck wie in der zwiespältigen Einstellung gegenüber Hephaistos (Vulkan), dem Gott der Schmiede. Er wurde wegen seines Könnens bewundert, und doch galt sein Tun gleichzeitig als arglistig und verhängnisvoll.

Besonders deutlich zeigt sich diese ambivalente Struktur in den Versuchen der Alchemie. Die Alchemie ist Vorläuferin der wissenschaftlichen Chemie, zugleich aber auch deren extreme Gegenposition. Der Alchemist will, ebenso wie der moderne Chemiker, die Natur umgestalten, doch er vollzieht nicht die für die gesamte moderne Naturwissenschaft und Technik charakteristische Versachlichung und Distanzierung. Die »Transmutation«, die Umwandlung unedler Metalle in Gold, die die Alchemisten erstrebten, galt als Tortur, eine Tortur, die im Sinne der archaischen Initiationsriten als Zerstückelung und Wiedergeburt verstanden wurde. Das wichtigste Ziel war nicht ein nützliches Resultat, sondern die persönliche Vervollkommnung des »Adepten«, d. h. des Experimentators. Dennoch kann man mit Eliade im Grundgedanken vom materiellen Fortschritt durch Naturwissenschaft und Technik eine »authentische Fortsetzung des Traums der Alchemisten« sehen [26]; die Alchemie nahm vorweg, was dann schließlich die Ideologie der modernen Welt wurde, nämlich die zielgerichtete Umgestaltung der Natur.

In diesem Zusammenhang ist eine bemerkenswerte Analogie zwischen Magie und moderner Technik festzustellen. Trotz unterschiedlicher Auffassungs- und Vorgehensweisen bestehen Gemeinsamkeiten in der Zielsetzung. In beiden Fällen geht es darum, Naturprozesse für menschliche Zwecke dienstbar zu machen. Die Pointe liegt darin, daß die naturwissenschaftlich-technische Sicht bescheidener und zugleich anspruchsvoller ist als die auch in der Alchemie zum Ausdruck kommende magische Naturauffassung. Die Magie stellt eine besondere Form der »Experimentalphysik« dar. Auch für das magische Verständnis sind die Naturabläufe streng gesetzmäßig festgelegt. Der Mensch tritt aus dem rein passiven Verhältnis zur Natur heraus, er wird aktiv und versucht, die Abläufe in seinem Sinne zu gestalten. Dabei hält er sich für potentiell allmächtig. Weil die gesamte Natur als belebt und beseelt wahrgenommen wird, glaubt er, sie allein durch sein Wünschen und Wollen beeinflussen zu können. Der erstrebte Endzustand wird mit äußerster Genauigkeit vorweggenommen; der magische Bann soll die Natur dem menschlichen Willen unterwerfen.

Gleichsam eine Schwundstufe dieser magischen Praxis ist die Lebenserfahrung, daß schwierige Vorhaben nur bei voller Konzentration auf das Ziel gelingen. Doch die moderne Technik beruht nicht auf magischem Wünschen und Wollen, sondern auf nüchternem Kalkül. Je mehr die technischen Abläufe vom unmittelbaren Werkzeuggebrauch und damit vom handgreiflichen, leiblichen Kontakt mit dem

Menschen abgelöst und in Geräte, Apparaturen und Maschinen verlegt werden, um so mehr findet eine Versachlichung und Entpersönlichung statt. Die technischen Systeme und Prozesse werden verselbständigt, sie genügen ihrer eigenen Logik: Es zählt nicht mehr das »subjektive« Wünschen und Wollen der Menschen, sondern die »objektiven«, unabdingbaren, allgemeingültigen, überpersönlichen Naturgesetze. Nach dem modernen Verständnis kann die Natur nur dadurch besiegt werden, daß man sich ihren immanenten Gesetzmäßigkeiten anpaßt.

Die naturwissenschaftlich-technische Sichtweise ist also weniger anspruchsvoll, aber gleichzeitig auch viel weitreichender als das magische Naturverständnis. Während die Magie glaubt, alles bewirken zu können, rechnen wir heute von vornherein mit den durch die Naturgesetze gezogenen Grenzen, wie sie etwa in den Erhaltungssätzen zum Ausdruck kommen. Innerhalb dieser Grenzen, die durch die systematische Forschung und Entwicklung immer weiter ausgedehnt werden, erfolgt dann aber auch eine schrankenlose Indienstnahme und Umgestaltung der Natur. Diese ungehemmte Aneignung der Natur für immer weiter gesteckte menschliche Zwecke wäre für ein magisch-animistisches Naturverständnis, das sich mit den kosmischen Lebensprozessen eins weiß, schlechthin undenkbar.[27]

Natur als beseelter Kosmos

Die Reflexionen der griechischen Naturphilosophie liegen gleichsam auf halbem Wege zwischen dem magisch-animistischen und dem modernen wissenschaftlichen Naturverständnis. Ebenso wie das magische Denken versteht auch die antike Naturphilosophie die Welt als einen zusammenhängenden, beseelten Kosmos. Orientiert an den zweckhaft ineinandergreifenden Abläufen der organischen und der anorganischen Welt, wie sie sich der unmittelbaren Beobachtung augenfällig darbieten, wird die Natur als Leben, als Selbsttätigkeit, als zielgerichteter Prozeß und als geordnete Wiederholung verstanden. Doch mit der Anerkennung objektiv gültiger, in der Struktur der Welt selbst verankerter, gesetzmäßig wirkender Ordnungsprinzipien geht die griechische Naturphilosophie über das magisch-animistische Verständnis hinaus. Damit ist der erste Schritt zur objektivierenden, nüchternen wissenschaftlichen Erforschung der Naturprozesse getan, die sich in der Folgezeit dann als so überaus erfolgreich erwiesen hat.

Von der modernen mathematisch-experimentellen, mechanistischen Weltauffassung her gesehen bleibt das Naturverständnis der Antike und des Mittelalters jedoch in einem wesentlichen Punkt dem animistischen Denken verhaftet. Die Naturprozesse werden gleichsam durch Einfühlung in Analogie zur aktiven Tätigkeit der menschlichen Seele gedeutet. Die äußerlich wahrnehmbare Zweckhaftigkeit, etwa von Wachstumsprozessen, erfährt auf diese Weise eine innere Begründung, die schlechthin universell verstanden wird: Alles Naturgeschehen, alle konkreten Objekte und Prozesse unterliegen dem Prinzip der zielgerichteten Veränderung, die auf einen ganz bestimmten Endzustand gerichtet ist. In verallgemeinerter Form führt diese teleologische Deutung zu der These, daß die Natur nichts vergeblich tut, sondern in allen Prozessen die einfachsten Mittel anwendet und den günstigsten Weg beschreitet. In mechanistisch abgeschwächter Gestalt ist diese Denkfigur von der immanent zweckmäßigen Organisation der Natur noch bei Galilei, Newton und Kant gegenwärtig. [28]

Platons kosmologischer Dialog *Timaios* gibt eine theologische Begründung für die zweckmäßige Ordnung der Welt: Sie ist das Werk eines weisen Baumeisters. Auch Aristoteles führt im bekannten zwölften Buch seiner *Metaphysik* in einer Art von natürlicher Theologie alle Bewegung in der Welt auf einen »unbewegten Beweger« zurück. Diese geistige, göttliche Fassung der Ordnungsprinzipien der Natur eröffnet dann später im christlichen Verständnis den Horizont für ihre Erforschung: Es gilt, das von Gott verfaßte Buch der Natur zu entziffern, d. h. diese Strukturen in der Welt selbst aufzusuchen und begrifflich zu fassen. [29]

Exemplarisch für das Denken der Antike ist die aristotelische Vier-Ursachen-Lehre, die das Weltbild bis zum Ende des Mittelalters prägen sollte: Eine Veränderung setzt voraus (1) den Stoff, die Materie, aus der etwas wird, (2) die Gestalt oder Form, die entsteht, (3) die Wirkursache, d. h. die Quelle der Veränderung oder Bewegung, und (4) den Endzweck oder das Ziel der Veränderung. Entscheidend ist dabei die Zielursache, denn wir beobachten, daß sich alle Lebewesen auf eine ganz bestimmte Gestalt hin entwickeln.

Gerade dieses teleologische, zielgerichtete Verständnis trennt die aristotelische Weltsicht von der modernen Naturwissenschaft. Nach heutigem Verständnis sind nicht die übergreifenden Zielursachen, sondern die analytisch gefaßten experimentell bestimmten Wirkursachen die entscheidenden Prinzipien; an die Stelle der ganzheitlich und anschaulich verstandenen Form bzw. Gestalt tritt die abstrakte, mathematisch quantifizierte Beschreibung durch technisch-experimentell darstellbare Variablen.

Die grundsätzliche, auf den unterschiedlichen philosophischen Prämissen beruhende Differenz zwischen dem antiken Naturverständnis und der modernen Naturwissenschaft ist offenkundig. Wer heute ein naturwissenschaftliches Studium durchlaufen hat, wird mit Befremden auf die »unwissenschaftliche« Erklärung von Naturprozessen durch Zweckursachen herabsehen. Das mechanistische Weltbild der modernen Naturwissenschaften billigt der zielgerichteten Erklärung von Naturprozessen, etwa in der Biologie, allenfalls noch eine heuristische Bedeutung zu, wobei das Ziel darin besteht, diese immanente Zweckmäßigkeit auf die allein als wissenschaftlich geltenden Wirkursachen zurückzuführen.

Doch es stellt sich die Frage, wie es möglich war, daß die teleologische Naturbetrachtung zwei Jahrtausende lang das europäische Denken bestimmen konnte. Solange man davon absieht, in die Naturprozesse einzugreifen, sie experimentell zu zergliedern und technisch umzugestalten, ist die Erklärung durch Zielursachen immanent, von den beobachteten Phänomenen her gesehen, durchaus plausibel.[30] Sie macht das Wachstum der Lebewesen ebenso verständlich wie das Streben der Körper nach ihrem »natürlichen Ort« (schwere Körper und Wasser bewegen sich nach unten, Feuer und Luft steigen nach oben).

Aufschlußreich ist hier die individualpsychologische Entwicklung. Für das noch nicht von der Wissenschaft geprägte Verständnis von Kindern sind die aristotelischen Erklärungen durchaus zugänglich und sogar unmittelbar überzeugend. Das Weltbild der modernen Naturwissenschaften erschließt sich dagegen erst durch »unnatürliche«

33

Experimente, die zielgerichtet, theoriegeleitet und mit technischen Mitteln in die spontanen Naturabläufe eingreifen; erkenntnisleitend sind dabei abstrakte, idealisierte physikalische Variablen, deren funktionale Abhängigkeitsbeziehungen durch mathematische Gleichungen beschrieben werden.[31]

Dieses Beispiel zeigt, daß man ohne Angabe der jeweiligen Fragestellungen und Zielsetzungen und unabhängig von den als maßgeblich vorausgesetzten Bewertungskriterien gar nicht über den relativen Wert wissenschaftlicher Theorien urteilen kann. Zwischen zwei verschiedenen Konzeptionen, die beide logisch konsistent formuliert sind, innerhalb des selbstgesetzten Horizonts alle Beobachtungen erklären und auf die jeweils gestellten theoretischen Fragen eine immanent folgerichtige Antwort geben, besteht — genau besehen — gar keine eindeutige Präferenzordnung. Weil Verschiedenes gewollt wird, fehlt es an einem gemeinsamen Bezugspunkt, an einer übergeordneten Instanz, von der aus ein Urteil über die konkurrierenden Deutungen gefällt werden könnte. Eine über das Konstatieren der Besonderheiten hinausgehende Beurteilung ist nur dann sinnvoll, wenn Gemeinsamkeiten und damit auch vergleichbare Züge gegeben sind. Ebenso wie Lebensstile, Kunstwerke und historische Epochen sind in sich geschlossene wissenschaftliche Konzeptionen von außen her gar nicht angreifbar; sie ruhen in sich selbst und widersetzen sich dem äußeren Zugriff.[32] So heißt es bei Wieland vom aristotelischen Naturverständnis: »Es ist überhaupt weniger eine Theorie, die die Natur von einem abstrakten Ordnungsschema her zu verstehen sucht, sondern mehr ein Versuch einer phänomenologischen Beschreibung der Grundstrukturen der Erfahrung, die der Mensch von den Dingen macht, die er nicht selbst hervorgebracht hat.« Weil diese Erklärung der Natur »als eines Gefüges von Entsprechungen« in sich stimmig und abgeschlossen ist[33], konnte sie denn auch während der Antike und des Mittelalters die Grundlage für das Verständnis der physischen Welt bilden.

Das Technikverständnis der Antike

Wenn man die sinnlich wahrnehmbaren Phänomene ohne theoretische Vormeinung ins Auge faßt, sind die Unterscheidungen, die Aristoteles bei seiner ordnenden Beschreibung einführt, durchaus plausibel: Er teilt die Bewegungsabläufe ein in die unvollkommenen, der Zeit unterworfenen, geradlinigen Bewegungen *auf der Erde* und die vollkommenen, ewigen, göttlichen Kreisbewegungen der *Himmelssphären*. Ebenso naheliegend ist für das »theoretisch unbelastete« Verständnis seine Unterscheidung zwischen spontan eintretenden, *natürlichen Prozessen* einerseits und den vom Menschen herbeigeführten, künstlichen *technischen Abläufen* andererseits; diese Unterscheidung drängt sich, auf den ersten Blick gesehen, geradezu auf. Aristoteles sieht einen grundlegenden Unterschied zwischen Natur und Kunst, d. h. zwischen der immanenten Zweckmäßigkeit derjenigen Prozesse, die das bewegende Prinzip und die Zweckbestimmung in sich selbst haben, und den »technischen« Abläufen, bei denen dies nicht der Fall ist. Diese Vorstellung kommt in den ersten Sätzen einer zeitgenössischen, ursprünglich Aristoteles selbst zugeschriebenen Abhandlung über die Mechanik deutlich zum Ausdruck: »Natürliche Vorgänge erregen Verwunderung, wenn ihre Ursache unbekannt ist, naturwidrige Vorgänge, wenn sie sich durch Kunst (technē) zum Nutzen der Menschen abspielen. In vielen Fällen arbeitet nämlich die Natur dem, was uns nützt, entgegen. Denn Natur nimmt stets auf gleiche Weise und einfach ihren Lauf, während der Nutzen vielfältig wechselt. Will man nun etwas gegen die Natur tun, so bereitet dies wegen der Schwierigkeit Kopfzerbrechen und bedarf der Kunst. Deshalb nennen wir denjenigen Teil der Kunst, der bei solchen Schwierigkeiten behilflich ist, ein mechanisches Hilfsmittel (mechanē).«[34]

Zum Bereich der Kunst bzw. der Kunstfertigkeit gehört nach Aristoteles neben dem Handwerk und der bildenden Kunst auch die Wortkunst (Rhetorik). Alle diese Tätigkeiten beruhen auf der »technē«, d.h. der Fähigkeit des Menschen, absichtlich und zielgerichtet etwas herzustellen oder hervorzubringen — im Gegensatz zum Entstehungsprozeß in der Natur, der ohne Zutun des Menschen erfolgt. Diese Verschiedenartigkeit betrifft jedoch nur die Art

35

des Zustandekommens. Nach Aristoteles bleibt die Kunst in doppelter Weise von der Natur des Menschen abhängig. Sie muß erstens ihr Material stets der Natur entnehmen, und sie ahmt zweitens in ihrem Tun die zweckmäßige Ordnung der Natur nach. Der Seinsweise nach hat also die Natur den höheren Rang. Doch beim Vollzug des Erkenntnisprozesses liegen die Dinge umgekehrt. Weil Arbeit und Werkzeuggebrauch dem Menschen unmittelbar vertraut sind, wird die in der Natur selbst verankerte immanente Zweckmäßigkeit erst durch technisches Handeln entdeckt. [35] Die wesensmäßig, metaphysisch verstandene, wahrheitserschließende Bedeutung des Herstellenkönnens durch technische Kunstfertigkeit und die Allgegenwart dieser Kunstfertigkeit in der Lebenspraxis führen nach Ulmer zu einer Verschränkung »des Wissens und des Seins«, so daß »das Wesen des technischen Verhaltens mit der Geschichte der Metaphysik verknüpft ist«: Das herstellende Verhalten wird »als eine bestimmte Weise des Wahrheitens und Wissens verstanden« [36]. − Der Gedanke, daß ein enger Zusammenhang zwischen der Geschichte der abendländischen Metaphysik, der Wahrheitserkenntnis und der technischen Lebenspraxis besteht, wird dann in Heideggers Technikdeutung eine zentrale Rolle spielen.

Die philosophische Ausgrenzung der Technik, d.h. des Herstellungsprozesses und des technisch Hergestellten, aus der eigentlichen Natur entspricht der geringen Wertschätzung der handwerklichen Arbeit in der antiken Gesellschaft. So heißt es in Platons Dialog *Gesetze*: »Fürs erste soll unter den Leuten, die sich mit schweren, handwerksmäßigen Gewerben beschäftigen, kein Einheimischer sein und auch kein Sklave eines Einheimischen. Denn der eigentliche Bürger hat ein genügendes Geschäft, das vieler Übung wie umfassender Kenntnisse bedarf, wenn er den allgemeinen wohlgeordneten Zustand des Staates erlangen und erhalten will − einen Zustand, dessen Herbeiführung mehr erfordert, als es eine geringe Nebensache tut.« [37]

Die Geometrie mit ihren ewigen, überzeitlichen, allgemeingültigen Wahrheiten sollte den Schlüssel zur echten Wahrheitserkenntnis liefern. Doch diese Wissenschaft von unkörperlichen und abstrakten Dingen soll nicht dadurch entehrt werden, daß sie auf sinnliche Gegenstände angewandt wird, die nur für gemeine und grobe Handwerker taugen. In diesem Sinne berichtet Plutarch über den bekannten antiken Mathematiker Archimedes:»Er hielt die praktische Mechanik und überhaupt jede Kunst, die man der Notwendigkeit wegen triebe, für niedrig und handwerksmäßig. Sein Ehrgeiz ging nur auf solche Wissenschaften, in denen das Gute und Schöne einen inneren Wert für sich selbst hat, ohne der Notwendigkeit zu dienen.«[38]

Als theoriewürdige Praxis galt nur der Dienst am Gemeinwesen der Polis und der erfüllte individuelle Lebensvollzug, wie er sich etwa in der Freundschaft manifestiert. Ganz im Gegensatz zu unserer Zeit waren die Deutungen der physischen Welt gerade nicht auf eine praktische Anwendung hin konzipiert. Die Wertschätzung der reinen Theorie macht es verständlich, daß von dem relativ hoch entwickelten technisch-handwerklichen Stand kein nennenswerter Gebrauch gemacht wurde. Da schwere Arbeiten durch die zahlreichen Sklaven erledigt wurden, bestand gar kein Anlaß zur breitangelegten Nutzung der technischen Möglichkeiten. So war etwa im Alexandrien des 3. vorchristlichen Jahrhunderts die feinmechanische Kunst des Apparatebaus weit entwickelt (Wasserorgel, Wasserpumpe); doch die eher spielerischen technischen Unternehmungen blieben ohne weitreichende praktische Anwendung und Fortentwicklung.[39]

Das Konzept der Naturbeherrschung

Die theoretischen Spekulationen der mittelalterlichen Philosophie, die sich als Dienerin der Theologie verstand, aber unter dieser Prämisse uneingeschränkt der intellektuellen Einsicht vertraute, haben — wie sich in der Rückschau zeigt — den geistigen Nährboden für die moderne Naturwissenschaft bereitet. Ähnlich wie Marx im Sinne seiner von Hegel übernommenen teleologischen Geschichtsdialektik im Kapitalismus eine notwendige Vorstufe des Kommunismus sah, kann man im nachhinein in der Scholastik das »erforderliche« Vorstadium der Moderne erblicken. Gewiß wurden — dem Denkstil des Mittelalters entsprechend — in der Scholastik die Symbole und geometrischen Figuren viel stärker mit der Sache selbst identifiziert, als wir dies heute tun. Dennoch wurde auf diese Weise eine abstrakter gefaßte Beziehung zwischen Abbild und Gegenstand vorbereitet. Entscheidend ist dabei das theoretische Durchspielen von Möglichkeiten, insbesondere im Hinblick auf die Allmacht Gottes. So wird etwa im Rahmen der scholastischen Disputationsthesen gefragt, ob Gott auch etwas anderes tun könnte, als er in Wirklichkeit tut. Daraus ergibt sich dann die zunächst ebenso hypothetische Frage, ob es denkbar sei, daß Gott nicht existiert. Ähnliches gilt für die Frage, was geschehen würde, wenn die Bewegung der Himmelskörper aufhörte.

Theoretische Erwägungen dieser Art stellen die Welt der Tendenz nach frei für ein gedankliches – und dann später auch konkretes – Experimentieren. Dabei geht es nicht mehr um den theoretischen Nachvollzug des göttlichen Schaffens, sondern um das autonome, praktische, ausschließlich von Menschen selbst bestimmte Handeln, wie es dann in der modernen Naturwissenschaft und Technik zur Geltung kommt. [40]

Tatsächlich ist die Fortschrittsdynamik der Neuzeit, die sich in der naturwissenschaftlich-technischen Entwicklung augenfällig manifestiert, nicht denkbar ohne das methodische Prinzip der intellektuellen Variation. Kennzeichnend für die heutige Situation ist nicht das pragmatische Handeln im Sinne der überkommenen Tradition, sondern die theoriegeleitete Innovation, die sich aus dem gedanklichen Durchspielen von Möglichkeiten ergibt. Das gilt für die naturwissenschaftlichen Gedankenexperimente, die insbesondere bei der Entwicklung der Relativitätstheorie und der Quantentheorie eine entscheidende Rolle gespielt haben, ebenso wie für technische Neuerungen und politische Utopien. Die konsequente Anwendung und Fortentwicklung des durch scholastische Distinktionen und Argumentationen geschärften theoretischen Vermögens hat das theologisch begründete und von Ordnungsvorstellungen geprägte Gedankengebäude des Mittelalters gleichsam von innen her aufgelöst und damit den offenen Horizont für den freiheitsbewußten Denkstil der Moderne geschaffen.

Das gilt gerade auch für die mathematisch-experimentelle Methode. Nach dem Wirken von Francis Bacon, Galilei, Descartes und Newton sieht die Natur anders aus als vorher. Genauer gesagt, sie wird theoretisch anders gedeutet und dementsprechend auch anders wahrgenommen. Im hierarchisch geordneten Kosmos der Antike und des Mittelalters, der in der sozialen und politischen Ordnung seine Fortsetzung und Entsprechung fand, nimmt jedes Wesen seine vorgezeichnete Stelle ein und erfüllt zielgerichtet seine Bestimmung. Diese ganzheitliche, statische Konzeption des geordneten, gleichbleibenden Universums wird im 17. Jahrhundert gesprengt. An ihre Stelle treten ein neues Naturverständnis, ein neues Wissenschaftskonzept und eine neue Methode. Durch die mechanistische Naturauffassung und die auf experimentelle Untersuchungen und mathematische Beschreibung gegründete Theoriebildung wird ein Rüstzeug bereitgestellt, das von seinem Ansatz her die schier grenzenlose wissenschaftliche Erforschung und technische Indienstnahme der physischen Welt ermöglicht.

Für das säkularisierte, aufgeklärte, fortschrittsorientierte Verständnis sind der Erforschung und Umgestaltung der Natur nur noch durch den jeweiligen Stand des Wissens und Könnens Grenzen gesetzt. Diese Grenzen werden durch die Forschung und Entwicklung immer weiter hinausgeschoben, so daß schließlich nur die immanenten Gesetze der Naturprozesse die letzte, nicht mehr übersteigbare Schranke bilden. Die nur wirkursächlich determinierten Abläufe der physischen Welt stehen bei Kenntnis und Ausnutzung der Naturgesetze gleichsam widerstandslos für jedwede Nutzung offen, von der Herzverpflanzung und der Mondlandung bis zur potentiellen Kernfusion, aber auch bis zur Atombombe und zur Gentechnik. [41]

Seiner Zeit weit vorauseilend hat Francis Bacon in seinem *Novum Organon* (1620) in erklärtem Gegensatz zur aristotelischen Lehrmeinung die empiristische Grundlage und das methodische Programm der neuzeitlichen Naturwissenschaft formuliert: »Der Mensch, Diener und Erklärer der Natur, schafft und begreift nur soviel, als er von der Ordnung der Natur durch die Sache oder den Geist beobachten kann; mehr weiß oder vermag er nicht.« Weiter heißt es: »Wissen und menschliches Können ergänzen sich insofern, als ja Unkenntnis der Ursache die Wirkung verfehlen läßt. Die Natur nämlich läßt sich nur durch Gehorsam bändigen; was bei der Betrachtung als Ursache erfaßt ist, dient bei der Ausführung als Regel.« [42] Dabei soll die Erforschung der Natur ausdrücklich praktischen Zielsetzungen dienen. Dem entspricht es, daß Bacon in seiner Staatsutopie *Nova Atlantis* der Naturforschung und der technischen Umsetzung der gewonnenen Erkenntnisse eine zentrale Rolle zuschreibt: »Der *Zweck* unserer Gründung ist die Erkenntnis der Ursachen und Bewegungen sowie der verborgenen Kräfte in der Natur und die Erweiterung der menschlichen Herrschaft bis an die Grenzen des überhaupt Möglichen.« [43]

Es ist keineswegs ein Zufall, daß die Technik die materiellen Mittel zur Verwirklichung der Utopie bereitstellen soll; tatsächlich fallen die Französische Revolution und die Industrielle Revolution in England etwa in dieselbe Zeitspanne. Die darauf folgende historische Entwicklung ist dann bis zum heutigen Tag durch die Verbindung, fast ist man versucht zu sagen: die Symbiose, von technisch-zivilisatorischem und sozial-politischem Fortschrittsdenken bestimmt. Diese Vorstellung kulminiert in der von Marx und Engels im 19. Jahrhundert formulierten Theorie des Historischen Materialismus: Im Endstadium des Kommunismus sollte die durch das Gemeineigentum an den Produktionsmitteln bewirkte »Entfesselung der Produktivkräfte« schließlich in der klassenlosen Gesellschaft zu Freiheit und Wohlstand für alle führen. Gewiß waren Bacons programmatische Thesen mehr methodisch-theoretische Entwürfe als praktisch umsetzbare Handlungsanweisungen. Dies allein schon deshalb, weil die Technik zu seiner Zeit noch ganz und gar handwerklichen Charakter hatte. Doch seine Grundgedanken sind für die Wissenschaftsentwicklung bis in unsere Zeit hinein bestimmend geworden. [44]

Descartes hat dann mit seiner Unterscheidung zwischen dem unausgedehnten Bewußtsein und der ausgedehnten Materie (res cogitans und res extensa) das reduktionistische, auf die Untersuchung der Wirkursachen gerichtete mechanistische Weltbild formuliert, das die naturphilosophische und erkenntnistheoretische Grundlage für die Erfolge der mathematisch-experimentellen Naturwissenschaften bildet. In engem Zusammenhang damit, gleichsam im selben Atemzug, hat er durch die Erfindung der analytischen Geometrie (Kartesisches Koordinatensystem) das mathematische Instrumentarium vervollkommnet und die analytische Methode entwickelt, nach der die Naturwissenschaften künftig verfahren sollten.

Bereits in seiner ersten, programmatischen Schrift über die Methoden des richtigen Vernunftgebrauchs (1637) wird das Programm der neuen Naturwissenschaft formuliert. Descartes erklärt, die von ihm entwickelte mathematische Physik habe an Einzelproblemen gezeigt, »daß es möglich ist, zu Kenntnissen zu kommen, die von großem Nutzen für das Leben sind, und statt jener spekulativen Philosophie, die in den Schulen gelehrt wird, eine praktische zu finden, die uns die Kraft und Wirkungsweise des Feuers, des Wassers, der Luft, der Sterne, der Himmelsmaterie und aller anderen Körper, die uns umgeben, ebenso genau kennen lehrt, wie wir die verschiedenen Techniken unserer Handwerker kennen, so daß wir sie auf ebendieselbe Weise zu allen Zwecken, für die sie geeignet sind, verwenden und uns so zu Herren und Eigentümern der Natur machen können.«[45]

Dabei ist zu bedenken, daß Bacon und Descartes — wie alle ihre Zeitgenossen — an dem traditionellen statischen Geschichtsverständnis festhalten. Das Programm des allgemeinen sozialen Fortschritts durch systematische Naturbeherrschung sollte erst später, im 18. und 19. Jahrhundert, formuliert werden. Doch Descartes hat von seiten der Mathematik und der analytischen Verfahrensweise her das methodische Rüstzeug bereitgestellt, das heute in Gestalt des Prinzips der Ausforschung aller wissenschaftlich-technischen Möglichkeiten, der »invention of invention«, in konsequenter Form zur Anwendung kommt.

Die geometrisch-mathematische Methode

Das bloße Programm der neuen Wissenschaft liefert für sich allein genommen noch keine über den bisherigen Stand hinausgehenden naturwissenschaftlichen Erkenntnisse und technischen Handlungsmöglichkeiten. Wie immer in der Geschichte bestehen auch in diesem Fall Innovation und Tradition, Neugestaltung der Zukunft und Fortwirken der Vergangenheit nebeneinander. Das Alte, ob es nun übernommen oder abgelehnt wird, bildet die konkrete Vorgabe, aus der das Künftige erwächst; auch im Fall der Negation ist es eine ganz bestimmte Vergangenheit, von der man sich absetzt.

Der Wandel des Wissenschaftsverständnisses macht hier keine Ausnahme. Genau besehen sind F. Bacons konsequenter Empirismus und Descartes' analytische Methode keineswegs ohne geistige Vorbereitung, aus dem Nichts heraus entstanden. Bei näherem Hinsehen zeigt sich nämlich, daß es sich hier bei allem Wandel auch um die Ausformung und Fortentwicklung von Konzeptionen handelt, die der Antike und dem Mittelalter durchaus nicht fremd waren. So hatte schon Aristoteles ausdrücklich gefordert, daß die Erkenntnis der allgemeinen Formen und Prinzipien sich auf die Beobachtung der konkreten Phänomene stützen müsse. Auch die analytische Methode des schrittweise verfahrenden, begrifflich zergliedernden und folgerichtig fortschreitenden Denkens ist keineswegs völlig neu. Sie markiert von Anfang an den Unterschied zwischen dem abendländischen Wissenschaftsverständnis und den mythisch-erzählenden Weltdeutungen.

Der Erfolg der neuen Wissenschaft beruht auf zwei Elementen, in denen man extreme Fassungen des empiristischen Prinzips und der analytischen Methode sehen kann: erstens auf *systematischen, theoriegeleiteten Experimenten*, die mit Hilfe technischer Apparaturen und Geräte durchgeführt werden — und die im Fall des Gelingens ihrerseits wiederum technische Anwendungen gestatten, und zweitens auf der *mathematischen Darstellung*, die es erlaubt, mit wohldefinierten Variablen zu operieren, und die eine präzise, für die Vorausberechnung und technische Anwendung nutzbare Beschreibung liefert.

Die experimentellen Eingriffe in das Naturgeschehen beruhen ihrerseits auf einer Fortentwicklung des mechanischen Wissens und Könnens (Hebel, Flaschenzug). Dabei werden die zu untersuchenden oder zu nutzenden Prozesse und Objekte »künstlich« herauspräpariert bzw. hergestellt; die spontane Wahrnehmung der Natur wird ersetzt durch den Umgang mit Artefakten. Es ist gerade diese »technisch zubereitete« Natur, die uns die früher ungeahnten Handlungspotentiale eröffnet hat. Die auf idealisierende Modellvorstellungen gestützte theoriegeleitete Isolierung ganz bestimmter Zusammenhänge unter Abstraktion von den in Wirklichkeit immer vorliegenden »Störfaktoren« (Fall im luftleeren Raum, ausdehnungsloser Massenpunkt, reibungsfreie Bewegung, abgeschlossene Systeme) und die Untersuchung dieser Zusammenhänge durch entsprechende Laboratoriumexperimente führen zu technisch nutzbaren Erkenntnissen, die ganz andere Handlungsdimensionen eröffnen als die passive, »unbewaffnete« Beobachtung ganzheitlicher Naturphänomene. Das abstrakte, theoretische Gegenstück zur konkreten technischen Praxis ist die mathematische Methode. Vorläufer und Anknüpfungspunkte hierfür sind die antike Logik und die mathematischen Spekulationen der scholastischen Naturphilosophie.[46] Dabei haben die Erfolge der Mathematisierung schließlich im weiteren Verlauf zu einer bemerkenswerten Umkehrung der Fundierungsverhältnisse geführt. Die so erfolgreiche mathematische Methode gilt schließlich nicht mehr als ein bloß formales Hilfsmittel; im 17. und 18. Jahrhundert wird sie ihrerseits zum maßgeblichen Paradigma für das philosophische Denken erhoben.[47]

Kennzeichnend für die neue Wissenschaft ist ein veränderter Erfahrungsbegriff: »Die empirischen Daten liefert nicht mehr ein bloßes Hinsehen, eine interessierte Sorge um alles, was diese Welt umfaßt, sondern die Antwort auf eine mit den Mitteln der *Mathematik* und der *Technik* gestellte Frage.«[48] Die Mathematisierung, die zunächst in Form der Geometrisierung auftritt, ist das Werk von Galilei. Nach seiner bekannten Formulierung ist das Buch der Natur in der Sprache der Geometrie geschrieben: Es gilt, das Meßbare zu messen und das nicht Meßbare meßbar zu machen. Galilei orientiert sich dabei an technischen Vorgängen, am empirisch faßbaren Funktionieren von Geräten und Apparaturen und an der theoretischen Disziplin der Mechanik, die die unmittelbar sichtbaren Abläufe und Phänomene ohne Rückgriff auf »verborgene Ursachen« beschreibt. Ihm geht es nicht mehr um Wesensbestimmungen, sondern um die selektive Beschreibung und die gezielte Herstellung von bestimmten Naturprozessen.

Galileis Konzeption ist empiristisch, insofern sie das Beobachtbare ins Auge faßt. Doch das gilt nur im Prinzip und der Tendenz nach. Denn der Gewichtung nach steht bei ihm, ebenso wie im Rationalismus von Descartes, Spinoza und Leibniz, die Theorie im Vordergrund. Charakteristisch ist seine Äußerung: »Ich habe einen Versuch darüber angestellt, aber zuvor hatte die natürliche Vernunft mich ganz fest davon überzeugt, daß die Erscheinung so verlaufen mußte, wie sie auch tatsächlich verlaufen ist.«[49] In diesem selbstgewissen Vorauseilen der Theorie gegenüber den Beobachtungsdaten kommt ein Apriorismus zum Ausdruck, der sich — und das ist das »Wunderbare« an der mathematischen Naturwissenschaft — in sehr vielen Fällen tatsächlich als methodisch fruchtbar erwiesen hat; ohne mathematisch inspirierte »freie« intellektuelle Setzungen wären etwa die Leistungen der theoretischen Physik dann auch überhaupt nicht denkbar.

In der bekannten Deutung, die Kant von Galileis Experimenten gibt, wird dagegen die operationale Seite, das konkrete Handeln, stärker betont:

»So ging allen Naturforschern ein Licht auf. Sie begriffen, daß die Vernunft nur das einsieht, was sie selbst nach ihrem Entwurfe hervorbringt, daß sie mit Prinzipien ihrer Urteile nach beständigen Gesetzen vorangehen und die Natur nötigen müsse, auf ihre Fragen zu antworten [...]. Die Vernunft muß mit ihren Prinzipien, nach denen allein übereinkommende Erscheinungen für Gesetze gelten können, in einer Hand, und mit dem Experiment, das sie nach jenen ausdachte, in der anderen, an die Natur gehen, zwar um von ihr belehrt zu werden, aber nicht in der Qualität eines Schülers, der sich alles vorsagen läßt, was der Lehrer will, sondern eines bestallten Richters, der die Zeugen nötigt, auf die Fragen zu antworten, die er ihnen vorlegt.«[50]

Diese Formulierung zeigt einmal mehr, daß es strenggenommen keine theorieunabhängigen Beobachtungen gibt. Alle Erfahrung und alle Beobachtung erfolgen vor dem Hintergrund eines — meist unthematisiert bleibenden, aber gleichwohl immer vorhandenen und bestimmenden — theoretischen Vorverständnisses, das etwa im Fall der auf eine ordnende Beschreibung gerichteten aristotelischen Physik ganz anders geartet ist als in der auf technischen Eingriffen beruhenden modernen, mathematisch-experimentellen Naturwissenschaft. Die Bedeutung erkenntnisleitender »Vorurteile« wird in den Geistes- und Geschichtswissenschaften unter dem Stichwort Hermeneutik abgehandelt. Daß es auch auf naturwissenschaftlichem Gebiet Fragestellungen gibt, die denen der geisteswissenschaftlichen »Auslegungskunst« vergleichbar sind, zeigt die in der zeitgenössischen Wissenschaftstheorie kontrovers diskutierte Frage, ob es überhaupt eine schlechthin neutrale, theoriefreie Beobachtungssprache geben könne.

Nach einer gängigen Vorstellung beruht der Erfolg der mathematisch-experimentellen Naturwissenschaften darauf, daß man die fruchtlosen Spekulationen der Scholastik über teleologische Form- und Wesensbestimmungen aufgab und sich statt dessen den konkreten Phänomenen zuwandte. Dies Bild ist jedoch in dreifacher Hinsicht korrekturbedürftig.

Erstens handelt es sich intellektuell gesehen nicht *nur* um einen Umbruch, sondern *auch* um eine Fortentwicklung. Tatsächlich ist Galilei — ähnlich wie Descartes — in vielfacher Weise noch der Begrifflichkeit und den Denkformen der Scholastik verpflichtet, auch wenn er sich bewußt davon unterscheidet. Das kann auch gar nicht anders sein. Denn jeder, der einen Neubeginn unternimmt, setzt sich von etwas Bestehendem ab. Um überhaupt eine Gegenposition theoretisch artikulieren zu können, muß er sich in modifizierter oder negierter Form gleichwohl auf die zu seiner Zeit geläufige Sprache und Begrifflichkeit stützen.

Zweitens betrifft das neuformulierte Naturverständnis gar nicht die »unverfälschte« Natur, wie sie sich in ihrer gestalteten Vielfalt und ungeteilten Fülle den unbewaffneten Sinnen darbietet. Gemessen an der Ganzheit der Wirk- und Lebenszusammenhänge geben die Aussagen der modernen Naturwissenschaft nur partielle, isolierte Beziehungen wieder, die aber dann gleichwohl experimentell-empirisch aufweisbar, prognostizierbar und deshalb auch technisch nutzbar sind. Goethes Verständnis der »schaffenden Natur« steht in erklärtem Gegensatz zu dem Bild, das die Newtonsche Mechanik zeichnet. Gewiß hat die mathematisch-experimentelle Methode die technischen Handlungspotentiale geschaffen, auf denen unser zivilisatorischer Komfort und unser wirtschaftlicher Wohlstand beruhen. Doch für diesen Gewinn muß mit einem Verlust bezahlt werden. Die erschlossenen Handlungspotentiale und der neue Denkstil haben auch die ökologischen Probleme heraufbeschworen, die im Horizont von Goethes Naturauffassung gar nicht hätten entstehen können. Dies nicht nur deshalb, weil es an dem entsprechenden Können, an den technischen Handlungsmöglichkeiten, gefehlt hätte, sondern auch deshalb, weil eine totale »Vernutzung« der Natur als verwerfliches Tun erschienen wäre.

Schließlich ist drittens festzuhalten, daß die Geometrisierung bei Galilei nur als Instrument, als Beschreibungsmittel gedacht war.

Doch sie wird dann von Descartes ausdrücklich zur Grundlage einer metaphysischen Weltauslegung gemacht. Es handelt sich also nicht nur um einen »oberflächlichen« Perspektivenwechsel oder um die vermeintliche Korrektur »falscher« Vorstellungen, sondern um einen grundsätzlichen Wandel des Weltverständnisses. In Descartes' *Meditationen* wird die geometrische Sicht, die von allen konkreten Eigenschaften abstrahiert und (zusammen mit der ebenfalls geometrisch gefaßten Ortsbestimmung und Bewegung) lediglich die räumliche Ausdehnung ins Auge faßt, zum maßgeblichen, ja einzigen Kennzeichen der physischen Welt erklärt. Dies bedeutet, daß mit der aristotelischen Metaphysik keineswegs die Metaphysik überhaupt eliminiert wird. Tatsächlich wird sie nur durch eine neue, nämlich die kartesianische Metaphysik ersetzt. Man kann in diesem grundsätzlichen Wandel mit Blumenberg im positiven Sinne eine »partielle Ermächtigung der Vernunft« durch »Demonstration der theoretischen Zugänglichkeit der Natur und ihrer Gesetze« sehen.[51] Die Gegenrechnung, die Heidegger vorbringt, besagt, daß sich hier das destruktive Potential eines ungezügelten Willens zur Macht durchsetzt. Welche dieser beiden Deutungen recht behält, wird die Geschichte entscheiden.

Die Welt als Maschine

Husserl hat die Wendung von der aristotelischen Kosmologie zur geometrischen Naturbeschreibung als »Unterschiebung der mathematisch-substruierten Welt der Idealitäten« für die »anschauliche« Natur bezeichnet.[52] Doch gerade dieser Wechsel der Perspektive von der unmittelbaren sinnlichen Anschauung zu abstrakten Variablen und mathematischen Formeln hat allererst den theoretischen Horizont und die praktischen Handlungsmöglichkeiten für die großangelegte technische Indienstnahme von Naturprozessen geschaffen. Gewiß sind auch in den auf eine effiziente Funktionserfüllung hin konstruierten komplexen technischen Artefakten mit ihrem funktional und zweckhaft konzipierten Zusammenspiel der einzelnen Elemente die Stoffe und Prozesse der physischen Welt auf eine ganz bestimmte, konkrete Weise gestaltet — aber eben auf eine im Vergleich zur spontanen Natur künstliche Weise. Den Unterschied, auf den es hier ankommt, hat Cassirer klar herausgestellt. Für das aristotelische Verständnis gilt:

»Das empirisch-physikalische Verhalten der Körper folgt im letzten Grunde aus ihrem Wesensbegriff, aus dem immanenten Zweck, der ihnen durch ihre Natur gesetzt ist und den sie fortschreitend zu erfüllen streben. So ordnen sich die Elemente im Weltall nach dem Grade ihrer Verwandtschaft, indem diejenigen, die in irgendeiner Qualität miteinander übereinstimmen, sich nebeneinander lagern; hier behält jeder Körper die Tendenz nach seinem ›natürlichen Orte‹, der ihm durch seine Beschaffenheit vorgeschrieben ist, auch nachdem er gewaltsam von ihm getrennt worden ist. Hier enthüllen sich die wahrhaften und inneren Ursachen jeglichen physischen Zusammenhangs, während die *mathematische* Betrachtungsweise, die nicht bis zu den Gründen, sondern nur bis zu den *Maßen* des Seins gelangt, nur die ›Accidentien‹ trifft und auf ihren Umkreis beschränkt bleibt.«[53]

In dieser Frage stimmen Aristoteles und Platon keineswegs überein. Verglichen mit dem aristotelischen Bild des sinnhaft geordneten Kosmos, in dem alles Geschehen und Tun seiner naturgemäßen Bestimmung folgt, ist die Weltdeutung, die Platon im *Timaios* gibt, abstrakt, »unnatürlich« und prima facie dem elementaren Verständnis widersprechend. Hier ist eine eigentümliche Umkehrung der Fronten festzustellen. Nach dem gängigen positivistischen Verständnis hat sich die moderne Naturwissenschaft von den abstrakten, wirklichkeitsfernen Vorstellungen der aristotelischen Physik befreit und dadurch den »richtigen«, wahren Zugang zur Natur gewonnen. Wenn man die unmittelbare Plausibilität als Maßstab nimmt, liegen die Dinge jedoch eher umgekehrt. Im Gegensatz zur spontanen Wahrnehmung der Naturphänomene zeichnet sich die mathematische Theoriebildung der modernen Naturwissenschaften gerade durch Abstraktion und Lebensferne aus. Die mathematische Physik wendet sich gegen die Anschaulichkeit des aristotelischen Weltbildes und greift statt dessen auf die zeitlich frühere, abstraktere platonische Ideenlehre zurück. Platon hatte gefordert, daß niemand seine Akademie betreten dürfe, der nicht in Geometrie ausgebildet sei. Die Mathematisierung der Natur hat sich schließlich zur Erklärung, zur Vorhersage und technischen Umgestaltung der physischen Welt als äußerst brauchbar erwiesen, wobei dieses Ergebnis aber in der Antike keineswegs intendiert war. Es wird berichtet, daß Einstein seine Verwunderung über die Leistungsfähigkeit der mathematischen Methode auf die Formel gebracht hat, das Unbegreifbare an der Natur sei ihre Begreifbarkeit.

Die Mathematikbegeisterung wird heute allerdings durch die Schwierigkeiten bei der Beschreibung nichtlinearer Prozesse, durch die Chaostheorie und durch die theoretischen Probleme der Elementarteilchenphysik etwas gedämpft. Die mathematische Struktur von Naturprozessen liegt denn auch keineswegs offen zutage. Platons Wertschätzung der Geometrie beruhte vor allem auf theoretischen Überlegungen anhand mathematischer Figuren und nicht auf den spärlichen empirischen Befunden, wie dem ganzzahligen Verhältnis zwischen der Saitenlänge und der Tonhöhe von Musikinstrumenten.

Die Mathematik muß gleichsam erst an die Natur herangetragen werden, und sie bewährt sich in erster Linie dann, wenn es um »künstliche«, vom Menschen technisch-experimentell hervorgebrachte Phänomene geht. Nach der erkenntnistheoretischen Deutung des Konventionalismus bzw. des Konstruktivismus beruhen sowohl die mathematischen Strukturen als auch ihre Anwendbarkeit auf Naturprozesse auf der zweckmäßigen Übereinkunft der Wissenschaften bzw. auf entsprechenden theoretischen Konstruktionen. Im weiteren Sinne gehören in diesen Kontext auch Kant − für den die Mathematik aus »synthetischen Urteilen a priori« besteht − und Hobbes; moderne Vertreter sind insbesondere Poincaré, Duhem, Dingler und Lorenzen. [54]

Methodisch gesehen beruhen Abstraktion, Idealisierung und Mathematisierung auf dem Prinzip des indirekten Weges; das Ziel wird nicht in unmittelbarem Zugriff erreicht, sondern auf einem Umweg. Dieser Umweg besteht im Fall der Naturwissenschaften in entsprechenden Begriffsbildungen und Beschreibungsweisen, d. h. physikalischen Variablen und mathematischen Formeln. Und im Fall der Technik werden Apparaturen und Geräte hergestellt und Prozesse initiiert, die dann schließlich im Endergebnis die gewünschten Resultate liefern. In beiden Fällen, bei der Beschreibung der Natur und bei der Konstruktion technischer Systeme, führt der indirekte Weg zum Ziel, was dann aber unvermeidbar auch eine Lebensferne, eine Distanz gegenüber der spontan wahrgenommenen Welt zur Folge hat: Die Konstruktion tritt an die Stelle der Natur.

Im Rahmen der Ingenieurwissenschaften — und dementsprechend auch in der Ingenieurausbildung — kommt die abstrakte Theorie historisch gesehen erst spät zur Geltung, dann aber mit durchschlagendem Erfolg. Den entscheidenden Wendepunkt bildet die Gründung der »Ecole Polytechnique« im Paris der Französischen Revolution. Die Ausbildung stützt sich dort nicht mehr auf die bisher maßgebliche, an der Beschreibung der verschiedenen Handwerksberufe orientierte Gewerbekunde, sondern auf die mathematisch geprägten theoretischen Grundlagenfächer (Geometrie, Physik, Chemie), die nunmehr das gemeinsame Fundament für alle Ingenieurdisziplinen bilden. Diese Konzeption ist dann sehr schnell zum allgemeinen Vorbild für die Gründung weiterer Technischer Hochschulen geworden. Wie groß der Wandel ist, der damit endgültig vollzogen wurde, belegt die (eher widerwillige) Anerkennung, die Dijksterhuis Aristoteles zollt:

»Liest man seine Werke unbefangen, also frei von dem Vorurteil, mit welchem mancher sich dem Stagiriten nähert, so wird man anerkennen müssen, daß hier ein Naturforscher das Wort hat, der über eine ausgedehnte Kenntnis physikalischer Erscheinungen verfügt, sich lebhaft für ihre Erklärung interessiert und diese auf rein physikalischer Grundlage zu geben bestrebt ist. Wenn man ihn mit Platon vergleicht, so zeigt sich bald, daß die aus dem *Timaios* bekannte Neigung, durch Argumentation mit vorgefaßten Prinzipien eine imaginäre Natur zu konstruieren und die Wirklichkeit mehr oder weniger zu zwingen, sich dieser Konstruktion anzupassen, hier durch eine rein empirische Einstellung ersetzt ist, die auf der Einsicht gründet, daß wahre Kenntnis der Natur nur aus einem sorgfältig zusammengetragenen Erfahrungsmaterial erhalten werden kann.«[55]

Anschauung und Begrifflichkeit

Abstraktion, Zerlegung, Mathematisierung, das Prinzip des Umwegs, die Aufteilung der Gesamtfunktion in Teilfunktionen, alles dies kann man unter dem Begriff *maschinelle Technik* zusammenfassen. Dem steht auf der anderen Seite die gleichsam leibnahe, *organische Technik* gegenüber, die auf menschlicher und tierischer Muskelkraft und auf den Kräften der Natur (Wind, Wasser) beruht. Die den Lebensprozessen näherstehende organische Technik läßt sich sinnlich unmittelbar erfassen und in ihrer Wirkung durchschauen, der Prozeß der Herstellung und Nutzung bleibt direkt einsichtig. Demgegenüber beruht die anorganische, mechanisierte Technik von ihrer Anlage her wesentlich auf mechanischen, gleichförmig ablaufenden, anonymen Prozessen, insbesondere auf der kontinuierlichen Bewegung des Rades. (Während die Maschinentechnik — vereinfacht gesprochen — die Muskelkraft substituiert, kann die Computertechnik als Substitution des Nervensystems gelten, weshalb sie denn auch die Chance zu flexibleren, den biologischen Rhythmen angepaßteren Abläufen bieten sollte.)

Wie Cassirer feststellt, hat der Übergang von der organischen zur mechanischen Technik zwangsläufig einen Verlust an Naturnähe und unmittelbarer Sinnerfüllung zur Folge: »In dem Augenblick, in dem sich der Mensch dem harten Gesetz der technischen Arbeit verschrieben hat, sinkt eine Fülle des unmittelbaren und unbefangenen Glücks, mit dem ihn das organische Dasein und die rein organische Tätigkeit beschenkte, für immer dahin.«[56]

Dies ist der systematische Hintergrund für die technikbedingte Seite der Entfremdungstheorie des jungen Marx; im Gegensatz zu der unmittelbar einsichtigen und affektiv positiv besetzten Tätigkeit in der Handwerkstechnik fühlt sich der Arbeiter in der mechanisierten, arbeitsteiligen Technik vom Prozeß der Produktion ebenso entfremdet wie vom hergestellten Produkt. Zu dem Sinnverlust, der aus der radikalen Säkularisierung und der »Abschaffung« des geordneten Kosmos resultiert — der Genetiker Monod spricht vom modernen Menschen als einem »Zigeuner am Rande des Universums« —, tritt hier das Phänomen der Undurchschaubarkeit, das für das moderne Daseinsgefühl charakteristische Empfinden, einer übermächtigen Maschinerie ausgeliefert zu sein. Dies ist die lebensweltliche Grundlage der vielberufenen Orientierungskrise unserer Zeit. Gerade weil die Moderne angetreten ist, ihr Schicksal selbst in die Hand zu nehmen, wird die Unverfügbarkeit und Übermacht der technischen »Sachzwänge« um so deutlicher empfunden.

Die Kluft zwischen der unmittelbar wahrgenommenen Natur und dem Bild, das die modernen Naturwissenschaften von ihr zeichnen, läßt sich an Extremfällen verdeutlichen: Das Erlebnis des Mondes vermittelt mehr als das Wissen um dessen chemische Zusammensetzung, und die Fülle der Gestaltungen der Natur wird durch das, was etwa die Newtonsche Mechanik, die Relativitätstheorie und die Quantentheorie an Formeln bieten, in keiner Weise ausgeschöpft. Diese Differenz wird manifest, wenn man etwa Goethes Gedicht »An den Mond« mit einem modernen Lehrbuch der Astronomie vergleicht. Die theoretische Setzung, die Abstraktion, die Vereinfachung, ja die Einseitigkeit, die in der mathematischen Naturbeschreibung liegt, hat — ganz im Sinne von Platons Höhlengleichnis im *Staat* — gleichwohl intellektuell gesehen die höhere Weihe der Idee, des Allgemeinen, der ewigen und unveränderlichen Vernunftgründe. Das verdeutlicht der Kommentar von Cassirer: »Die empirische Kenntnis der Abfolge der Phänomene ist in diesem Sinne nicht die Ergänzung und Erfüllung der reinen Ideenerkenntnis, sondern sie dient gleichsam nur als der dunkle Hintergrund, von welchem die Klarheit des rein begrifflichen Forschens und Wissens sich um so schärfer abheben soll.«[57]

In spekulativer Überhöhung kann man in den mathematischen Gesetzen der modernen Physik die Einlösung der Ideale Platons sehen (was dann die Gegenposition zu der auf S. 48 erwähnten konventionalistisch-konstruktivistischen Deutung darstellt). In der »idealistischen« Fassung sind die Naturgesetze die Platonischen Ideen, die uns durch die moderne Wissenschaft zugänglich werden. Dieser Deutung schließt sich Cassirer an: »Im Mathematischen gelangen wir zur Einsicht der *Notwendigkeit* und eine höhere Stufe läßt sich nicht fordern und nicht erdenken. Damit ist, aufgrund der Mathematik, jede eigentliche Transzendenz geleugnet: die Schranke zwischen dem endlichen und dem unendlichen Verstand ist gefallen.«[58] Der Mensch würde hier also der absoluten, göttlichen Erkenntnis teilhaftig. Doch dieses scheinbar so klare und zwingende Bild wird durch die Möglichkeit und Wirklichkeit radikal konventionalistischer Interpretationen der Naturgesetze getrübt: Sie sind durch die Sache selbst keineswegs eindeutig vorgegeben, sondern von uns (willkürlich) gesetzte Beschreibungen, die sich als zweckmäßig erwiesen haben und dem wissenschaftshistorischen Wandel unterliegen.[59] Offensichtlich treffen beide Deutungen etwas Wahres. Das eigentliche Problem besteht also darin, hier die rechte Vermittlung zu finden. Die auf den Denkgesetzen der Logik beruhende Mathematik und ihre Anwendbarkeit auf Naturphänomene lassen uns Menschen am Geheimnis der Welt teilhaben — und sie eröffnen uns die Möglichkeit zur technischen Indienstnahme der Naturprozesse, im Guten und im Bösen. Da es hier um ein Letztes geht, liegt die Analogie zur göttlichen Erkenntnis nahe. Doch der historische Wandel in der Auffassung der Naturgesetze und die offene Situation in der Forschung (z. B. in der nichtlinearen Mikrophysik und der sog. Chaostheorie) machen immer wieder deutlich, daß wir keineswegs über einen »intellectus infinitus« verfügen.[60]

Das von Platon im *Timaios* entwickelte Bild des göttlichen Baumeisters, der die Welt kunstvoll konstruiert hat, erfuhr eine gewisse Bestätigung durch die geordneten Himmelsbewegungen. Doch davon abgesehen handelte es sich bei Platon um eine abstrakte, theoretische Deutung, die ebensowenig praktische Konsequenzen hatte wie etwa die von Leukipp, Demokrit und Lukrez vertretene antike Theorie des Atomismus. Auch Augustinus greift die Vorstellung von der göttlichen »potentia fabricatoria« auf, und bei Cusanus heißt es dann: »Unser Geist faßt Gott nach Analogie des Bauenkönnens auf.«[61] Hinter dieser Metapher steht das Bild des Renaissancearchitekten. Schon hundert Jahre vorher, 1377, hatte Nikolaus Oresme die bewegenden Kräfte der Himmelsschalen, die vorher den Engeln zugeschrieben wurden, mit den Abläufen einer Uhr verglichen.[62] Diese Uhrenmetapher bestimmt dann in der Folgezeit das Verständnis der mechanischen — und verallgemeinert: der technischen — Prozesse. Descartes und Leibniz greifen ausdrücklich auf das Bild der Uhr zurück, wobei Descartes in seinen *Meditationen* auch den menschlichen Körper eine »Gliedermaschine« nennt und ihn mit einem Automaten und einer Uhr vergleicht.[63]

Das technomorphe Bild der »machina mundi« ist zunächst noch von der Vorstellung des göttlichen Baumeisters geprägt. Dabei weist die nach dem Modell technischer Artefakte[64] gedeutete Natur voraussetzungsgemäß einen inneren Plan auf, der dann auch erkennbar sein muß. Dadurch ist grundsätzlich die Möglichkeit für eine rein innerweltliche Deutung eröffnet, wie sie später in der berühmten Antwort von Laplace zum Ausdruck kommt, der auf die Frage, wo innerhalb seiner streng deterministischen Formulierung der Newtonschen Mechanik Gott vorkomme, erklärte, er bedürfe dieser Hypothese nicht.

Erkenntnistheoretisch entscheidend ist in diesem Zusammenhang die Produktionsmetapher, die Vico auf die Formel »verum et factum convertuntur« gebracht hat: Das Wahre, d. h. das, was wir erkennen können, und das Gemachte, d. h. das, was wir selbst geschaffen haben, sind wechselseitig austauschbar.[65] Vico argumentiert ausdrücklich gegen Descartes. Sein Paradigma ist das Handeln der Menschen und nicht das unpersönliche Funktionieren von Automaten. Für Vico ist gerade die Geschichte, die der Mensch hervorgebracht hat, begreifbar, und nicht etwa, wie bei Descartes, die Funktionsweise von Geräten und Maschinen. Ebenso wie Hobbes faßt auch Vico das Erkennen als Konstruieren auf. Der mathematische Beweis liegt in der Erzeugung der mathematischen Gebilde, die »demonstratio« ist zugleich »operatio«: Die Evidenz der Theoreme beruht darauf, daß wir sie selbst erzeugt haben. Denken, Rechnen und Konstruieren gelten als im Prinzip gleichartig.

Wenn man sich den Weg vom Bild der Welt als einer wohlgestalteten, zweckmäßig organisierten, sinnvollen, gottgewollten Ordnung bis hin zum modernen Verständnis der Natur als einer zufällig entstandenen, physikalischen Gesetzen unterworfenen Ansammlung von Materie vor Augen führt, wird der grundsätzliche Wandel offenkundig, der sich im abendländischen Naturverständnis vollzogen hat. Dieser Wandel hat die intellektuellen Voraussetzungen für die moderne Technik geschaffen, die inzwischen für die Menschheit insgesamt bestimmend geworden ist. Die Zeitgenossen hatten Newton als Geistesheroen gefeiert. Charakteristisch dafür ist das bekannte Epigramm von A. Pope: »Nature and Nature's laws lay hid in night. God said, Let Newton be! and all was light.«

Während der Aufklärung wurde dann das ursprünglich nur für die anorganische Sphäre konzipierte mechanistische Denken auch auf organische, psychische und soziale Phänomene übertragen. Diese Denktradition wirkt heute weiter, etwa in Gestalt der sozialen Systemtheorie, der politischen Kybernetik und der Vorstellung von der menschlichen Psyche als einem informationsverarbeitenden System.

Die technische »Fruchtbarkeit« dieses Weltverständnisses ist offenkundig. Weil die nur ihren immanenten Gesetzen unterworfene Materie unseren Eingriffen gleichsam schutzlos offensteht, können wir die von sich aus blinden Naturprozesse im Sinne unserer Zielsetzungen gestalten — wobei wir natürlich die naturgesetzlich bedingten unerwünschten Nebeneffekte ebenfalls in Kauf nehmen müssen. Doch die Mechanisierung des Weltbildes bedeutet auch einen Verlust an selbstverständlicher Anschaulichkeit und Sinnhaftigkeit. Wir orientieren uns nicht mehr an den »natürlichen«, spontanen Prozessen und Gestalten der belebten Natur, sondern an »künstlich« von Menschenhand durch technische Hilfsmittel geschaffenen Artefakten. Im Sinne eines Reduktionismus wird das begriffliche Arsenal für die Beschreibung und die Analyse der Naturphänomene nicht mehr aus den »höheren« und »komplexeren« organischen Prozessen abgelesen, sondern den »niederen« und »einfacheren« anorganischen Abläufen entlehnt.

Nach dieser Vorstellung müßten im Grenzfall alle biologischen (und womöglich auch alle sozialen) Phänomene mit Hilfe der Quantentheorie beschreibbar sein. An die Stelle einer ganzheitlichen, auf das Endresultat des jeweiligen Prozesses ausgerichteten teleologischen Betrachtungsweise tritt damit die differentielle, analytische Untersuchung des funktionalen Zusammenhangs zwischen zeitlich und räumlich unmittelbar aufeinanderfolgenden Zuständen. Nur um diesen Preis liefern die »göttlichen« mathematischen Ideen dem menschlichen Konstrukteur die Möglichkeit, in die Natur, d.h. das Werk des göttlichen Baumeisters, einzugreifen und sie für seine Zwecke umzugestalten, genauer: die Naturprozesse im Sinne menschlicher Zielsetzungen zu lenken.

Naturwissenschaftliche Theorie und technische Praxis

Richtet man die Aufmerksamkeit auf die Situation, wie sie sich gegenwärtig darbietet, so fällt vor allem die enge, fast unlösbare Verflechtung von Naturwissenschaft und Technik ins Auge. Dabei ist die Tendenz zu einer — von Staat und Wirtschaft geförderten — immer engeren Verknüpfung unverkennbar. In der gängigen Formel vom naturwissenschaftlich-technischen Fortschritt wird denn auch gar nicht mehr zwischen beiden Bereichen unterschieden. Bei genauerem Hinsehen sind hier jedoch vielfältige Differenzierungen angebracht.

Die im systematischen Konzept der neuzeitlichen Naturforschung angelegte wechselseitige Ergänzung zwischen mathematisch-experimenteller naturwissenschaftlicher Theorie und technischer Praxis war zunächst mehr Programm als Realität. Entgegen einer verbreiteten Klischeevorstellung beruhten die technischen Neuerungen der Industriellen Revolution (Textilmaschinen, Dampfmaschine, Hochöfen) nicht so sehr auf spontanen Neuerfindungen als vielmehr auf der Weiterentwicklung bereits bestehender Ansätze zu wirtschaftlich nutzbaren Verfahren. Die Fortschritte, die in technischer Hinsicht erzielt wurden, ergaben sich aus der Verbindung von präzisem handwerklichen Können und zielgerichtetem Experimentieren, das aber immer auf die unmittelbare Praxis gerichtet war und auf minimalen theoretischen Vorkenntnissen beruhte. Am Beginn der Industrialisierung standen organisatorische Innovationen und die Verbesserung der Handwerkstechnik und nicht die Anwendung theoretisch abgeleiteter wissenschaftlicher Erkenntnisse.[66]

Gewiß waren der Wille, für die jeweilige technische Aufgabenstellung nach einer optimalen Lösung zu suchen, und die Überzeugung, daß es durch Variation der jeweiligen Parameter gelingen würde, tatsächlich Verbesserungen zu erreichen, Ausdruck eines wissenschaftlich geprägten Veränderungsstrebens. Und die praktischen, technischen Aufgabenstellungen waren ihrerseits eine Herausforderung für die naturwissenschaftliche Theorienbildung. So gaben etwa die theoretischen Überlegungen, die S. Carnot 1874 über den Wirkungsgrad von Dampfmaschinen anstellte, den Anstoß für die Entwicklung der Thermodynamik. Doch Werkzeugmaschinen wurden konstruiert, ehe es eine Theorie des Maschinenbaus gab, die ersten Flugzeuge wurden ohne strömungstechnische und statische Berechnung gebaut, und die ersten Kunststoffe entstanden vor der Theorie der chemischen Synthese.

Der »Vorlauf« der technischen Praxis gegenüber der naturwissenschaftlichen Theorie ist im Lauf der Zeit immer geringer geworden.

Inzwischen liegen die Dinge vielfach gerade umgekehrt; heute beruhen zahlreiche Innovationen nicht auf technischen Erfindungen, sondern auf Entdeckungen, d. h. auf den Ergebnissen der naturwissenschaftlichen Grundlagenforschung (Atomenergie, Mikroelektronik, Gentechnologie).

Heute kann man sowohl von einer Verwissenschaftlichung der Technik als auch von einer Technisierung der Wissenschaften sprechen. Der wissenschaftliche Einschlag der Technik zeigt sich am deutlichsten in der Entstehung und Fortentwicklung der Ingenieurwissenschaften. Diese setzen die Ergebnisse und Methoden der Naturwissenschaften voraus, doch wegen ihrer praktischen Zielsetzungen und wegen der Aufgabe, die technischen Prozesse in konkreten materiellen Systemen zu realisieren, haben sie durchaus eigenständige, technikspezifische Begriffe, Methoden und Modellvorstellungen entwickelt.

Wenn man versucht, zum Zweck eines grundsätzlichen Überblicks die Unterschiede und Gemeinsamkeiten zwischen Technik und Naturwissenschaften herauszuarbeiten, erweisen sich vor allem die folgenden fünf Gesichtspunkte als bedeutsam.

(1) Die Vermutung liegt nahe, daß die Naturwissenschaften von *natürlichen* Prozessen handeln, während es in der Technik um *künstliche*, vom Menschen hergestellte Systeme und Verfahrensweisen geht. Doch diese Unterscheidung erweist sich bei näherer Betrachtung als differenzierungsbedürftig. Tatsächlich ist alles, was auf dem Gebiet der Technik existiert, von Menschen hervorgebracht worden; insofern sind alle Maschinen, Geräte und Apparaturen in der Tat künstlich. Doch die Resultate des technischen Handelns gehören zur physischen, materiellen Welt und sind in dieser Hinsicht doch wiederum natürlich. Sie unterliegen den Gesetzmäßigkeiten der materiellen Welt — deshalb sind denn auch die naturwissenschaftlichen Erkenntnisse auf sie anwendbar. Dabei sind aber die Naturwissenschaften — wegen ihres technischen Charakters — wiederum insofern künstlich, als die Daten, auf die sie sich stützen, zum überwiegenden Teil im Laboratorium durch geeignete Apparaturen »herauspräpariert«, durch entsprechende Instrumente verstärkt und dadurch der Beobachtung zugänglich gemacht werden. Letztendlich müssen aber auch die kompliziertesten Resultate naturwissenschaftlicher bzw.

technischer Geräte und Apparaturen immer in der einen oder anderen Form wieder sinnlich erfahrbar gemacht werden, um überhaupt nutzbar zu sein.[67]

(2) Eine deutlichere Unterscheidung ergibt sich, wenn man die jeweils erstrebten bzw. erzielten *Resultate* ins Auge faßt. Genau besehen handelt es sich bei Naturwissenschaft und Technik um kategorial verschiedene Gegenstände. Die Naturwissenschaft ist eine in zusammenhängenden Aussagesystemen (Theorien) formulierte Disziplin, während die Technik letzten Endes auf die Herstellung und Nutzung konkreter Objekte (Maschinen und Apparaturen) abzielt. Die Technik ist ihrer Natur nach immer praktisch, denn sie dient dazu, bestimmte Funktionen, wie Transport, Kommunikation und Energiegewinnung, zu erfüllen. Im strengen Sinne vergleichbar sind zunächst nur die Naturwissenschaften und die Ingenieurwissenschaften, die beide jeweils eine realwissenschaftliche Disziplin darstellen. In den Naturwissenschaften geht es darum, möglichst allgemeingültige und präzise mathematische Funktionsbeziehungen zwischen physikalischen Variablen (Beobachtungsgrößen) zu formulieren. Die Technik soll dagegen konkrete Objekte und Prozesse hervorbringen. Pointiert gesagt ist das Ziel im einen Fall Erkenntnis und im anderen Fall Dienstleistung durch Funktionserfüllung. Im Erfolgsfall steht bei den Naturwissenschaften am Ende eine empirisch gut bewährte, möglichst universelle Theorie, die von den Fachwissenschaftlern des jeweiligen Gebiets akzeptiert wird, wobei diese sich ihrerseits an den gängigen wissenschaftsinternen Maßstäben orientieren. Im Fall der Technik sollen die hergestellten Systeme dagegen möglichst zuverlässig, wirtschaftlich, bedienungsfreundlich und von langer Lebensdauer sein; über ihr Gelingen entscheiden die jeweiligen Abnehmer bzw. Verbraucher, wobei der Erfolg oder Mißerfolg für alle unmittelbar augenfällig ist.

(3) Unterschiede liegen auch in der *Verfahrensweise* vor. In beiden Fällen wird durch schöpferisches Tun Neues hervorgebracht, das vorher unbekannt war (Erkenntnis) oder das bisher nicht existierte (technische Systeme). Wie bei allem, was Menschen tun, bildet dabei der erreichte Stand den Ausgangspunkt. In den Naturwissenschaften geht es, in schematischer Vereinfachung gesprochen, um die Formulierung und Überprüfung von Hypothesen, aus denen dann die Besonderhei-

ten der Einzelfälle deduziert werden können. Im Fall der Technik handelt es sich dagegen um die Konstruktion, Herstellung und Anwendung konkreter Systeme. Der hypothetisch-deduktiven Methode der Naturwissenschaften steht so das konstruktiv-pragmatische Verfahren der Technik gegenüber. Bemerkenswert ist, daß aufgrund des jeweiligen technischen Wissensstandes die durch Detailverbesserungen und geplante Erfindungen erreichbaren Resultate mit einiger Sicherheit voraussagbar sind (Mondfahrt, ein neuer Flugzeugtyp, die nächste Generation von Computern). Im Gegensatz dazu ist die rein wissenschaftlich orientierte Forschung ihrer Natur nach offener angelegt, ihre Ergebnisse können ganz überraschend sein.

(4) Betrachtet man die *Kriterien*, anhand derer jeweils über ein geglücktes Resultat, d.h. über eine Verbesserung des Wissensstandes oder der technischen Leistungsfähigkeit, entschieden wird, so zeigen sich ebenfalls grundsätzliche Unterschiede. Eine naturwissenschaftliche Theorie gilt als besser, wenn sie die bekannten Daten zwangloser erklärt, einfacher und übersichtlicher zusammenfaßt, wenn sie bisher als verschiedenartig geltende Phänomene als Konsequenz einer allgemeineren, übergeordneten Theorie erweist und wenn sie der künftigen Forschung neue Wege weist. Darin liegt die explanatorische, denkökonomische, systematisierende und heuristische Funktion naturwissenschaftlicher Theorien. Im Gegensatz dazu betreffen die Beurteilungskriterien für technische Systeme die konkrete Funktionserfüllung, die erzielte Ausbeute (Wirkungsgrad), die Wirtschaftlichkeit, die Betriebssicherheit, die Lebensdauer etc. Über die naturwissenschaftlichen Beurteilungsmaßstäbe herrscht unter den Fachleuten weitgehend Einigkeit; von kritischen oder spektakulären Fällen abgesehen, werden neuere Forschungsergebnisse nicht in der breiten Öffentlichkeit diskutiert. Anders im Fall der Technik. Hier geht es bei der konkreten Anwendung nicht um die distanzierte Betrachtung dessen, was der Fall ist — nämlich von Strukturzusammenhängen der physischen Welt —, sondern um das, was erst geschaffen werden soll, weil es funktionell, wirtschaftlich, politisch und ökonomisch wünschbar ist, wobei die einzelnen Individuen und die verschiedenen sozialen Gruppen durchaus unterschiedliche Interessen haben und dementsprechend auch verschieden urteilen — was sich im Fall der Atomenergietechnik besonders deutlich gezeigt hat.

(5) Schließlich könnte man vermuten, daß Naturwissenschaften und Technik sich zueinander verhalten wie *Theorie und Praxis*, d. h., daß die Technik angewandte Naturwissenschaft wäre. Diese Formel hat einen gewissen Wahrheitsgehalt, doch auch sie liefert keine erschöpfende Kennzeichnung. Tatsächlich gibt es naturwissenschaftliche Theorien, etwa in der Kosmologie oder der Astrophysik, die ihrer Natur nach gar keine technische Anwendung zulassen. Von der unmittelbaren Absicht her ist darüber hinaus auch die naturwissenschaftliche Grundlagenforschung gar nicht auf praktische Anwendungen ausgerichtet. Dies schließt nicht aus, daß sich später, auf zunächst gar nicht absehbare Weise, bestimmte Forschungsresultate doch praktisch anwenden lassen. Solche unerwarteten Glücksfälle werden im Englischen als »serendipity« bezeichnet. Die Finanzierung der Grundlagenforschung erfolgt denn auch nicht zuletzt in der auf der bisherigen Erfahrung gegründeten Erwartung, daß wirklich ein bestimmtes Maß an »serendipity« eintreten wird.

Auch das Umgekehrte gilt: Es gibt Technik ohne Naturwissenschaft. Historisch gesehen eilt das pragmatische technische Handeln oft der natur- oder ingenieurwissenschaftlichen Theoriebildung voraus. Die technische Praxis beruht keineswegs nur auf gesicherten naturwissenschaftlichen Methoden und Erkenntnissen, sondern weithin auf halbempirischen Erfahrungsregeln. Und selbst dann, wenn naturwissenschaftliche Prinzipien zur Anwendung kommen, besteht die entscheidende und mühevolle ingenieurwissenschaftliche Aufgabe gerade darin, das nur theoretisch und abstrakt gegebene naturwissenschaftliche Prinzip durch die Konstruktionsarbeit und den Herstellungsprozeß in einem wirtschaftlich nutzbaren materiellen System zu realisieren.

Zusammenfassend ist festzuhalten, daß trotz der Tendenz zur Vereinheitlichung beider Bereiche auch in Zukunft aus guten Gründen die relative Eigenständigkeit und Unabhängigkeit von Naturwissenschaft und Technik fortbestehen dürfte.

Die Rolle des Christentums

Eine gängige Argumentation lautet: Die Naturwissenschaft und die Technik der Moderne sind im Abendland entstanden; das Abendland ist durch das Christentum und seine Wirkungsgeschichte geprägt; also sind auch die heutige Naturwissenschaft und Technik durch das Christentum bestimmt. Um wirklich aussagekräftig zu werden, bedarf diese globale Schlußfolgerung der Differenzierung. Und es müssen über den allgemeinen Zusammenhang hinausgehende konkrete Belege angeführt werden – schließlich wäre auch eine Entwicklung denkbar, die, wie etwa die Säkularisierung, nicht durch, sondern *gegen* das Christentum erfolgt ist.[68]

Die generelle Lebenserfahrung, daß man Gutes als selbstverständlich betrachtet und nur bei negativen, unerwünschten Resultaten nach dem Urheber fragt, gilt auch für das Urteil über die Entstehung der modernen Technik. Die Frage, welche Rolle dem Christentum hier zukommt, ist in der breiten Öffentlichkeit erst aufgrund der drängenden Ökologieprobleme thematisiert worden. Doch es gibt einzelne Vorläufer. So wurde das Verhältnis des Menschen zur Natur aus christlicher Sicht – auch unter dem Aspekt der Verantwortung – bereits im Zusammenhang mit der Säkularisierungsdebatte intensiv (und kontrovers) diskutiert.[69]

Das destruktive Potential der industriellen Technik, die die eingespielten Gleichgewichtszustände der unbelebten Natur und des organischen Lebens zerstört, ist zum ersten Mal während der Industrialisierung, im Jahre 1864, beschrieben worden.[70] Es muß jedoch zu denken geben, daß zur selben Zeit K. Marx dieses Potential im genau entgegengesetzten Sinne bewertet hat. Er spricht von dem großen zivilisatorischen Einfluß des Kapitals, weil es die Vergöttlichung der Natur ablehnt und die Natur zum ersten Mal als ein bloßes Objekt für die Menschheit, als reinen Gegenstand der Nützlichkeit betrachtet.[71] Diese Auffassung war für den Kommunismus bestimmend, und sie ist praktisch bis heute auch die Leitidee der kapitalistischen Marktwirtschaft geblieben. Im Hinblick auf die Technikgläubigkeit, das Fortschrittspathos und das Unendlichkeitsstreben sind bzw. waren beide Konzeptionen feindliche Brüder und Kinder ein und derselben Moderne.

Dies Beispiel zeigt, wie ein und derselbe Sachverhalt — hier die Industrialisierung im 19. Jahrhundert — von den Zeitgenossen ganz unterschiedlich wahrgenommen und bewertet werden kann. Noch kontroverser wird das Urteil, wenn es um Abhängigkeitsbeziehungen und ideelle oder kausale historische Einwirkungen geht, die sich in aller Regel gar nicht eindeutig und zwingend nachweisen lassen. Gewiß liegt die Vergangenheit, das konkrete, handgreifliche Geschehen, ebenso unabänderlich fest wie die Absichten, Ziele und Vorstellungen der damaligen Akteure. Doch das, was gewesen ist, spricht nur zu uns, wenn wir es in bestimmter Weise befragen und zum Reden bringen. Erst das jeweilige Erkenntnisinteresse und ein bestimmtes theoretisches Vorverständnis erschließen uns einen Zugang zu der andernfalls stummen Vergangenheit.

Das gilt auch für die Rolle des Christentums bei der Entwicklung der Naturwissenschaft und der Technik. In dieser Frage können wir ebenfalls nur versuchen, in Umkehr der Zeitrichtung und der tatsächlichen Abhängigkeitsbeziehungen die ideengeschichtlichen Ursprünge der Gegenwart aufzuweisen, indem wir aufgrund der vorliegenden (und zu interpretierenden) Quellen schrittweise von der jeweiligen Gegenwart auf die Ursachen zurückschließen, die den darauf folgenden Zustand hervorgebracht haben.

Über die Bedeutung und die Folgen des von F. Bacon und Descartes formulierten Konzepts der Naturbeherrschung besteht kaum ein Zweifel. Im Falle der Urheberschaft des Christentums an unserer gegenwärtigen Situation liegen die Dinge komplizierter. Im Laufe von fast 2 000 Jahren hat die christliche Theologie vielfältige Abwandlungen und Ausdifferenzierungen erfahren. Welche dieser im Verlauf der historischen Entwicklung wirksam gewordenen Varianten soll als die spezifisch christliche gelten? So wird die zentrale Frage nach der Einstellung zur Natur im griechisch-orthodoxen Christentum ganz anders beantwortet als im Katholizismus und Protestantismus.

Die Ostkirche betont das meditative Element und die mystische Einheit mit dem Kosmos, während in der Westkirche das aktive Handeln und das Rechtfertigungsdenken der unabhängig von der Natur gedachten Individuen im Vordergrund stehen. Dies wird besonders deutlich in der Prädestinationslehre von Calvin, die im beruflichen Erfolg einen Hinweis auf die göttliche Erwählung sieht (was dann zum kapitalistischen Wirtschaftsethos führen sollte). Nach der Austreibung aus dem Paradies ist die Arbeit für den Christen ein notwendiges Übel (Genesis 3, 19: »Im Schweiße deines Angesichts sollst du dein Brot essen«). Anders als seine spätantiken Zeitgenossen hat Benedikt von Nursia dann in seiner für das klösterliche Leben des Abendlandes grundlegend gewordenen Regel der Handarbeit ausdrücklich einen positiven Wert zugemessen (Ora et labora!). Die Klöster mit ihrem geregelten Alltag und ihrer festen Organisation waren — auch in technischer Hinsicht — die Wegbereiter der mittelalterlichen Kultur. Doch die Arbeit galt nicht als Selbstzweck; sie sollte die Annäherung der Seele an Gott befördern, indem sie half, den Verlockungen des Bösen zu widerstehen.[72]

Damit ist der zentrale Gegensatz angesprochen, um den es hier geht. Arbeit, Technik, Wirtschaft und Industrie gehören der weltlichen Sphäre, dem Diesseits an. Demgegenüber beschäftigt sich das Christentum, wie jede Religion, primär mit der Transzendenz, mit Gott, wobei die Welt und die Aufgaben in der Welt unter dem Gesichtspunkt eines grundsätzlich Anderen und Höheren, nämlich Gottes und der Ewigkeit, verstanden werden. Diese Tradition der Innerlichkeit, der Vergeistigung, ist in der Bergpredigt ebenso präsent wie in den Lehren der Kirchenväter, bei den Mystikern ebenso wie bei Luther oder bei Calvin (der ja nicht den Kapitalismus begründen, sondern die Seelen retten wollte).[73] So steht denn auch das nicht auf Beherrschung und Aneignung, sondern auf liebende Brüderlichkeit gegründete Naturverständnis des Franz von Assisi, das in seinem *Sonnengesang* beredten Ausdruck gefunden hat, für eine Tradition, die es im Christentum immer *auch* gegeben hat.

Analoge Schwierigkeiten ergeben sich, wenn es darum geht, den Ursprung des Fortschrittsdenkens aufzuweisen. Löwith hat nachdrücklich die These vertreten, das Fortschrittsdenken, das eine wesentliche Voraussetzung für die Entfaltung von Naturwissenschaft, Technik und Industrie darstellt, sei aus der Diesseitswendung der jüdisch-christlichen eschatologischen *Heilserwartung* entstanden. Dem wird von Blumenberg ebenso entschieden widersprochen. Blumenberg besteht auf der geistesgeschichtlichen Unabhängigkeit und damit auf der *Legitimität der Neuzeit*. Für ihn bilden gerade die Erfolge von Naturwissenschaft und Technik die eigenständige, durch keinerlei Vorläufer bedingte Grundlage der Moderne.[74]

In Wirklichkeit sind beide Elemente im Spiel. Weil die Geschichte — und damit auch die Geistesgeschichte — auf Tradition und Innovation, auf Kontinuität und Wandel, auf Wiederholung und Neubeginn beruht, ist es immer möglich, in der gedanklichen, historiographischen Aneignung der Vergangenheit einen dieser beiden Aspekte besonders nachdrücklich herauszustellen. Die kontroverse Diskussion zeigt nun auch exemplarisch, daß den vielfältigen Verschränkungen, Überschneidungen, gegenläufigen Tendenzen und unerwarteten Wendungen des Geschichtsprozesses mit einfachen Formeln nicht beizukommen ist. Festzuhalten bleibt, daß im Fall der von Blumenberg mit guten Gründen betonten Selbstbehauptung der Moderne — die gerade nicht christlichen Ursprungs sei — dann selbstverständlich auch eine christliche Schuld an der gegenwärtigen Ökologieproblematik entfallen würde.

Tatsächlich hat sich die christliche Theologie im Namen der Innerlichkeit, des Seelenheils, des »unum necessarium«, lange Zeit nachdrücklich gegen die moderne Naturwissenschaft und Technik gewandt. F. Bacon mußte sein Programm der systematischen Naturbeherrschung gegen den Vorwurf der Hybris und der Sündhaftigkeit verteidigen, und die katholische Kirche hat Galileis Astronomie verurteilt. Noch im 16. Jahrhundert wurde der Vorschlag, zwei Ströme schiffbar zu machen, von einer spanischen Kommission mit der Begründung abgelehnt, daß dies ein Eingriff in das Werk der Vorsehung wäre; man solle nicht das vollkommen machen wollen, was Gott absichtlich unvollkommen gelassen hat.[75] Passmore stellt zusammenfassend fest: »In den ersten Jahrzehnten unseres Jahrhunderts waren die christlichen Apologeten besonders darauf bedacht, nachzuweisen, daß Naturwissenschaft und Technik aus dem Christentum hervorgegangen waren. Denn Naturwissenschaft und Technik wurden allgemein als die säkulare Erlösung der Menschheit betrachtet. Heute wird nun ironischerweise das Christentum als Ursprung einer teuflischen Technik verurteilt. Obwohl beide Auffassungen die historische Bedeutung, die dem Christentum hier zukommt, übertreiben, ist es doch kein Zufall, daß die Technik sich im Westen entwickelt hat, wo die Natur nicht als heilig galt.«[76]

Bemerkenswert ist, daß Feuerbach noch im 19. Jahrhundert die christliche Entheiligung der Natur gerade im Sinne der religiösen Innerlichkeit deuten konnte: »Die Natur, die Welt, hat keinen Werth, kein Interesse für den Christen. Der Christ denkt nur an sich, an sein Seelenheil, oder, was eins ist, an Gott.«[77] Die Entheiligung der Natur ist also zugunsten des einen, allmächtigen, der Welt gegenüberstehenden Gottes erfolgt — eine Vorstellung, die den monotheistischen Religionen gemeinsam ist! —, und nicht deshalb, weil man die Natur für menschliche Zwecke umgestalten wollte. Wenn es eine christliche Mitschuld an der Ökologiekrise gibt, kann sie also, ähnlich wie die der protestantischen Ethik am kapitalistischen Wirtschaftssystem, nur indirekter und ungewollter Art sein.

Aus der christlichen Lehre von der Inkarnation (Joh. 1, 14) läßt sich, wie der englische Theologe Temple erklärt, eine grundsätzlich positive Einstellung gegenüber der Welt ableiten: »Man darf von ihm [dem Christentum] erwarten, daß es in der Lage ist, die Materie zu beherrschen, weil es sie weder ignoriert noch leugnet, sondern ihre Realität wie ihre Unterordnung bejaht. Seine zentrale Aussage ist: ›Das Wort ward Fleisch‹, wobei der Begriff Fleisch ohne Zweifel wegen seines materialistischen Klanges gewählt worden ist. Diese seine zentrale Lehre fordert vom Christentum den Glauben an die letzte Sinnhaftigkeit des historischen Prozesses sowie an die Realität der Materie und ihren Platz im göttlichen Weltplan.«[78]

Der Leib und die Materie werden also nicht nur der Seele und dem Geist gegenübergestellt und als sündhaft und böse verurteilt; sie sind auch der Heiligung fähig, was in der Römischen Messe durch die Transsubstantiation zum Ausdruck kommt. Dieses christliche Verständnis ist der Lehre Buddhas entgegengesetzt, die bewußt den Rückzug von der Erde und ihren Möglichkeiten propagiert; der Buddhist will dem Zwang zur Inkarnation und damit dem ewigen Kreislauf des Leidens entgehen und strebt deshalb das Nirwana an.

Die These von der geistigen Urheberschaft des Christentums an der Naturwissenschaft und Technik der Moderne wird relativiert durch die Beobachtung, daß Japan und andere Länder Asiens die moderne Technik trotz ganz andersartiger religiöser Traditionen — zumindest äußerlich gesehen — offenbar problemlos übernehmen. Die bis in die jüngste Vergangenheit lebendigen Reste eines schintoistischen Animismus haben die Japaner keineswegs daran gehindert, effizient mit der Technik umzugehen.[79]

Neben der eingangs erwähnten Schwierigkeit einer eindeutigen Rekonstruktion der geistesgeschichtlichen Abhängigkeiten, d. h. neben der »Unbestimmtheit« der Vergangenheit, ist hier auch die »Offenheit« der Zukunft von Bedeutung. Jedes einzelne Individuum hat die Freiheit, sich in nicht vorhersehbarer Weise weiterzuentwickeln; dasselbe gilt für Gruppen, Völker und die Menschheit insgesamt. Diese Wahlfreiheit wird belegt durch die »spontane Entscheidung« Japans, Taiwans, Koreas etc. für die moderne Technik, eine Entscheidung, die heute in unterschiedlicher Abstufung weltweit mitvollzogen wird.

3. Die Dynamik des technischen Wandels

Die »Neutralität« der technischen Mittel

Jeder bewußte, absichtsvolle Umgang mit der Technik beruht darauf, daß methodische Prinzipien (Verfahren, Prozesse) und/oder konkrete Systeme (Geräte, Apparaturen) als *Mittel* eingesetzt werden, um einen erstrebten, intellektuell vorweggenommenen Endzustand zu verwirklichen, d. h. um ein vorgefaßtes Ziel zu erreichen. Doch das Ziel wird nur dann wirklich erreicht, wenn man »technisch« korrekt, also zweckentsprechend und folgerichtig vorgeht. Um diese für alles technische Handeln charakteristische *Ziel-Mittel-Relation* im Einzelfall näher zu bestimmen, ist eine Schlußfolgerung erforderlich, die eine gewisse Ähnlichkeit mit dem syllogistischen Schluß vom Allgemeinen auf das Besondere hat. Im Fall des immanent folgerichtigen technischen Handelns geht es darum, von den Zielen auf die Mittel zu schließen. Nach von Wright gilt für eine Person P, die das Ziel Z durch das Mittel M erreichen will, der folgende *praktische Syllogismus*[80]:

(1) P will Z erreichen.

(2) P weiß (oder lernt), daß Z durch M erreichbar ist.

(3) P setzt M ein.

Diese Formulierung bringt deutlich den instrumentellen Charakter der Technik zum Ausdruck. Gegeben ist (1) das Ziel sowie (2) das Wissen darum, daß M zu Z führt; also wird (3) M eingesetzt, um Z zu verwirklichen. Ziel, Wissen und Mittelwahl gehören untrennbar zusammen, wobei das Ziel den intellektuellen Ausgangspunkt des Handelns bildet. Dazu heißt es bei Huning: »Alle Technik verstehen wir als Mittel zu Zwecken oder Zielen. Ob wir in der Technik mehr die Struktur der materiellen Dinge sehen, die als Technostruktur vom Menschen gemacht sind und vielleicht wiederum instrumentell weiterem Machen dienen können, ob wir die Vielfalt technischer Verfahren oder die theoretische Lehre der Technikwissenschaften bedenken, ob wir die Technik mehr als Produktionstechnik oder als Organisationstechnik und als Humantechnik sehen: Immer stellen wir fest, daß es Technik nicht um ihrer selbst willen gibt.«[81] Die technischen Mittel sind von sich aus handlungstheoretisch undefiniert. Sie sind »neutral«, weil sie ihre Funktion und ihren Sinn als Mittel erst durch die Ziele erhalten, zu deren Verwirklichung sie eingesetzt werden.

Diese *methodologische Neutralität* gilt dann — und nur dann —, wenn man von allen sozialen, kulturellen, politischen und ökologischen Lebenszusammenhängen absieht und kraft definitorischer Setzung nur die Mittelfunktion ins Auge faßt. Doch es entsteht unvermeidbar ein falsches Bild, wenn man das formale Schema und die Abstraktion, die aus der ausschließlichen Konzentration auf die Verfahrensweise resultiert, mit der Realität verwechselt. Über die vielberufene »Neutralität« der Technik läßt sich nur dann Klarheit gewinnen, wenn man eindeutige Abgrenzungen vornimmt und analytische Differenzierungen einführt.

Bei Ausblenden aller anderen Zusammenhänge gilt in der Tat die Neutralitätsthese, denn es ist unbestreitbar, daß Mittel im allgemeinen auf unterschiedliche Weise einsetzbar sind. Es ist sogar denkbar, daß ein Mensch diese funktionelle Haltung ganz internalisiert. Er würde sich dann selbst zum beliebig einsetzbaren Mittel machen, das jede ihm gestellte Aufgabe mit höchster Effizienz ausführt, ohne als Person nach Sinn, Wert und Berechtigung der jeweils realisierten Ziele und Zwecke zu fragen. Dieser hypothetische, beliebig einsetzbare *Experte* wäre technisch perfekt und moralisch indifferent. Sein eingeschränktes Selbstverständnis würde nur darin bestehen, alle ihm übertragenen Aufgaben konsequent und effizient auszuführen.

Tatsächlich erwartet die Gesellschaft von allen Fachleuten, seien es nun Naturwissenschaftler, Ärzte, Juristen oder Journalisten, daß sie im Rahmen der gesellschaftlichen Arbeitsteilung ihre Funktionen sachgerecht und korrekt wahrnehmen. Auf dieser zuverlässigen Aufgabenerfüllung beruht ja gerade die immanente Leistungsfähigkeit der hochdifferenzierten arbeitsteiligen Industriegesellschaften. Daß solche fachtechnisch korrekten Leistungen wichtig, ja lebensentscheidend sind, wird im allgemeinen erst wahrgenommen, wenn sie fehlen; normalerweise ist man geneigt, das reibungslose Funktionieren als »selbstverständliche Hintergrunderfüllung« vorauszusetzen.

Zugleich ist aber auch offenkundig, daß ein solches Ethos von seinem Ansatz her – gerade weil es dem Inhalt der Zielsetzungen gegenüber indifferent wäre – im Prinzip auch für negative, inhumane Zwecke mißbraucht werden kann. Hier sind entsprechende Vorkehrungen nötig, um den Einsatz des fachlichen Wissens und Könnens für negative Ziele auszuschließen. Solche Gegeninstanzen sind ein allgemein geschärftes moralisches Bewußtsein, die parlamentarische Demokratie, die freie, kritische Diskussion in der Öffentlichkeit und ein unabhängiges Rechtssystem. Wie die Erfahrungen mit unmenschlichen Diktaturen gezeigt haben, kommt hier alles darauf an, daß unkontrollierbare monolithische Machtstrukturen vermieden werden.

Kehren wir zur speziellen Frage der Technik zurück. Bei näherem Hinsehen erweist sich die *Neutralitätsthese* mindestens in fünffacher Hinsicht als *unzutreffend.*

Erstens verdanken alle hochspezialisierten technischen Systeme ihre Leistungsfähigkeit dem Umstand, daß sie auf eine ganz *spezifische Funktion* zugeschnitten sind. Einfache Werkzeuge, wie ein Messer oder ein Hammer, lassen sich sehr vielseitig einsetzen. Doch die universelle Verwendbarkeit eines technischen Gegenstandes steht im umgekehrten Verhältnis zum Grad seiner Spezialisierung. Je stärker ein System für eine ganz spezifische Aufgabenstellung bestimmt ist, um so größer ist seine immanente Leistungsfähigkeit, um so weniger kommt es aber auch für eine andere Anwendung in Frage. Das zeigt sich besonders deutlich auf dem Gebiet der Rüstungstechnik – die Probleme der Konversion sind allgemein bekannt.

Hinzu kommen zweitens die Folgen für die *Infrastruktur* und die *Logistik.* Um technische Systeme in der gewünschten Weise herstellen und nutzen zu können, müssen Rohstoffe gefördert und transportiert werden, es müssen Geräte für die Herstellung bereitstehen, die Energieversorgung muß gewährleistet sein, es muß ständig für Wartung und Reparatur gesorgt werden, und wie uns heute zunehmend bewußt wird, muß auch die – möglichst recyclinggerechte – Entsorgung sichergestellt sein. Alles dies steht nur in indirektem Zusammenhang mit der eigentlichen Funktion, die beispielsweise im Fall eines

Transportsystems in der Ortsveränderung besteht. Die unerläßlichen vorbereitenden und begleitenden Maßnahmen sind ihrerseits auch wiederum technischer Art. Kraft ihrer immanenten Logik multipliziert sich die Technik also (scheinbar) von selbst. Das läßt sich am Beispiel des Automobils augenfällig demonstrieren: Ölbohrungen, Tankschiffe, Erzabbau, Blechverarbeitung, Zulieferbetriebe, Autobahnen und selbst die Verkehrspolizei gehören unabdingbar zum Transportmittel Automobil.

Tatsächlich ist die Technik keine von allen Natur- und Lebensprozessen losgelöste, gleichsam aus einer anderen Dimension stammende Instanz, die als beliebig disponibles Mittel eingesetzt werden kann, das dann ausschließlich die gewünschten Resultate zur Folge hat. Daß dem nicht so ist, zeigt die mit Hilfe der Technik geschaffene »zweite Natur«, die uns in den Industrieländern auf Schritt und Tritt umgibt. Die weiterreichenden, keineswegs neutralen physischen Wirkungen treten ein, obwohl sie bei der ersten Einführung technischer Neuerungen gar nicht in Betracht gezogen wurden, da man sich zunächst nur auf das jeweils erstrebte Ziel konzentrierte. Oft sind solche zusätzlichen, weiterreichenden Wirkungen aufgrund des jeweils gegebenen Kenntnisstandes aber auch beim besten Willen nicht vorhersehbar.

Über die genannten, in dem physischen, materiellen Charakter der technischen Prozesse und Systeme begründeten Vorgaben und Zwänge hinaus kann aber drittens auch von einer *sozialen Neutralität* der Technik keine Rede sein. Dies ist das große Thema, das im Historischen Materialismus und in der Technokratiediskussion — überpointiert — herausgestellt wurde. Je breitenwirksamer eine Technik zur Geltung kommt, um so mehr beeinflußt sie die wirtschaftlichen Austauschprozesse, die Sozialstrukturen, den konkreten Lebensalltag und die politische Entscheidungsfindung. Das gilt für die Ressourcenallokation in der Wirtschaft ebenso wie für das Berufsleben und für das Konsum- und Freizeitverhalten; auch politische Entscheidungen werden direkt oder indirekt durch die technische Entwicklung bestimmt. Die Zusammenhänge zwischen technischen Innovationen und gesellschaftlichen Auswirkungen sind besonders augenfällig bei den Verbundsystemen der Energie-, Transport-, Kommunikations- und Datenverarbeitungstechnik.

An dieser Stelle zeigt sich, daß die moderne Technik, mit deren Hilfe Einschränkungen und Zwänge beseitigt werden sollten (die Fron schwerer Handarbeit, lange Arbeitszeit, geringe Produktivität, eng begrenzte Verkehrs- und Kommunikationsmöglichkeiten), solche Restriktionen tatsächlich aufgehoben hat. Doch diese Befreiung, die durch konkrete Sachsysteme aufgrund ganz bestimmter technischer Funktionszusammenhänge erfolgt, führt ihrerseits wiederum zu neuen, anderen Zwängen und Beschränkungen: Die Petroleumlampe ist beseitigt, doch wir sind vom Stromnetz abhängig; die Pferdekutsche ist verschwunden, doch niemand kann einer Ölkrise oder einem Verkehrsstau entgehen; die Produktivität ist gewachsen, doch die Fließbandarbeit erfordert die strikte Einhaltung des Zeittaktes — und sie verringert die Zahl der Arbeitsplätze.

Viertens ist die Technik auch in *psychologischer bzw. kultureller* Hinsicht nicht neutral. Im Stadium der »organischen« Handwerkstechnik waren technische Werkzeuge und Geräte ganz in die historisch vorgegebenen kulturellen und sozialen Zusammenhänge integriert. Diese Situation hat sich seit der Industriellen Revolution von Grund auf geändert. Unser Arbeits-, Konsum- und Freizeitverhalten ist durch die mit wissenschaftlichen Methoden betriebene moderne Technik geprägt. Die als Mittel gedachten Geräte und Apparaturen und die zu ihrer Bedienung »erforderliche«, auf Effizienz gerichtete Denkform bestimmen heute in weiten Bereichen das Bild unserer Gesellschaft.

Unsere »Umwelt« besteht weithin aus technischen Sachsystemen, und die perfektionierte Mittelsuche wird zum allgemeinen Prinzip. Es ist nur natürlich, daß in einer Welt, die durch objektivierte, vom Menschen losgelöste technische Prozesse geprägt ist, schließlich der auf Planung, Vereinheitlichung und reibungsloses Funktionieren gerichtete technische Denkstil, das Denken »sub specie machinae« zur generellen Norm wird. Im Grenzfall bestimmt dann das effiziente, immanent gesehen durchaus zweckmäßige und produktive Handeln auch das Selbstbild des Menschen und der Gesellschaft. Statt des menschlichen Maßes wird schließlich die Technik zur maßgeblichen Instanz; entscheidend ist dann nur noch das »Funktionieren«. Der Mensch gilt als austauschbar, die Gesundheitsuntersuchung wird mit der Inspektion eines Autos verglichen, und psychische Vorgänge werden nach dem Vorbild der Informationsverarbeitungsprozesse in einem Computer gedeutet. [82]

Schließlich ist die Technik auch *ökologisch* keineswegs neutral. Der Ressourcenverbrauch und die Umweltbelastung sind aufgrund der gesteigerten technischen Handlungspotentiale und infolge der Bevölkerungsexplosion zu einem schwerwiegenden, menschheitsbedrohenden Problem geworden. Immer mehr Menschen stellen immer höhere Ansprüche an die Technik. Die schleichende Bedrohung, um die es hier geht, wird durch den psychologischen »Mechanismus« verschärft, daß die tatsächlich geringfügigen individuellen Verursachungsbeiträge gar nicht als belangvoll wahrgenommen werden, obwohl sie wegen ihrer großen Anzahl insgesamt zu schlechthin destruktiven Wirkungen führen.

Der Spielraum des technischen Handelns

Ein klassischer Satz der Modallogik besagt: »ab esse ad posse valet consequentia«, d. h., wenn etwas tatsächlich vorliegt, kann man daraus schließen, daß es möglich war. Mehr noch! Für alles, was real, also in Raum und Zeit, existiert, muß es nach dem von Leibniz formulierten »principium rationis sufficientis« darüber hinaus auch einen zureichenden Grund geben. Diese allgemeinen Prinzipien müssen auch für die dynamische Technikentwicklung seit der Industriellen Revolution gelten. Sie ist eingetreten; also muß sie möglich gewesen sein, und es muß Gründe für sie geben. In diesem Abschnitt soll zunächst der Spielraum der Möglichkeiten für das technische Handeln, für die Herstellung und Nutzung technischer Prozesse, untersucht werden. In den folgenden Abschnitten wird dann der wesentlich schwierigeren Frage nach den Gründen für die Dynamik des technischen Wandels nachgegangen.

Wenn man nach dem *Spielraum der Möglichkeiten* für die Realisierung bestimmter technischer Systeme oder Prozesse fragt und dabei von den allgemeinsten Vorgaben ausgehend schrittweise die weiterführenden Einschränkungen betrachtet, lassen sich in schematischer Vereinfachung die folgenden sieben Stufen unterscheiden.

Diese Stufen sind immer dann relevant, wenn es um die »harte« physische, materielle Seite der Technik geht, die darin besteht, daß Naturprozesse für menschliche Zwecke in Dienst genommen werden.

(1) Die Initiierung, Gestaltung und Lenkung von Naturprozessen ist immer nur innerhalb des Spielraums möglich, den die Gesetzmäßigkeiten der physischen Welt zulassen. Doch es läßt sich noch eine darüber hinausgehende, allgemeinere Bedingung angeben. Diese Vorbedingung wird deutlich, wenn man den Unterschied zwischen Mathematik und Physik ins Auge faßt: Nur eine ganz bestimmte Auswahl der widerspruchsfrei formulierbaren mathematischen Gesetze bringt tatsächlich Gesetzmäßigkeiten der Natur zum Ausdruck. Die allgemeinste Bedingung, der das technische Handeln unterliegt, ist also die (logische bzw. reale) *Widerspruchsfreiheit*: Es ist unmöglich, Objekte oder Zustände der physischen Welt zu realisieren, denen eine ganz bestimmte Eigenschaft zukommt und gleichzeitig nicht zukommt (wobei im vorliegenden Zusammenhang die Mikrophysik ausgeklammert werden kann).

(2) Die nächste, weitergehende Einschränkung besteht in den *Naturgesetzen.* Sie bestimmen insbesondere die äußerste Grenze, die man bei technischen Prozessen im günstigsten Fall erreichen, aber niemals überschreiten kann (Erhaltungssätze, Ausschluß eines perpetuum mobile, Begrenzung des maximal erreichbaren Wirkungsgrades, Lichtgeschwindigkeit als Grenzgeschwindigkeit).[83]

(3) Von den immer gleichen objektiven Prinzipien, denen die Abläufe der physikalischen Welt unterliegen, ist der subjektive, historisch variable Wissensstand über die Struktur der Naturprozesse zu unterscheiden. Bewußt nutzen und in technische Konstruktionen umsetzen läßt sich stets nur das, was tatsächlich an Gesetzmäßigkeiten bekannt ist. Dieser *naturwissenschaftliche Erkenntnisstand* bildet also eine weitere Einschränkung für technische Handlungsmöglichkeiten. So konnten beispielsweise Rundfunk- und Fernsehübertragungen, Lasergeräte und Atomkraftwerke erst realisiert werden, als die entsprechenden naturwissenschaftlichen Prinzipien bekannt waren.

Von den technischen Anwendungsmöglichkeiten her gesehen hat die Forschung also die Aufgabe, den Bereich (3) des naturwissenschaftlichen bzw. ingenieurwissenschaftlichen Erkenntnisstandes so weit auszudehnen, daß er sich immer mehr den Grenzen (2) der Gesetzmäßigkeiten annähert, die für die jeweiligen Naturprozesse bestimmend sind.

Wenn man vom Standpunkt des erkenntnistheoretischen Realismus ausgeht, besteht der immanente Wissenschaftsfortschritt also darin, dasjenige, was im Prinzip, was *objektiv*, von der Struktur der physischen Welt her gesehen, gilt, auch *subjektiv* zu erfassen, d. h. in unseren Wissensstand aufzunehmen. Im Gegensatz zu dieser vermittelnden Deutung wird bei der konventionalistisch-konstruktivistischen bzw. platonistischen Interpretation der Naturgesetze jeweils einer dieser beiden Aspekte — die subjektive Erkenntnisleistung bzw. die objektive Geltung — ganz in den Vordergrund gestellt.

(4) Naturwissenschaftliche Forschungsergebnisse liefern lediglich grundsätzliche Hinweise dafür, wie bestimmte technische Objekte und Prozesse realisiert werden könnten. Doch sie geben keine konkrete Auskunft über die Konstruktion und Dimensionierung eines gesuchten technischen Artefakts, und sie sagen nichts aus über die Art und die Wirkungsweise der Subsysteme, die im einzelnen erforderlich sind. Auch spezifisch ingenieurwissenschaftliche Probleme, wie Betriebssicherheit, Wirtschaftlichkeit, Lebensdauer usw., liegen außerhalb des Bereichs naturwissenschaftlicher Fragestellungen. Die Folge davon ist, daß bei einer Beurteilung der technischen Handlungsmöglichkeiten als weitere Restriktion der jeweilige *Stand des technischen Wissens und Könnens* berücksichtigt werden muß. Dieser Stand schließt auch praktisch bewährte, erfolgreiche Erfahrungsregeln ein, für die keine systematische, theoretische Begründung bekannt ist.

(5) Die bisher genannten Einschränkungen bestehen in den Strukturgesetzen der physischen Welt und in den Grenzen unseres Wissens bzw. Könnens. In einer weitgefaßten, schematischen Interpretation stellen die Bedingungen (1) bis (4) *ideelle Voraussetzungen* dar. Doch alle Technik beruht darauf, daß konkrete materielle Gebilde hergestellt werden, die eine spezifische Funktion erfüllen sollen. Deshalb müssen über die genannten Bedingungen hinaus stets auch bestimmte physische Voraussetzungen gegeben sein, die man sehr summarisch als *materielle Ressourcen* bezeichnen könnte. Dazu gehören — im Sinne der ökonomischen Theorie gesprochen — Rohmaterialien, Energiequellen, Maschinen und nicht zuletzt die erforderlichen Ar-

beitskräfte, die mit ihren physischen Leistungen ebenfalls der »materiellen Welt« angehören. Ein konkretes technisches Projekt läßt sich nur dann verwirklichen, wenn alle materiellen Ressourcen im erforderlichen Umfang vorhanden sind, wobei je nach Lage des Falls gewisse Substitutionsmöglichkeiten bestehen, etwa zwischen dem Einsatz von Maschinen und Arbeitskräften oder der Benutzung von Metallen und Kunststoffen.

Insgesamt gesehen sind in jedem Augenblick die aktuell verfügbaren Ressourcen ebenso begrenzt wie das Niveau der naturwissenschaftlichen Erkenntnisse und des technischen Wissens und Könnens. Es ist diese *Knappheit* an intellektuellen und materiellen Ressourcen (Balla), die zu jedem Zeitpunkt für die Summe dessen, was in Sachen Technik machbar ist, immer nur einen begrenzten Handlungsspielraum offenläßt.[84] Wie bei allem, was Menschen tun, stößt man auch auf dem Gebiet der Technik auf die Widerständigkeit der Welt, d. h. auf die Grenzen, die die jeweilige »Realität« setzt. Gewiß besteht das Ziel der naturwissenschaftlichen Forschung und der technischen Entwicklung darin, diese Grenzen immer weiter hinauszuschieben; doch grundsätzlich aufheben lassen sie sich nicht.

(6) Den auf diese Weise festgelegten, beschränkten Möglichkeiten des technischen Handelns stehen die in freiem Entwurf praktisch beliebig konzipierbaren Wünsche und Zielvorstellungen gegenüber, deren Erfüllung man von der Technik erwartet. Abstrakt gesprochen kommt eine bestimmte Art von Technik dadurch zustande, daß ein spezifisches Bedürfnis und die zu seiner Erfüllung geschaffene Technik zueinander »passen«.[85]

Weil die Sphäre der Bedürfnisse potentiell unbegrenzt ist, bedarf es eines bestimmten Auswahlverfahrens, durch das aus der Fülle der grundsätzlich möglichen technischen Projekte diejenigen ermittelt werden, die dann tatsächlich verwirklicht werden sollen. Dieses Auswahlverfahren wird normalerweise nicht bewußt und ausdrücklich praktiziert; es erfolgt gleichsam stillschweigend im Rahmen des wirtschaftlichen Marktmechanismus, der die Beziehung zwischen Hersteller und Käufer regelt. In schematischer Vereinfachung gesprochen, entscheidet der Konsument oder der öffentliche Verbraucher darüber, welche technischen Handlungsmöglichkeiten jeweils verwirklicht werden. (Abweichungen von diesem Modell, wie die »Manipulation« durch die Werbung oder die Beherrschung des Marktes durch Monopolisten, sind Gegenstand vielfältiger sozial- und kulturkritischer Diskussionen.) Das Auswahlverfahren durch die *Aufnahmebereitschaft des Marktes* bildet also eine weitere Einschränkung der konkreten technischen Handlungsmöglichkeiten: Auf Dauer werden nur solche technischen Objekte hergestellt, für die sich dann auch tatsächlich Abnehmer finden.

Diese Einschränkung gilt in abgewandelter Form auch für eine staatlich gelenkte Wirtschaft, denn auch in diesem Fall muß man mit den Präferenzen der Käufer rechnen. Hier zeigt sich einmal mehr der systemübergreifende Charakter und die vereinheitlichende Kraft der modernen Technik. In ihren vielfältigen, ausdifferenzierten und wechselseitig voneinander abhängigen Teilsystemen kann sie — unabhängig vom politischen System — nur als Resultat eines weitgehend genormten, arbeitsteiligen, kollektiven Handelns zustande kommen. Die preiswerte Produktion von Gütern und die Bereitstellung der verschiedenen Serviceleistungen für die komplizierten technischen Systeme sind nur dann möglich, wenn das Kaufverhalten keine allzu großen Schwankungen aufweist. Massenproduktion und Massengesellschaft stehen in einem Ergänzungsverhältnis. Hinzu kommt das »Trägheitsprinzip« der menschlichen Verhaltensweisen und Erwartungen. Die Konsumenten rechnen mit weiteren technischen Fortschritten und die privaten Unternehmer oder staatlichen Entscheidungsträger mit einer Rendite für die getätigten Investitionen. Das Resultat ist ein »soft determinism«, eine »weiche Determination«, die den künftigen Gang nicht zwingend festlegt, aber im Sinne der bisher bestehenden Tendenzen wirkt.

Es sei angemerkt, daß die bekannte Formel: »Wir dürfen nicht alles, was wir können« unter den hier genannten Gesichtspunkten der Differenzierung bedarf. Tatsächlich erfolgt innerhalb der Sphäre des real Möglichen in jedem Fall eine Auswahl, d. h. wir tun nie (gleichzeitig) alles, was wir können. Ebenso wie beim Geldvermögen bzw. beim Einkommen erzwingen die stets knappen, d. h. begrenzten, Ressourcen im konkreten Einzelfall eine bestimmte Auswahl, die grundsätzlich auch anders ausfallen könnte; es lassen sich nie alle vorliegenden Handlungsoptionen gleichzeitig verwirklichen. Gemeint ist: Wir sollen nicht alles, was die wissenschaftliche Forschung und die technische Entwicklung derzeit an neuen Prinzipien bereitstellen (oder in Zukunft bereitstellen könnten), tatsächlich ausnutzen.

(7) Schließlich werden die Möglichkeiten technischen Handelns über den Marktmechanismus hinaus durch normative, d. h. *politische und juristische Restriktionen* eingeschränkt. Die Entscheidungen des Marktes erfolgen innerhalb der Rahmenbedingungen des Wirtschaftssystems, die ihrerseits durch das Politiksystem festgelegt werden. Darüber hinaus werden gewisse technische Möglichkeiten durch den Gesetzgeber ausgeschlossen (Waffen, Drogen, Abhörgeräte usw.), für die, allein vom Marktmechanismus her gesehen, durchaus ein Interesse bestehen würde. Auch für den Umweltschutz ist die Gesetzgebung entscheidend. Eine drastische Verhaltensänderung ist nur dann zu erwarten, wenn sie gesetzlich erzwungen wird. Ohne einen kollektiven Zwang orientieren sich sowohl Hersteller als auch Verbraucher zunächst nur an ihren persönlichen, kurzfristigen Zielsetzungen und nicht an den weiterreichenden Belangen der Allgemeinheit und am Recht der kommenden Generationen.

Im Rahmen dieses zusammenfassenden, aggregierten Modells wachsender Einschränkungen des technischen Handelns kommen ethische Gesichtspunkte, d. h. die Wertungen der Akteure, insbesondere an zwei Stellen zur Geltung: erstens unter (6), beim Kaufverhalten der Konsumenten, und zweitens bei der Festlegung der politischen und juristischen Rahmenbedingungen (7) durch das Parlament, das den Willen der Wahlberechtigten repräsentiert. In den übrigen Fällen — etwa bei der Vergrößerung des technischen Wissens und Könnens (4) durch die Forschung oder bei der Gestaltung der Angebote an den Markt von seiten der Unternehmer (6) — sind die Spielräume für ein bewußt ethisches Wahlverhalten relativ begrenzt, weil die Akteure in institutionell vorgegebene Entscheidungsstrukturen eingeordnet sind: Der Naturwissenschaftler oder Ingenieur gehört in der Regel einem Betrieb oder einer Institution an, und der Unternehmer ist an die Gesetze des Marktes gebunden.[86]

Schematische Darstellung der einschränkenden Bedingungen für das technische Handeln

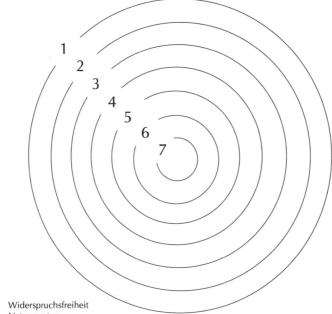

1 Widerspruchsfreiheit
2 Naturgesetze
3 Naturwissenschaftlicher Erkenntnisstand
4 Stand des technischen Wissens und Könnens
5 Materielle Ressourcen
6 Aufnahmebereitschaft des Marktes
7 Politische und juristische Restriktionen

Steigerungsmechanismen

Die sieben genannten, fortschreitend stärker einengenden Bedingungen beschreiben den Spielraum der *Möglichkeiten*, innerhalb dessen jeder Umgang mit der Technik erfolgt. Doch sie erklären nicht die *Wirklichkeit*, sie machen nicht verständlich, warum dieser Spielraum so und nicht anders genutzt wird.

Die genannten Möglichkeitsbedingungen sind so allgemeiner Art, daß sie — zumindest in abgewandelter und rudimentärer Form — für alle Zeiten und Völker gelten. Für die gewaltige Steigerung, die die Technik in den letzten zweihundert Jahren erfahren hat, muß es dar-

77

über hinausgehende spezifische Gründe geben. Es müssen sich — zumindest in vereinfachenden Modellvorstellungen — bestimmte Steigerungsmechanismen aufweisen lassen, auf denen die tatsächlich eingetretene und nach wie vor fortwirkende dynamische Entwicklung beruht. Insbesondere die folgenden sechs Punkte dürften hier bedeutsam sein. [87]

Erstens stellt die moderne Technikentwicklung im Gegensatz zu anderen Prozessen, die dem Lebensprinzip des Werdens und Vergehens, dem historischen Gesetz von Aufstieg, Verfall und Wiederbeginn unterliegen, insgesamt gesehen einen fortschreitenden *Akkumulationsprozeß* dar. Alles, was in vorhergehenden Stadien erreicht wurde, wird aufbewahrt, es vergrößert den Fundus, von dem die weitere Entwicklung ausgeht, so daß auf der nächsten Stufe ein höheres Niveau erreicht werden kann. Das gilt für das praktische Wissen und Können ebenso wie für die theoretisch ausformulierten natur- und ingenieurwissenschaftlichen Forschungsergebnisse, und es gilt auch für die konkreten, realisierten technischen Sachsysteme. Die moderne Technik ist ihrer Natur nach »traditionsfeindlich«. Die immanente Logik des Wachstumsprozesses erfordert, daß jeder erreichte Stand nur als die zu überholende Vorstufe für die künftige, weiter fortschreitende Entwicklung betrachtet wird.

Von entscheidender Bedeutung sind zweitens die *Selektionskriterien*, die für die Wahl einer neuen Technik bestimmend sind. Da jedes technische Artefakt eine wohldefinierte Funktion erfüllen soll, ist in aller Regel offenkundig, welche Lösung die gestellte Aufgabe am besten erfüllt. Dieses Auswahlverfahren führt dazu, daß bei der Entscheidung zwischen konkurrierenden technischen Lösungen die Entwicklung stets in Richtung auf höhere Effizienz und gesteigerte Funktionserfüllung verläuft. Die Eisenbahn ist der Postkutsche überlegen, das Telefon dem reitenden Boten und der Computer der mechanischen Rechenmaschine. Doch die erzielte technische Leistung hat auch ihren Preis. Die verbesserte Funktionserfüllung wird oft durch höhere Komplexität, eine komplizierte Infrastruktur und größeren Ressourcenverbrauch erkauft. Dennoch bleibt festzuhalten, daß innerhalb eindeutig definierter Vorgaben immanente Steigerungen möglich sind und tatsächlich erfolgen, etwa bei der Reduktion des spezifischen Kraftstoffverbrauchs bei Automobilen. Daß dieser Effekt dann durch die zunehmende Zahl von Automobilen überkompensiert wird, ist kein technisches, sondern ein soziales und politisches Problem.

Hinzu kommt drittens die bereits von Bacon und Descartes propagierte konsequente Suche nach technischen Möglichkeiten, das systematische Streben nach neuen Erfindungen, die »invention of invention«. Dadurch wird der Bereich dessen, was grundsätzlich technisch machbar ist, zielstrebig immer weiter ausgedehnt. Durch die hochspezialisierte, arbeitsteilige weltweite Forschung und Entwicklung und den internationalen ökonomischen Konkurrenzkampf ist ein beständiger technischer Fortschritt organisatorisch und institutionell gleichsam vorprogrammiert. So rechnet man heute, etwa auf dem Gebiet der Unterhaltungselektronik, der Computertechnik und der Gentechnologie, schon nach wenigen Jahren ganz selbstverständlich mit einer neuen, weiterführenden »Generation«, die den vorherigen Entwicklungsstand obsolet macht.

In demselben Sinne wirkt viertens die oben (S. 54-59) erwähnte *»Symbiose« zwischen Naturwissenschaft und Technik.* Beide Gebiete ergänzen einander wechselseitig. Einerseits liefert die Naturwissenschaft theoretische Erkenntnisse und methodische Prinzipien, die in der technischen Forschung und Entwicklung zur Geltung kommen. Und andererseits stellt die Technik die Geräte und Apparaturen für die experimentellen Untersuchungen der modernen Naturwissenschaft bereit. Pointiert gesagt: Die Naturwissenschaft wird zur angewandten Technik und die Technik zur angewandten Naturwissenschaft. Das Resultat ist die Entwicklung zu präziseren empirischen Daten und erhöhter Prognosekapazität bzw. zu einer Steigerung der technischen Leistungsfähigkeit.

Wesentlich sind fünftens die *synergetischen Effekte,* d. h. das verstärkende Zusammenwirken von Einflüssen, die aus ganz unterschiedlichen Richtungen stammen. Seit dem Beginn der Industriellen Revolution haben sich die verschiedenen Gebiete der Technik, die sich zunehmend von der menschlichen Muskelarbeit loslösten, wechselseitig immer weiter »aufgeschaukelt« (Verfahren zur Eisenerzgewinnung, Textilmaschinen, Dampfmaschine, Eisenbahn, Hochbaukonstruktionen, Werkzeugmaschinen, elektrische Maschinen). Heute äußert sich dieser Verstärkungseffekt darin, daß bestimmte Basisinnovationen (Kunststoffe, Atomenergie, Mikroelektronik, Digitalisierung, Biotechnologie) schnell in andere Gebiete aufgenommen werden und dadurch neue Innovationsschübe auslösen.

Im Bild der Steigerungsmechanismen darf schließlich sechstens der Wirtschaftsprozeß nicht fehlen. Die Herstellung und Nutzung technischer Artefakte ist in das wirtschaftliche Geschehen eingeordnet. Alles, was auf dem Gebiet der Technik geschieht, unterliegt dem ökonomischen Prinzip der *optimalen Ressourcenallokation*: Die stets knappen Mittel (Kapital, Boden, Arbeit, Geräte, Maschinen, Wissen und Können) sollen möglichst vorteilhaft zusammengefaßt und genutzt werden. Hier zeigt sich die enge Verbindung von Technik und Wirtschaft, der das kapitalistisch-marktwirtschaftliche System seine immanente Effizienz und Dynamik verdankt. Es sei angemerkt, daß technische und wirtschaftliche Gesichtspunkte keineswegs immer zusammenfallen müssen. Eine von der technischen Funktionserfüllung und Betriebssicherheit her gesehen optimale Lösung kann durchaus als unwirtschaftlich verworfen werden, etwa weil ein vorgesehener Werkstoff zu teuer ist oder die Herstellungskosten zu hoch sind.

Abstrakt gesprochen kommt es bei der Technik und bei der Wirtschaft darauf an, mit minimalem Aufwand eine möglichst große Ausbeute zu erzielen. Im weiteren Sinne kann man deshalb mit Gottl-Ottilienfeld die Technik als Instrument der Wirtschaft betrachten.[88] Doch auch die Umkehrung trifft zu, denn weithin bestimmen gerade die technischen Innovationen das wirtschaftliche Geschehen. Für den Gesamtkomplex Naturwissenschaft-Technik-Industrie gilt die Formel, die J. Schumpeter für den Kapitalismus geprägt hat: Der Prozeß gehorcht dem Prinzip der »schöpferischen Zerstörung«[89]. Die Leistung besteht darin, daß schöpferisch Neues hervorgebracht wird. Der Preis dafür ist die Zerstörung des Alten.

Die sechs genannten Faktoren betreffen allgemeine, aggregierte, überpersönliche Systemzusammenhänge. Doch diese Mechanismen und Organisationsformen könnten nicht existieren und fortbestehen, wenn sie nicht von den wollenden und handelnden Individuen akzeptiert und mit Leben erfüllt oder doch zumindest toleriert würden. Letzten Endes handelt es sich bei den methodologischen, organisatorischen und institutionellen Vorgaben (Akkumulation, Selektion, systematische Forschung, Symbiose von Naturwissenschaft und Technik, synergetische Effekte, optimale Ressourcenallokation) um formale Strukturen, um allgemeine Handlungsschemata, die nur dann »greifen«, wenn sie auch tatsächlich praktiziert werden. Hinzukommen muß das Interesse, das Bedürfnis, der *Wille*, diese formalen sozialen Schemata, die das Handeln der Individuen gleichsam kanalisieren, tatsächlich aufrechtzuerhalten und sie inhaltlich zu füllen, d. h. sie durch die eigene *Tat* zu realisieren.

Dies ist der systematische Ort, an dem die funktionale Analyse von Steigerungsmechanismen allein nicht weiterführt. Sie bedarf der Ergänzung und Vertiefung durch eine genuin philosophische Untersuchung, die nach den »letzten« Ursachen für das Streben nach einer perfektionierten Technik fragt. Die Antworten, die die Philosophie dazu gibt, werden in den Kapiteln 4 bis 7 abgehandelt.

Die Technokratiediskussion

Die Technik soll Einschränkungen, Begrenzungen und Zwänge aufheben. In vielfacher Hinsicht (wirtschaftlicher Wohlstand, Gesundheitsfürsorge, Arbeitszeitverkürzung, Mobilität) ist dies auch tatsächlich gelungen. Doch die gewonnene Freiheit ist nicht grenzenlos. Die Unverfügbarkeit der Welt setzt dem technischen Veränderungsstreben grundsätzliche Schranken. Bestimmte Hindernisse und Einschränkungen werden aufgehoben, doch dafür treten neue, andere an ihre Stelle. Die Endlichkeit, die konkrete Beschaffenheit gilt für die materiellen Gegebenheiten ebenso wie für die − individuellen und kollektiven − menschlichen Verhältnisse. Diese Endlichkeit und Begrenztheit kommt auch im Fall der Technik in entsprechend abgewandelter, modifizierter Form zur Geltung.

Francis Bacons Einsicht, daß wir die Welt der Natur nur beherrschen können, wenn wir ihr gehorchen[90], läßt sich auch auf die Welt der Technik beziehen. In der technisch hergestellten, »künstlichen« »zweiten Natur« sind die Naturgesetze nach wie vor in Kraft, und es gelten darüber hinaus die Sachgesetze des Produzierens bzw. der Nutzung der technischen Systeme. Was als Befreiung gedacht war, erweist sich doch wiederum als Fessel. Die instrumentelle Rationalität der Technik verliert die dienende Funktion, die sie eigentlich haben sollte. Im Grenzfall bestimmen schließlich die Mittel ihrerseits die Zwecke. Wir sind heute in der Situation von Goethes Zauberlehrling, der die Geister, die er rief, nicht mehr los wird.

Unmittelbar augenfällig wird dies in der Sphäre der technischen Artefakte sowie auf dem Gebiet der politischen Willensbildung. Alle technischen Abläufe sind den Gesetzmäßigkeiten der materiellen Welt unterworfen; als physische Prozesse vollziehen sie sich unabhängig vom Wünschen und Wollen der Menschen. In dem Maße, in dem die auf Effizienzsteigerung gerichteten Funktionsprinzipien technischer Prozesse das Bild bestimmen, treten die persönlichen, individuellen Wertungen und Entscheidungen hinter technikimmanenten Gesichtspunkten (Arbeitsteilung, Spezialisierung, Normung, Austauschbarkeit, gleichförmig wiederholte Prozesse) zurück. Je mehr die konkreten, materiellen technischen Systeme an Bedeutung gewinnen, um so mehr ist der Mensch ihren immanenten Sachgesetzlichkeiten unterworfen. Er hat sich von den unberechenbaren Zwängen einer feindlichen Natur befreit. Dafür unterliegt er nunmehr den Zwängen der von ihm selbst geschaffenen technischen Welt; er bedient die Maschine. Die immanenten Sachzwänge, die einer uneingeschränkten Realisierung utopischer Erwartungen entgegenstehen, werden insbesondere von Glaser ausführlich diskutiert.[91] Besonders augenfällig wird die Abhängigkeit bei den hochgezüchteten und entsprechend störanfälligen Verbundsystemen der Energie-, Transport- und Kommunikationstechnik. — In Gestalt der Ressourcenknappheit und der Umweltbelastung nimmt der Zusammenhang zwischen den erstrebten technischen Leistungen, den Störungen natürlicher Gleichgewichtszustände und den Rückwirkungen auf den Menschen globale, ja apokalyptische Dimensionen an.

Die Frage nach der »Herrschaft der Technik« im gesellschaftlichen, insbesondere im politischen Leben war in der Bundesrepublik in den sechziger Jahren Gegenstand einer lebhaften Diskussion. Maßgebliche Autoren sind Arnold Gehlen, Hans Freyer und insbesondere Helmut Schelsky. Gehlen hatte bereits 1957 von der übermächtigen »Superstruktur« gesprochen, in der Wissenschaft, Technik, Industrie und Gesellschaft miteinander verflochten sind.[92]

Ähnliche Kritik wurde 1960 von Freyer formuliert, der vom »Dominantwerden technischer Kategorien in der Lebenswelt der industriellen Gesellschaft« sprach und kritisierte, daß in der modernen, technischen Welt die Mittel ihre Funktion verlieren und ihrerseits die Ziele vorgeben.[93] Dasselbe Thema wurde dann von Max Horkheimer 1967 in seiner *Kritik der instrumentellen Vernunft* in kulturtheoretischer Perspektive[94] und 1968 von Jürgen Habermas unter ideologiekritischen Gesichtspunkten abgehandelt.[95]

Allgemeine Aufmerksamkeit erfuhr dieser Fragenkomplex durch das pointierte Modell des »technischen Staates«, das Schelsky 1961 unter ausdrücklicher Bezugnahme auf Jacques Elluls 1954 erschienenes Buch *La Technique ou l'enjeu du siècle* formuliert hat. Wohl wissend, daß er damit nur einen speziellen Aspekt der weiterreichenden Thesen von Ellul thematisiert, stellt Schelsky fest: »Jedes technische Problem und jeder technische Erfolg wird unvermeidbar sofort auch ein soziales, ein psychologisches Problem, und zwar in der Art, daß dem Menschen eine Sachgesetzlichkeit, die er selbst in die Welt gesetzt hat, nun als soziale, als seelische Forderung entgegentritt, die ihrerseits gar keine andere Lösung zuläßt als eine technische, eine vom Menschen her geplante und konstruktive, weil dies das Wesen der Sache ist, die es zu bewältigen gilt. Der Mensch löst sich vom Naturzwang ab, um sich seinem eigenen Produktionszwang wiederum zu unterwerfen«. Weiter heißt es, daß »ein neues Grundverhältnis von Mensch zu Mensch geschaffen wird, in welchem das Herrschaftsverhältnis seine alte persönliche Beziehung der Macht von Personen über Personen verliert, an die Stelle der politischen Normen und Gesetze aber Sachgesetzlichkeiten der wissenschaftlich-technischen Zivilisation treten, die nicht als politische Entscheidungen setzbar und als Gesinnungen oder Weltanschauungsnormen nicht verstehbar sind. Damit verliert auch die Idee der Demokratie sozusagen ihre klassische Substanz: An die Stelle eines politischen Volkswillens tritt die Sachgesetzlichkeit, die der Mensch als Wissenschaft und Arbeit selbst produziert.« In diesem technischen Staat verdrängen die Sachzwänge jede Form der Entscheidung: »[...] das Ziel des Staates ist dann die höchste Wirksamkeit der in ihm verfügbaren technischen Mittel«[96].

Die durch diese Thesen ausgelöste lebhafte wissenschaftliche Diskussion wurde insbesondere in der Zeitschrift *Atomzeitalter* geführt.[97] Die vorgetragenen Argumente sind keineswegs völlig neu; vieles ist bereits in den Arbeiten von Saint-Simon und M. Weber zu finden. Der Umstand, daß es hier Vorläufer gibt, kann nicht verwundern, denn es handelt sich um Probleme, die durch die Verbindung von Technik, Industrie und demokratischer Massengesellschaft mehr oder weniger zwangsläufig entstehen.

Schelsky hat dann die inzwischen immer weiter fortgeschrittene Entwicklung in zugespitzter Form theoretisch auf den Punkt gebracht. Eben deshalb haben seine Ausführungen ein so lebhaftes Echo gefunden, ein Echo, das bis heute andauert, denn das Thema hat in der Folgezeit — insbesondere im Hinblick auf das Ökologieproblem — eher noch an Aktualität gewonnen.

Es ist aufschlußreich, sich die praktischen, politischen Konsequenzen vor Augen zu führen, die sich aus dieser Diskussion ergeben haben. Je nach politischem Standpunkt lassen sich diese Konsequenzen unterschiedlich interpretieren. Ein progressiv gesinnter Optimist wird darauf hinweisen, daß es die Technokratiediskussion war, die im Verein mit den Ideen der Studentenrevolte von 1968 die politische Bewegung der Grünen und Alternativen intellektuell vorbereitet und theoretisch mitgeprägt hat. Dabei ist eine eigentümliche Verbindung von progressiven und konservativen Elementen bis hin zu einer Verkehrung der Fronten zu beobachten. Denn Gehlen, Freyer und Schelsky waren durchaus konservative Denker. Und die Programmatik der Grünen und Alternativen läuft ja — normativ gesehen — gerade auf die Bewahrung einer unbeschädigten Umwelt und damit auf ein konservatives Ziel hinaus, zu dessen Erreichung dann jedoch progressive Mittel eingesetzt werden sollen.

Auf den ersten Blick gesehen beugt sich der Staat zwar nach wie vor den durch Technik und Industrie bedingten Sachgesetzlichkeiten. Doch bei näherer Betrachtung sind neue Entwicklungen festzustellen. Die Ökologiebewegung ist mit dem erklärten Ziel angetreten, den Bann der vermeintlichen Sachgesetzlichkeiten zu brechen und neue Handlungsspielräume für politische Entscheidungen zu eröffnen. Das ist insoweit gelungen, als ein Problembewußtsein geschaffen und eine öffentliche Diskussion in Gang gesetzt wurde; inzwischen haben auch die großen Parteien die ökologischen Anliegen (zumindest rhetorisch) aufgegriffen.

Sachzwänge und Wertentscheidungen

In den mehr als drei Jahrzehnten, die seit dem Beginn dieser Diskussion vergangen sind, haben sich die von Schelsky konstatierten Tendenzen sogar noch verschärft. Wegen des erforderlichen Finanzvolumens und der notwendigen Infrastruktur werden technische Großprojekte (Atomenergie, Raumfahrt, Mikroelektronik) teilweise oder sogar vollständig vom Staat getragen. Die zunehmende Technisierung hat einen entsprechenden politischen und juristischen Regelungsbedarf zur Folge, der fast unvermeidbar zu einer immer größeren staatlichen Machtkonzentration und zu einer wachsenden Bürokratisierung führt. Insofern treten tatsächlich technische Sachgesetzlichkeiten an die Stelle der Politik.

Doch bei näherem Hinsehen sind Differenzierungen erforderlich. Genau besehen handelt es sich beim technischen Effizienzstreben des Staates um eine summarische, zusammenfassende Größe, die keineswegs eindeutig bestimmt ist. Welche Art von Effizienz maßgeblich sein soll, ist nicht von vornherein klar.

Schelsky geht davon aus, daß es für ein gegebenes technisches Problem immer nur eine einzige optimale, allen anderen Varianten überlegene Lösung gibt, die sich dann unweigerlich durchsetzt. Doch dieser Fall ist an die Voraussetzung gebunden, daß alle Zielvorstellungen und Nebenbedingungen eindeutig und unverrückbar definiert sind. Dies trifft aber in der Praxis keineswegs zu. Tatsächlich gibt es bei individuellen Konsumpräferenzen ebenso wie bei kollektiven politischen Optionen immer Entscheidungsspielräume und dementsprechend auch unterschiedliche Zielvorstellungen und ein zugehöriges Spektrum von Lösungsmöglichkeiten. Das läßt sich an einem einfachen Beispiel erläutern. Welches das »beste« Auto ist, hängt ganz von der Ausprägung der Beurteilungskriterien ab (Anschaffungskosten, Unterhalt, Fahrkomfort, Wartung, ökologische Folgen usw.). Analoges gilt auch für die im Sinne des Staates, d. h. des staatlichen Gemeinwohls, zu erstrebende technische Effizienz, etwa im Hinblick auf die Energieversorgung oder auf die Ausgestaltung der verschiedenen Verkehrssysteme.

Aufgrund der bisherigen Ausführungen könnte der Eindruck entstehen, als sei der technische Wandel eine sich selbst genügende, autonome Instanz. Doch das wäre eine irreführende Verdinglichung. Weil sich der technische »Fortschritt« scheinbar unaufhaltsam durchsetzt, wirkt er wie ein dem menschlichen Zugriff entzogenes Geschehen. Dieser Deutung steht jedoch die triviale Beobachtung entgegen, daß auf dem Gebiet der Technik — wie überall in der Geschichte — nichts »von selbst«, von sich aus eintritt. Alles, was geschieht, geht letzten Endes auf das bewußte oder unbewußte, auf das absichtsvolle oder zufällige Wollen und Tun der handelnden Subjekte zurück.

Weil man die Entwicklung der modernen Technik, ihre Funktionszusammenhänge und ihre Sachgesetzlichkeiten ohne Bezugnahme auf menschliche Akteure betrachten kann, entsteht der Eindruck, als seien diese menschlichen Akteure überhaupt bedeutungslos. In Wirklichkeit besteht eine unauflösbare Wechselbeziehung zwischen den handelnden Individuen und dem Sozialsystem, dem sie angehören: Die Gesellschaft würde nicht existieren ohne die Individuen, aus denen sie besteht, und jedes Individuum lebt in einer Gesellschaft mit ganz bestimmten sozialen Strukturen.

Um mühsamen Differenzierungen zu entgehen, liegt es nahe, zwecks Vereinfachung alles auf einen Punkt zu reduzieren. Das Resultat sind dann ausschließlich *systemtheoretische* oder ausschließlich *individuenzentrierte* Deutungen. So erscheint etwa in der funktionalen, theoretischen Analyse von Niklas Luhmann die Gesellschaft als komplexe Einheit vielfältiger Systeme (Wirtschaft, Recht, Wissenschaft, Politik, Religion, Erziehung) von hoher Eigendynamik, die jeweils durch spezifische Codes und Programmierungen bestimmt sind.[98] Die arbeitsmethodisch gerechtfertigte und heuristisch fruchtbare Ausblendung der wertenden, wollenden und handelnden Subjekte muß jedoch zur Verfälschung der tatsächlichen Situation führen, wenn die Individuen, ihre Präferenzen und ihr Verhalten ausdrücklich oder stillschweigend für irrelevant erklärt werden.

In Wirklichkeit schließen ein methodologischer Individualismus, wie ihn etwa Habermas vertritt, und die systemtheoretische Aggregation, die Luhmann vornimmt, einander ebensowenig aus wie etwa die individuelle Verantwortlichkeit und die kollektiven Systemzusammenhänge. Die Individuen leben als moralisch verantwortliche

Personen innerhalb bestimmter sozialer Strukturen; beide Gesichtspunkte haben ihre Berechtigung, und keiner dieser beiden Aspekte vermag den anderen aufzuheben. Das gilt in entsprechender Abwandlung auch für die Analyse der Technikentwicklung. So gesehen stellt die Kontroverse zwischen Habermas und Luhmann[99] eine lehrreiche Fortsetzung der Technokratiediskussion dar: Habermas insistiert auf der Schlüsselrolle der Individuen und ihrer ethischen Entscheidungen, und Luhmann konzentiert sich auf die das Verhalten formende und kanalisierende Funktion der Sozialsysteme. Tatsächlich liegt hier kein Ausschließungsverhältnis vor, sondern eine Komplementarität, die allerdings auf kategorial verschiedene Ebenen führt.

Wenn es darum geht, etwa in Sachen Umweltschutz konkrete Verbesserungen herbeizuführen, kann denn auch nur die Vermittlung und das Wechselspiel zwischen beiden Ebenen weiterhelfen. Der ethische Appell an die Individuen ist ebenso notwendig wie entsprechende Veränderungen in den sozialen Systemen, etwa durch eine geeignete Steuerpolitik. Weil Ethos und Institutionen immer gleichzeitig im Spiel sind, besteht nur dann eine Chance für Verhaltensänderungen, wenn man gleichzeitig an beiden Faktoren ansetzt.

Die Realwissenschaften betrachten faktisch vorliegende oder unter bestimmten Umständen eintretende Zustände bzw. Prozesse der realen Welt. So machen insbesondere alle Natur- und Ingenieurwissenschaften hypothetische, konditionale Aussagen über Verknüpfungen zwischen Naturphänomenen: Sie können — oft mit großer Genauigkeit — vorhersagen, welche Phänomene als Folge eintreten werden, *falls* wir bestimmte Zustände realisieren, die dann als Ursachen fungieren und bestimmte Wirkungen hervorbringen. Sie sagen uns, was unter wohldefinierten Bedingungen, die wir gegebenenfalls technisch herbeiführen können, geschehen wird. Innerhalb dieses Rahmens können sie uns auch sagen, welcher Weg, d. h. welche Mittel und Verfahrensweisen bei genau festgelegten Zielvorgaben und Randbedingungen jeweils optimal sind.

Doch aus dieser Fähigkeit zur Prognose dessen, was unter bestimmten Umständen, die wir dann selbst herbeiführen, geschehen wird, folgt noch nichts über die Wünschbarkeiten, Ziele, Prioritäten, Interessen oder Bedürfnisse. Kein Fachwissenschaftler, der innerhalb der Grenzen seiner Disziplin verbleibt, kann allein aufgrund seiner fachlichen Kompetenz sagen, was wir tun sollen. Um Anweisungen geben zu können, muß er — zumindest stillschweigend — ganz bestimmte Wertungen bzw. Ziele voraussetzen, aus denen sich dann in der Tat bestimmte Handlungsanweisungen ergeben.

Daß Wertgesichtspunkte tatsächlich eine Rolle spielen, wird deutlich, wenn man einmal hypothetisch eine globale Expertenherrschaft ins Auge faßt. Dann zeigt sich nämlich, daß etwa im Hinblick auf den Umweltschutz ein Interessenausgleich gefunden werden muß zwischen dem — in Grenzen durchaus berechtigten — Streben nach Wohlstand und der Erhaltung der Umwelt, zwischen den Belangen der Industrienationen und denen der Entwicklungsländer, aber auch zwischen den Ansprüchen der jetzt Lebenden und dem Recht der kommenden Generationen. Diese Interessenkonflikte können nicht durch das fachwissenschaftliche Urteil von Biologen, Klimatologen, Geologen, Naturwissenschaftlern und Ingenieuren gelöst werden, sondern nur durch die Diskussion, die Willensbildung und die Entscheidungsfindung der Betroffenen, d. h. im politischen Raum, wobei diese Entscheidung selbstverständlich unter Berücksichtigung der Fakten, d. h. des erreichbaren wissenschaftlichen Erkenntnisstandes, erfolgen sollte.

Wenn gleichwohl der Eindruck entsteht oder erweckt wird, als wären aufgrund naturwissenschaftlicher Erkenntnisse unabdingbar bestimmte Handlungsweisen geboten, so lassen sich die entsprechenden Aussagen — zumindest in der theoretischen, begrifflichen Analyse — immer in einen faktischen und einen normativen Anteil aufgliedern. Der deskriptive, *faktische* Anteil bezieht sich auf den Stand der naturwissenschaftlich-technischen Erkenntnisse, d. h. auf tatsächlich vorliegende bzw. bei entsprechendem Vorgehen eintretende Sachverhalte in der realen Welt. Der präskriptive, *normative* Anteil betrifft die jeweils in Anschlag gebrachten Wünschbarkeiten, d.h die Bedürfnisse, Interessen, Ziele, Prioritäten oder Wertungen.

Diese Gegenüberstellung von Sein und Sollen ist innerhalb der Philosophie umstritten. Wie Spinoza, Nietzsche, Husserl, Heidegger, Scheler — und dann wiederum Habermas [100] — herausgestellt haben, beruht jedwede Wahrnehmung und erst recht jede wissenschaftliche Erkenntnis auf einer vorgängigen Bewertung und auf einer intentionalen Zuwendung, d. h. auf einem auf *diese* Sache in *dieser* Hinsicht gerichteten Erkenntnisinteresse. Jede Sachverhaltsaussage ist allein schon aufgrund des jeweiligen kognitiven Zugriffs unvermeidbar — aber in aller Regel stillschweigend und unthematisiert — durch Wertgesichtspunkte mitbestimmt. Darüber hinaus stellt die Geltung von Wertaussagen ihrerseits ein Seinsverhältnis dar, so daß auch von dieser Seite her gar keine völlige Trennung zwischen Sachverhaltsaussagen und Werturteilen, zwischen Sein und Sollen möglich ist. [101]

Durch diese beiden einschränkenden Gesichtspunkte wird die Möglichkeit einer scharfen und eindeutigen Trennung relativiert, aber keineswegs völlig ausgeschlossen. Der wertungsbedingte Einschlag allen Erkennens ändert nichts an der Unverfügbarkeit der Welt, an dem grundlegenden Prinzip Realität, das — wie immer man es im einzelnen auch fassen mag — unserem Wünschen und Wollen in der physischen und in der sozialen Sphäre entgegensteht, an dem wir uns gleichsam abarbeiten müssen. Ebendiese *Realität*, kraft derer gerade auch in Sachen Technik immer nur Bestimmtes und nicht Beliebiges möglich ist, bildet jeweils im Hinblick auf unterschiedliche Fragestellungen den Gegenstand aller empirischen Wissenschaften und das Objekt allen technischen Handelns. Davon zu unterscheiden ist das im Reich der *Freiheit* angesiedelte, durch keinerlei handgreifliche Restriktionen eingeschränkte Wünschen, Werten und Wollen, das sich in individuellen und kollektiven Interessen, Bedürfnissen, Prioritäten, Ziel- und Wertsetzungen äußert.

Unter Berücksichtigung dieser Einschränkungen und Relativierungen kann man bei der Technikentwicklung bezüglich des Verhältnisses von Sachzwängen und Wertentscheidungen die folgenden drei Komponenten unterscheiden.

Zu nennen sind erstens die in jedem Augenblick in einer ganz bestimmten Ausprägung vorliegenden *technikbezogenen »Produktionsfaktoren«*. Dazu gehört der (ideelle) Stand der naturwissenschaftlichen Erkenntnis und des technischen Wissens und Könnens ebenso wie die tatsächlich zur Verfügung stehenden, d. h. unmittelbar einsetzbaren (materiellen) Ressourcen an Boden, Rohmaterial, Energiequellen, Maschinen, Arbeitskräften und Kapital.

Dem steht auf der anderen Seite als zweite Komponente das durch *normative Vorstellungen* geprägte Wahlverhalten der beteiligten individuellen und kollektiven Handlungssubjekte gegenüber. Für den Zweck dieser globalen Betrachtung ist es unerheblich, ob es sich dabei um Wünsche, Interessen, Bedürfnisse und Prioritäten oder um explizite Ziel- und Wertvorstellungen handelt. Denn in allen diesen Fällen geht es darum, daß ein bestimmter Zustand bzw. Sachverhalt herbeigeführt werden soll, der als erstrebenswert gilt. In der Lebenspraxis werden Entscheidungen selten durchdacht und bewußt getroffen. In aller Regel handelt es sich um das Befolgen individuell-biographisch oder kollektiv-kulturell »eingeschliffener« Verhaltensweisen, wobei die Akteure im Rahmen der Sinnperspektiven verbleiben, die für die jeweilige kulturelle und soziale Umgebung charakteristisch sind. Durch dieses weithin unreflektierte – und insofern auch unbewußte – Verhalten wird jedoch weder die Wahlsituation noch die normative Dimension aufgehoben. Was außerhalb der jeweiligen Aufmerksamkeitsperspektive liegt, hört deshalb nicht auf zu existieren.

Die beiden genannten Gegebenheiten, nämlich das real Machbare und die Summe der individuellen Zielvorstellungen, *erzwingen* für sich allein genommen noch keine konkrete Aktion, sie *ermöglichen* sie nur; sie eröffnen nur ein zunächst noch ungeformtes Spektrum von Handlungsalternativen. Der Dualismus von konkreten Möglichkeiten in der realen Welt einerseits und den in der ideellen Sphäre des Wünschens und Wollens angesiedelten normativen Setzungen der Individuen andererseits stellt jedoch – wenn man es dabei bewenden läßt – eine zu starke Vereinfachung dar.

Um der Wirklichkeit näher zu kommen, müssen *vermittelnde Instanzen* berücksichtigt werden, die als das hinzutretende dritte Element das andernfalls völlig chaotische, in unterschiedliche, ja in gegenläufige Richtungen zielende individuelle Wollen und Tun kanalisieren, ihm Ziel und Sinn geben und dafür sorgen, daß die Einzelwillen auch in Sachen Technik im Idealfall produktiv zusammenwirken. Diese Instanzen können begrifflich auf unterschiedliche Weise gefaßt werden. So wird etwa der Soziologe den Systemgesichtspunkt betonen und von der *Struktur der Gesellschaft* mit ihren Funktionsbeziehungen, Organisationen und Institutionen sprechen; der Politikwissenschaftler wird die kollektive *politische Willensbildung* hervorheben; der Technikhistoriker wird dagegen einen anderen Zugang wählen, den Prozeßcharakter herausstellen und zusammenfassend den im weiteren Sinne verstandenen *technischen Wandel* als die maßgebliche Größe betrachten.

Das gemeinsame Merkmal ist der aggregierte und kollektive Charakter der überindividuellen strukturellen Vorgaben, die das Wollen und Tun der Handlungssubjekte kanalisieren, d. h. in bestimmte Bahnen lenken, wobei diese Vorgaben ihrerseits historisch gewachsen sind und sich im Lauf der Zeit wiederum verändern. Es ist kein Zufall, daß hier die faktische und die normative Dimension gleichzeitig auftreten. Die sozialen Rollenzuweisungen, die Funktionsbedingungen zwischen den verschiedenen sozialen Systemen und Institutionen, der Zeitgeist, die kulturell geprägten Orientierungen, die gängigen Wertungen und Sinnbezüge, alles das sind in einem bestimmten Augenblick vorgegebene überindividuelle Größen, die das Verhalten der Individuen prägen, ohne es doch zwingend festzulegen. Spekulativ gesprochen steht hier die Faktizität der Geschichte und der überlieferten Tradition gegen die Offenheit und Freiheit des Geistes, eine Freiheit, die sich individuell in einem spontanen Wahlverhalten und kollektiv in dem durch die Vergangenheit und die derzeitigen Tendenzen nicht zwingend festgelegten, künftigen Gang der Dinge äußert.

Das Unendlichkeitsstreben der Moderne

Aus einer übergeordneten historischen Perspektive betrachtet, stellt die Industrielle Revolution — nach dem Übergang vom Jäger- und Sammlerdasein zur seßhaften Kultur der Ackerbauern und Städtegründer — die zweite entscheidende Epochenschwelle in der Menschheitsentwicklung dar. Die in immer neuen Schüben beständig weiter fortschreitende naturwissenschaftlich-technisch-industrielle Entwicklung prägt das äußere Erscheinungsbild unserer Zeit.

Um die grundsätzliche Innovationsbereitschaft der Moderne historisch einordnen zu können, ist es nützlich, sich klarzumachen, daß das bewußte Streben nach Veränderung — historisch gesehen — durchaus neu und ungewöhnlich ist. Das spontane Verhalten zielt auf Bewahrung, Erhaltung und Stabilität. So findet man bei Naturvölkern ein tiefverwurzeltes, elementares Mißtrauen gegen jede Abweichung vom Bestehenden. Alle Änderungen stellen die gewohnte geistige, kulturelle und soziale Verfassung einer Gesellschaft in Frage. Sie stören das tradierte Denk- und Glaubenssystem ebenso wie das eingespielte Gleichgewicht von Werten, Sitten und Gewohnheiten, das dem Leben überhaupt erst Sinn, Überschaubarkeit und Stabilität verleiht. Im Extremfall können dysfunktionale Veränderungen sogar die Existenz einer Kultur gefährden — wie das Ökologieproblem heute in globalem Maßstab zeigt.

Die psychologische Bereitschaft, schnell und zielstrebig technische Neuerungen einzuführen, und das dazu erforderliche instrumentelle Wissen sind, historisch gesehen, eine sehr späte »Errungenschaft« der modernen abendländischen Gesellschaft. Von Europa ausgehend ist das innovative, veränderungsorientierte Verständnis von Natur, Gesellschaft und Geschichte inzwischen weltweit zu einer Herausforderung für alle traditionsbestimmten Kulturen geworden. Nur der Umstand, daß die spontane, »natürliche« Einstellung konservativ-bewahrend ist, macht es verständlich, daß es Jahrhunderte dauerte, bis man bereit war, geringfügige technische und soziale Innovationen einzuführen, die uns heute, angesichts der allgemeinen Veränderungsbereitschaft, als naheliegend und völlig selbstverständlich erscheinen.[102]

Im Rahmen des überlieferten Wissens und Könnens und der gegebenen natürlichen und sozialen Ressourcen »entscheidet« sich jede Epoche für ein bestimmtes Verhältnis zur Technik. Bei diesem Wahlverhalten ist, wie bei allen historischen Prozessen, stets eine Fülle von Einflußfaktoren gleichzeitig im Spiel.

Strenggenommen stellt das historische Geschehen in jedem einzelnen Augenblick eine unteilbare Ganzheit dar. Dennoch ist es sinnvoll, die verschiedenen Faktoren in der analytischen Abstraktion voneinander zu trennen und sie einzeln zu diskutieren. Dies obwohl — mangels experimenteller Isolierbarkeit — über das relative Gewicht der verschiedenen Einflußgrößen keine sicheren Aussagen möglich sind. In diesem Sinne wurden denn auch bestimmte Voraussetzungen für die dynamische Technikentwicklung der Moderne in den bisherigen Ausführungen angesprochen: die mechanische Naturauffassung und die mathematisch-experimentelle Methode (S. 41-49), der vergrößerte Spielraum der Aktionsmöglichkeiten

(S. 71-77), die auf eine Steigerung hinwirkenden kollektiven, strukturellen Mechanismen (S. 77-81) und die durch keinerlei Sachzwänge eindeutig festgelegten individuellen bzw. kollektiven »Wertentscheidungen« (S. 85-91).

Gegen die Denkfigur der Wertentscheidungen — bzw. der ideellen, normativen Determinanten der Technikentwicklung — ist allerdings ein grundsätzlicher Einwand möglich. Entsprechend der simplen Zweiteilung in materielle oder ideelle Faktoren wird nämlich gelegentlich zwischen einer materialistischen und einer idealistischen Deutung der Technikentwicklung unterschieden. Wer nun eine *materialistische* Technikdeutung vertritt, wird alle ideellen Faktoren als abhängig und unselbständig betrachten, d. h. er wird versuchen, sie aus den jeweiligen materiellen Bedingungen abzuleiten. Im umgekehrten Fall müßten dann bei einer *idealistischen* Technikinterpretation alle materiellen Gegebenheiten als Konsequenz der ideellen Faktoren — und damit insbesondere der Wertentscheidungen — erwiesen werden.

Im Gegensatz zu solchen monistischen Deutungen, die alles aus einem einzigen Prinzip erklären wollen, das dann intern doch wiederum vielfältig ausdifferenziert werden muß, wird hier davon ausgegangen, daß materielle und ideelle Faktoren relativ unabhängig voneinander sind, was nicht ausschließt, daß sie in einer wechselseitigen Abhängigkeitsbeziehung stehen, wie dies im Hinblick auf die Verschränkung von Sachzwängen und Wertentscheidungen exemplarisch dargelegt wurde.

Daß es tatsächlich ganz bestimmte ideelle Voraussetzungen für die Technikentwicklung gibt, die sich nicht auf die materiellen Gegebenheiten reduzieren lassen, wird deutlich, wenn man sich den Stand vor Augen führt, den die Technik im Spätmittelalter in China und in den arabischen Ländern erreicht hatte. Vom äußeren Erscheinungsbild und von der Leistungsfähigkeit her gesehen war das technische Niveau dort mindestens so hoch wie in Europa, wenn nicht sogar höher. [103]

Wenn man davon ausgeht, daß es für jedes tatsächlich eingetretene Ereignis einen hinreichenden Grund geben muß, läßt sich die europäische Entwicklung zur wissenschaftlich-industriellen Technik im nachhinein als das Resultat einer »kollektiven Wertentscheidung« interpretieren. Dabei sind jedoch zwei Einschränkungen erforderlich. Erstens handelt es sich nicht um eine nach dem Modell des rationalen Diskurses öffentlich diskutierte, bewußte, einmalige Entscheidung, sondern eher um einen im Zuge der Zeit liegenden allmählichen Wandel der Einstellung — einen Wandel, wie er heute etwa als Gegenbewegung in der abnehmenden Wertschätzung des Leistungsdenkens zu beobachten ist. Zweitens gilt auch für den technischen Wandel das Grundgesetz der Geschichte, daß die jeweils Handelnden — genau besehen — nicht wissen, was sie eigentlich tun, weil ihnen die langfristigen Wirkungen ihres Tuns unbekannt sind. So konnten denn auch die früheren Akteure die weiterreichenden Folgen ihrer »Wertentscheidungen« gar nicht absehen, ebensowenig wie wir heute im einzelnen vorhersehen können, welche langfristigen Konsequenzen sich etwa aus dem zunehmenden kulturellen Pluralismus oder aus der Einführung der Gentechnologie ergeben werden.

Die in diesem Sinne verstandenen »kollektiven Wertentscheidungen« liefern die inhaltliche Konkretisierung für die oben erläuterten allgemeinen erkenntnistheoretisch-methodischen Prinzipien und strukturellen Steigerungsmechanismen: Es wird darüber »entschieden«, wie die gegebenen bzw. zu schaffenden technischen Aktionsmöglichkeiten in Sachen Technikentwicklung genutzt werden sollen. Bei einer zusammenfassenden Betrachtung erweisen sich hier insbesondere drei »Wertentscheidungen« als bedeutsam: erstens die Hochschätzung der Arbeit und des wirtschaftlichen Erfolges, zweitens der Fortschrittsoptimismus der Aufklärung und drittens das Unendlichkeitsstreben der Moderne.

(1) Eine in großem Stil betriebene Technik, die dann auch systematisch weiterentwickelt wird, ist nur möglich, wenn die mit dem technischen Handeln verbundene *Arbeit* grundsätzlich als wertvoll gilt. Ebendies war in der Antike nicht der Fall. Die Griechen hielten die durch die biologischen Bedürfnisse des Leibes erzwungene körperliche Arbeit für minderwertig. Weil diese Arbeit weder im Dienste der Politik für das Gemeinwesen stand noch mit der für den Menschen als »animal rationale« bestimmenden theoretischen Einsicht verbunden war, überließ man sie den Handwerkern, griechisch »Banausen«.[104]

Durch das Christentum trat dann in der Bewertung der körperlichen Arbeit ein allmählicher Wandel ein. Gerade die asketische

Lebensform der Mönche mit ihrer Konzentration auf eine überpersönliche Aufgabe und mit ihrem geordneten Zeitablauf hat die sachbezogene Einstellung vorbereitet, die für die Technik der Moderne bestimmend geworden ist.[105] In der Reformation, insbesondere in der Prädestinationslehre Calvins, erfuhr die Arbeit eine weitere systematische Aufwertung. Nach der bekannten These von Max Weber hat die Prädestinationslehre Calvins, derzufolge die rastlose Tätigkeit und der berufliche Erfolg als Zeichen echten Glaubens und der göttlichen Erwählung gelten, wesentlich zur Entwicklung der kapitalistischen Geisteshaltung beigetragen — die sich inzwischen weitgehend verselbständigt hat. Im Zuge der protestantischen Gesinnung, welche berufsmäßig, systematisch und rational den legitimen Gewinn erstrebt, hat das für die moderne Technik charakteristische rationelle, ökonomische Wirtschaften (Time is money!) dazu geführt, daß auch entsprechende Organisationsformen, wie der rechnerische Kalkül der Buchführung und die zweckmäßige Gestaltung der Betriebe, allgemein eingeführt wurden.[106]

Diese Einstellung zur Arbeit ist keineswegs für alle Kulturen der Welt selbstverständlich. Tatsächlich ist das ganz auf die spontane Erfüllung augenblicklicher Bedürfnisse gerichtete Verhalten — rein funktional gesehen — mit einem effizienten, technikorientierten Arbeitsstil nicht vereinbar. Hier zeichnet sich ein grundsätzlicher Zielkonflikt ab. Manche Beobachter des Wertewandels in den Industrieländern weisen denn auch darauf hin, daß das individuelle Selbstverwirklichungsstreben und die wachsenden materiellen Ansprüche auf die Dauer nicht zu erfüllen sein werden, wenn die allgemeine Leistungsbereitschaft weiter abnimmt. Dieser Gegensatz ist bisher nicht deutlich in Erscheinung getreten, weil er durch den im Zuge der technischen Entwicklung systematisch herbeigeführten — aber gleichzeitig auch kritisch beurteilten — Produktivitätszuwachs ausgeglichen werden konnte.

(2) Eine weitere entscheidende intellektuelle Vorbedingung für die systematisch durchrationalisierte, dynamisch voranschreitende moderne Technik ist der *Fortschrittsoptimismus* der Aufklärung.[107] Hier ist eine wechselseitige Steigerung und Bekräftigung zwischen Idee und Realität festzustellen. Säkularisierung, Rationalismus und Aufklärung haben den Weg bereitet für Fortschrittserwartungen, die

in materieller Hinsicht durch die Erfolge der Naturwissenschaften und der Technik eingelöst wurden, was dann – bis zur Stunde – zu immer höher geschraubten Erwartungen Anlaß gibt. Gerade im 19. Jahrhundert galten die Leistungen der Industrie – trotz der von Marx kritisierten Verelendung des Proletariats – als eindrückliche Fortschrittsbeweise, die sich etwa in den vielbesuchten Weltausstellungen augenfällig dokumentierten.

Aufschlußreich ist die kontroverse Bewertung dieses Prozesses. Nach Blumenberg, der das Eigenrecht der Neuzeit betont, ist die neuzeitliche Wissenschaft Ausdruck der Selbstbehauptung der Vernunft; die industrialisierte Technik ist für ihn »die der Inhumanität der Natur begegnende Selbstbehauptung des Menschen« [108]. Dagegen sieht Hannah Arendt in der durch die Technik bestimmten Moderne im Vergleich zur Antike eine Verfallsepoche, weil die Vernunft im Sinne einer ursprünglich gegebenen und sich selbst offenbarenden kontemplativen Wahrheitserkenntnis verlorengeht und durch eine leerlaufende aktive (technische) Betriebsamkeit ersetzt wird. [109]

In diesen beiden Deutungen kommt der ambivalente Charakter der modernen Technik zum Ausdruck: Sie ist die Aneignung der Natur durch den autonomen, sich selbst bestimmenden Menschen, und sie hat die Voraussetzungen für ein von der Not und den Zwängen der biologischen Existenz weitgehend befreites Dasein geschaffen. Durch eben denselben Technisierungsprozeß wird aber auch die Konzentration auf Äußerlichkeiten gefördert, es kommt zur Entfremdung, und es werden neue Zwänge und Abhängigkeiten geschaffen – bis hin zur Gefährdung des physischen Überlebens der Menschheit.

(3) Die großangelegte Umgestaltung der Natur für menschliche Zwecke durch die Technik beruht nicht nur auf der Effizienz der Methoden und auf der Perfektion des Wissens und Könnens. Hinzukommen muß die Unbegrenztheit des Wollens, der Wille zur Technik. Handlungsmöglichkeiten bedürfen zu ihrer Aktualisierung des willensgelenkten, aktiven Tuns.

Im Gegensatz zu dem statischen Geschichtsverständnis der Antike und des Mittelalters, das sich auf eine festgefügte Ordnung und ein geschlossenes Weltbild stützte, ist für die Moderne in allen Bereichen ein beständig gesteigerter aktiver Schaffensdrang charakteristisch, der in der Vorstellung gipfelt, daß »Veränderung« ein Selbstwert sei. Das diesseitsorientierte, schöpferische Lebensgefühl der Renaissance fließt hier ebenso mit ein wie die Abkehr von traditionellen Autoritäten und die Besinnung auf die autonome Vernunft. Ohne diese Bereitschaft zur grundsätzlichen Umgestaltung aller Verhältnisse wären das Entwicklungstempo und die ständige Ausbreitung der industriellen Technik nicht denkbar. Nach der Formulierung von Sombart ist für den neuzeitlichen Geist ein *Unendlichkeitsstreben* charakteristisch, das beständig neue Ziele setzt und keine natürlichen Grenzen anerkennt. [110]

Daß der gegenwärtige forcierte Wille zur Technik keineswegs eine überzeitliche anthropologische Konstante darstellt, wird durch eine vielzitierte Erzählung aus dem alten China veranschaulicht, in der es heißt, daß ein alter Gärtner in jahrelanger Arbeit einen Steig in einen Felsen geschlagen hatte und täglich das Wasser aus einer Quelle die Stufen hinauftrug; die Arbeitserleichterung durch einen Ziehbrunnen lehnte er mit der Begründung ab, daß er sein Herz durch die Benutzung mechanischer Hilfsmittel nicht verhärten wolle.

Gleichwohl ist heute in weltweitem Maßstab festzustellen, daß diejenigen, die die Erleichterungen und Annehmlichkeiten der modernen Technik einmal kennengelernt haben, sie nicht mehr missen möchten. Weil sich technische Innovationen durch ihre effizientere Funktionserfüllung unmittelbar sinnfällig ausweisen, werden sie allgemein gewollt. Da die Technik die allen Menschen gemeinsame leibliche Verfassung anspricht, kann sie die verschiedenen historischen Traditionen und kulturellen Wertsysteme gleichsam unterlaufen. Eben dieser Umstand begünstigt aber auch das Entstehen einer globalen technischen Einheitszivilisation.

Der tiefere, gemeinsame Grund für den kognitiven Zugriff, der die Handlungspotentiale bereitstellt, und für die normative Setzung, die fordert, diese Möglichkeiten in einem bestimmten Sinne zu nutzen, ist das Prinzip der Subjektivität, das zugleich das Prinzip der Freiheit ist. Dem modernen Bewußtsein gilt die physische Welt als beliebig verfügbare Ressource für forschende und verändernde Eingriffe. Nur unter der Prämisse der grundsätzlichen Verfügbarkeit der Welt und der »Machbarkeit der Sachen« [111] ist es möglich, die Kräfte der

Natur im Rahmen ihrer immanenten Gesetzmäßigkeiten uneingeschränkt für den Fortschritt durch Wohlstandsvermehrung in Dienst
zu nehmen.

In diesem Zusammenhang hat die Kopernikanische Wende auch
symbolische Bedeutung. Die Erde verliert ihre zentrale Stellung im
Kosmos: Sie ist nur noch ein Stern unter unendlich vielen anderen. In
der Sphäre der Kultur und der Geschichte entspricht dem die Vorstellung, daß die Tradition lediglich eine beliebig modifizierbare Vorgabe
darstellt. Weil kein selbstverständliches kosmisches und normatives
Zentrum besteht, kann und muß sich der neuzeitliche Mensch durch
die Geschichte jeweils neu definieren, um überhaupt einen Standpunkt zu gewinnen. Er hat sich selbst zur Subjektivität verurteilt. Die
in ihrer Effektivität und ihrem immanenten Erfolg unverkennbaren
Leistungen von Naturwissenschaft und Technik bieten sich dabei als
Bezugspunkt und empirische Fortschrittsbeweise geradezu an. Weil
Naturwissenschaft und Technik ihrer Natur nach traditionsfeindlich
sind — alle vorhergehenden Stufen gelten immer nur als unzulängliche
Vorformen des gerade erreichten und weiter zu verbessernden letzten
Standes —, bilden sie das beliebig einsetzbare Instrument für eine offene Fortschrittsdynamik. Die entscheidende Frage lautet, ob das hier
wirksame Prinzip der Subjektivität einen produktiven Aufbruch zu
selbstbestimmter Freiheit darstellt oder ob es im Dienst eines de-
struktiv-nihilistischen Willens zur Macht steht.

4. Naturalismus

Die anthropologische Sicht

Der naheliegendste Anknüpfungspunkt für eine philosophische Wesensbestimmung der Technik ist der Werkzeuggebrauch bzw. die Umgestaltung der Natur für menschliche Zwecke. Bei diesem Ansatz, von dem nun die Rede sein soll, wird der Mensch im Sinne der Anthropologie in erster Linie als ein Naturwesen betrachtet. Die philosophische Anthropologie ist (im Unterschied zu der schon vorher bestehenden naturwissenschaftlich-medizinischen Anthropologie) eine seit etwa 1920 vor allem im deutschen Sprachraum entwickelte philosophische Einzeldisziplin. Charakteristisch für sie sind nicht so sehr bestimmte inhaltliche Thesen als vielmehr eine spezifische, von der besonderen Stellung des Menschen im Kosmos ausgehende Zugangsweise zu den philosophischen Fragestellungen.

Im Gegensatz zu der traditionellen Sicht des Menschen als dem »animal rationale«, dem vernunftbestimmten Lebewesen, wird in der philosophischen Anthropologie die *naturhafte, körperliche, biologische* Verfassung des Menschen und seine Verwandtschaft mit den höheren Lebewesen in den Vordergrund gestellt. Natürlich war diese offenkundige Seite des Menschseins auch der Philosophie schon immer geläufig. Doch für die philosophische Tradition steht die Naturhaftigkeit des Menschen ganz im Schatten seiner Vernunfthaftigkeit; selbst bei Kant hat die Anthropologie nur eine untergeordnete, pragmatische Hilfsfunktion. Der Wandel besteht darin, daß sie diese Nebenrolle immer mehr verliert und schließlich mit dem Anspruch auftritt, eine umfassende und zugleich grundlegende Rolle zu übernehmen.

Stationen auf diesem Weg sind insbesondere die romantische Geschichtsphilosophie Schellings sowie Feuerbachs Lehre vom

Menschen, in der die Anthropologie in den Rang einer Universalwissenschaft erhoben wird. Durch Feuerbach inspiriert haben Marx und Engels dann im Historischen Materialismus im Gegenzug zu Hegels idealistischer Geschichtsmetaphysik gerade die praktische Lebenstätigkeit in den Vordergrund gestellt. Mit den Arbeiten von Scheler und Plessner und den daran anknüpfenden Untersuchungen von Gehlen hat die philosophische Anthropologie einen relativ abgeschlossenen Stand erreicht, der bis in die Gegenwart fortwirkt.[112]

In der philosophischen Anthropologie — und verallgemeinert in allen naturalistischen, auf die physische Welt Bezug nehmenden Deutungen — wird die von Descartes nur als passiv, mechanisch, gedanken- und geistlos aufgefaßte physische Welt der »res extensa« aufgewertet. Spekulativ und abstrakt gesprochen geht es dabei um den Gegensatz bzw. um die wechselseitige Abhängigkeit von Materie und Geist. Dieses Spannungsverhältnis betrifft kollektiv-historisch die Beziehung zwischen ideeller Kultur und materiellen Lebensbedingungen einschließlich der Technik; und es ist individuell-lebensgeschichtlich für das Verhältnis von Körper und Bewußtsein, von Leib und Seele jedes Menschen bestimmend. Gewiß kommt in der Realität alles auf den Zusammenhang, auf die Vermittlung, auf das gemeinsame Wirken von Geist und Materie, von Kultur und Natur, von Bewußtsein und Körper an. Die Vermittlung betrifft beim einzelnen Menschen die je aufs neue zu gewinnende psychosomatische Einheit von Leib und Seele und beim Kollektiv (im Grenzfall also bei der Menschheit überhaupt) das zu erstrebende harmonische Verhältnis zwischen Kultur und Natur bzw. zwischen Kultur und Technik als der vom Menschen geschaffenen »zweiten Natur«.

Unter dem Gesichtspunkt des Ausgleichs und der Vermittlung betrachtet, sollte die Technik also im Idealfall — und in spekulativer Überhöhung gesehen — harmonischer Bestandteil eines von der Kultur geformten und beseelten umfassenden »Organismus« sein, der als höhere Einheit die geistige und die materielle Welt zugleich umfaßt.

Doch gemessen an der von sich aus, ohne Zutun des Menschen existierenden Natur ist die Technik zunächst immer ein unnatürliches, artifizielles Gebilde. Ein wesentliches Problem besteht darin, diese Künstlichkeit der Herkunft durch einen entsprechenden Umgang mit der Technik aufzuheben und sie zu einem fruchtbaren und produktiven Element der Kultur zu machen. Diese Aufgabe stellt sich allerdings erst für die moderne, industrielle Technik. Die Handwerkstechnik war ganz selbstverständlich in die lebensweltlichen Erfahrungen und Zusammenhänge integriert, so daß sie gar nicht als Fremdkörper empfunden wurde. So ist denn auch gerade bei den frühesten, mit der Herstellung des Faustkeils und dem Gebrauch des Feuers beginnenden Formen der Technik der enge Zusammenhang zwischen dem Werkzeuggebrauch und der leiblichen Verfassung des Menschen offenkundig.

Dies macht verständlich, daß die erste, 1877 von E. Kapp veröffentlichte, ausdrücklich der Technikphilosophie gewidmete Abhandlung *Grundlinien einer Philosophie der Technik: Zur Entstehungsgeschichte der Cultur aus neuen Gesichtspunkten* bewußt anthropologisch angelegt ist.[113] Kapp sieht in der Technik eine Veräußerlichung und Erweiterung des menschlichen Leibes; sie beruht auf »Organprojektion«. Der Mensch setzt gleichsam seinen Körper, seine Leiblichkeit nach außen hin fort. Das Vorbild der technischen Artefakte und die Urform aller Werkzeuge ist für ihn die Hand; der Hammer beruht auf der Nachbildung eines Armes mit geballter Faust.[114]

Kapps Technikdeutung ist getragen vom Fortschrittsoptimismus des 19. Jahrhunderts. Der Mensch bildet die Krone aller vorhergehenden Entwicklungsstufen und stellt demgemäß das Ordnungsprinzip dar, nach dem die gesamte Natur gestaltet und humanisiert werden soll. Kennzeichnend für diese technisch-evolutionstheoretische These ist das Motto, das Kapp seiner Abhandlung voranstellt: »Die ganze Menschheitsgeschichte, genau geprüft, löst sich zuletzt in die Geschichte der Erfindung besserer Werkzeuge auf.«

Auch wer Vorbehalte gegenüber dieser Deutung hat — so unterscheidet etwa Arnold Toynbee in seiner monumentalen Universalgeschichte *A Study of History* eine Vielzahl von großen Kulturen, aber er sieht kein technikbedingtes Evolutionsschema[115] —, muß einräumen, daß hier ein wesentlicher Gesichtspunkt angesprochen wird. Tatsächlich verstärkt alle konkrete, realisierte Technik die leibliche Verfassung des Menschen. Wie auch immer technische Prozesse und Resultate geartet sein mögen, sie sind nur insoweit vom Menschen nutzbar, wie die erzielten Ergebnisse in der einen oder anderen Form sinnlich faßbar gemacht werden. So verstanden dient die Technik tatsächlich dazu, die Reichweite unserer Muskeln, Organe und Sinne zu verstärken bzw. zu erweitern: Fernglas, Mikroskop und Fernsehen erweitern die Leistungsfähigkeit des Auges, Telefon und Radio verstärken das Gehör, und die gesamte Transporttechnik steigert — bei einer elementaren, direkt auf den Menschen bezogenen Betrachtungsweise — die Leistungsfähigkeit unserer Fortbewegungsorgane.

Bis zu einem bestimmten Stadium vor dem Auftreten des Homo sapiens stellt Leroi-Gourhan eine genaue Entsprechung zwischen der biologischen Evolution des Gehirnvolumens der Vormenschen und ihren allmählichen Fortschritten im ersten Werkzeuggebrauch fest; doch danach »emanzipiert« sich die technische Entwicklung von ihren biologisch-physiologischen Grundlagen.[116] Tatsächlich hat die Technikentwicklung von der Buschtrommel zum Satellitenfernsehen, vom Faustkeil zur Werkzeugmaschine und vom Herdfeuer zum Kraftwerk geführt — aber auch zur Atombombe.

Während beim ersten, ursprünglichen Werkzeuggebrauch und bei elementaren Techniken, wie Töpferei und Weberei, eine erstaunliche Einheitlichkeit und fast universelle Verbreitung zu konstatieren ist, läßt sich in den folgenden Stadien eine zunehmende kulturelle Ausdifferenzierung feststellen. Je mehr man sich von den naturhaften Grundlagen entfernt, um so größer wird auch auf dem Gebiet der Technik der Spielraum für kulturelle Schwerpunktsetzungen und eigenständige Entwicklungen.

Dabei ist im zeitlichen Verlauf eine bemerkenswerte »Rückkehrbewegung« festzustellen. Die heute zu beobachtende, durch die moderne Technik geschaffene weltweite Vereinheitlichung im äußeren Erscheinungsbild — überall finden sich die gleichen Autobahnen, Flugplätze, Fernseher, Kühlschränke, Computer etc. — zeigt Züge einer kulturellen Regression: Die Technik steht nicht im Dienst einer autonomen Kultur, sondern sie definiert ihrerseits die konkrete Lebenswelt und damit indirekt auch die kulturellen Bezüge.

In Weiterführung dieses Ansatzes und unter Rückgriff auf die These Herders vom Menschen als dem biologischen »Mängelwesen« deutet Gehlen dann die Technik als funktionales Substitut für die angeborene biologische Ausstattung der höheren Tiere. Während die übrigen Lebewesen für das Überleben in einer ganz bestimmten Umwelt ausgestattet sind, ist der Mensch in seiner Weltoffenheit biologisch nicht festgelegt. Seine variabel einsetzbare Intellektualität nimmt ihm den Zwang zur organischen Anpassung ab und eröffnet ihm die Möglichkeit, die vorgefundene physische Welt durch geeignete Werkzeuge für seine eigenen Zwecke umzugestalten; er ist das »tool-making animal« (Franklin) oder der »homo faber« (Bergson).

In konsequenter Fortsetzung dieser naturalistischen Sicht kommt Gehlen zu einer monokausalen Technikdeutung. Für ihn steht fest, daß »die Technik seit ihren Anfängen triebhafte, unbewußte, vitale Bestimmungsgründe hat: die konstitutionell menschlichen Merkmale des Handlungskreises [d.h. der fortschreitend erfolgskontrollierten und schließlich gewohnheitsmäßig automatisierten Vollzüge] und des Entlastungsprinzips stehen als Determinanten hinter der gesamten technischen Entwicklung« [117].

In diesem Zusammenhang ist es hilfreich, anhand einer idealtypischen Einteilung der Technikentwicklung zwei verschiedene Stadien zu unterscheiden. Die Handwerkstechnik, die durch den Werkzeuggebrauch, die Muskelkraft von Mensch und Tier und durch elementare Energiequellen (Wind, Wasser) charakterisiert ist, kann als *organische* Technik bezeichnet werden. Sie ist leibnah, sie bleibt in direktem Kontakt mit dem Menschen und entspricht damit augenfällig Kapps These von der Organprojektion.

Dem steht auf der anderen Seite die seit dem 18. Jahrhundert entstandene, zunehmend verfeinerte und fortentwickelte *mechanische*, industrielle Technik gegenüber. Bei ihr lösen sich die technischen Systeme und Prozesse vom Menschen ab, sie werden zu selbständigen Einheiten. Infolge dieser Entwicklung wird der Mensch schließlich zum Diener der technischen Apparate und Geräte; er »bedient« sie — eine Vorstellung, die beim unmittelbaren Werkzeuggebrauch gar nicht aufkommen könnte.

Fossile Energiequellen und mechanische Apparaturen ersetzen, schematisch gesprochen, in erster Linie die menschliche Muskelkraft. Die heute zunehmend eingesetzte Elektronik simuliert dagegen die Leistungen des menschlichen Nervensystems. Dies sollte im Prinzip die Möglichkeit eröffnen, die gleichförmigen mechanischen Abläufe, die durch den Einsatz des Rades bestimmt sind und im Gegensatz zu

den biologischen Rhythmen stehen, flexibler und damit menschenge-
mäßer zu gestalten.

Beim unmittelbaren Werkzeuggebrauch, bei der Ausnutzung von
Wind, Wasser und tierischer Arbeitskraft, d.h. bei der organischen
Technik, bleibt der Mensch den Lebensprozessen nahe und dem
Rhythmus der Naturabläufe unterworfen. Es besteht eine unmittelbare, überschaubare Beziehung zwischen ihm und dem hergestellten
Produkt. Dieses Eingeordnetsein in die Natur geht bei der modernen,
mechanischen, verselbständigten, vom Menschen abgelösten Technik
verloren. Die Welt der von uns selbst geschaffenen technischen Artefakte wird zur »zweiten Natur«, die an die Stelle der ersten, organisch
gewachsenen Natur tritt. Hier zeigt sich, daß alle technischen Leistungen ihren Preis haben. Die gesteigerte Effizienz wird mit dem
Verlust an Naturnähe, an spontaner Identifikation und unmittelbarer
Sinnerfüllung bezahlt. Das Gegenstück zu diesem auf das Lebensgefühl bezogenen affektiven Verlust ist die Gefahr einer Vernichtung
der biologischen Lebensgrundlagen durch die Zerstörung der Umwelt.

Technik als Produktivität der Natur

Die anthropologische Technikdeutung geht aus vom menschlichen
Individuum, von seiner biologischen Verfassung, vom Werkzeuggebrauch und von der Erweiterung der leiblichen Ausstattung durch
die technischen Artefakte. Im Gegensatz zu dieser subjektbezoge-
nen Interpretation kann die Technik aber auch objektivierend,
gleichsam von außen, als Gegenstand der Welt betrachtet werden. In
dieser Perspektive erscheint sie dann nicht mehr als Schöpfung des
Menschen, sondern als Bestandteil der physischen Welt und damit
der im weiteren Sinne verstandenen Natur. Tatsächlich kommt die
Natur hier in doppelter Weise ins Spiel: Zum einen ist jede konkrete,
realisierte Technik gestaltete Materie; sie ist an ein stoffliches Substrat gebunden und insofern der Natur zugehörig. Zum anderen ist
aber auch der Mensch selbst, der Urheber der Technik, nach der
Evolutionstheorie ein Teil der Natur. Wenn man den Menschen nur

als Naturwesen betrachtet, erscheinen sowohl die technischen Artefakte als auch der sie erzeugende Mensch als Produkte der Natur. In diesem spekulativen Sinne kann dann die gesamte Technik als produktive Hervorbringung der Natur verstanden werden.

Während sich die anthropologische Interpretation auf die unmittelbar augenfällige leibliche Verfassung des Menschen beruft, ist die übergreifende, das Gesamtphänomen Technik in den Blick nehmende naturhafte Deutung von ihrem Ansatz her stärker spekulativ ausgerichtet. Als Anknüpfungspunkt dient hier nicht der Mensch als ein besonderer Typ von Lebewesen, sondern die allgemeine Schöpferkraft der Natur, die sich in den vielfältigen Gestaltungen der belebten und unbelebten Welt manifestiert.

Gemeinsam ist beiden Positionen die Berufung auf die sinnlich faßbare, konkrete, natürliche Welt, die allein das maßgebliche Prinzip bilden soll, wobei die Vernunft und der Geist nur als abgeleitete Größen, als Hervorbringungen der Natur erscheinen. Wie nicht anders zu erwarten, kommt der bekannte Gegensatz zwischen der Weltdeutung des Materialismus bzw. Naturalismus (um die es hier geht) und derjenigen des Idealismus bzw. Spiritualismus (die im nächsten Kapitel abgehandelt wird) auch im Rahmen der Technikphilosophie zur Geltung.

In der naturwissenschaftlichen Forschung und beim technischen Handeln betrachtet man die Natur, die physische Welt, als vorgegebenen Untersuchungsgegenstand und als verfügbare Ressource, d. h. also als ein passives Objekt, das für den forschenden Zugriff und die technische Gestaltung offensteht. Einen ganz anderen, hochspekulativen Naturbegriff, der dann auch die Technik mit umfaßt, führt Ernst Bloch ein. Er beruft sich auf die von Leibniz postulierte Aktivität der Monaden und auf Kants regulative teleologische Naturbetrachtung. Im Zentrum von Blochs Denken steht das geschichtsphilosophisch, klassenkämpferisch-marxistisch und zugleich eschatologisch gedachte »Prinzip Hoffnung«, die Spekulation über das noch ausstehende Künftige, die rhetorisch suggestive Benennung der als reale Möglichkeit zu denkenden Utopie. In diesem Kontext greift Bloch auf Spinozas Begriff der »natura naturans« zurück, d. h. auf die allgemeine (bei Spinoza theologisch verstandene) Schöpferkraft der Natur, durch die die geschaffene

Natur, die »natura naturata« der Einzeldinge allererst hervorgebracht wird.

Für Bloch sind die Träume der Alchemisten ebenso wie die verschiedenen technischen Utopien und die magisch-technischen Wunschvorstellungen, die in Märchen auftreten (Tischleindeckdich, Aladins Lampe, Tarnkappe, Wünschelrute, fliegender Teppich), ein Beweis dafür, daß es hier um allgemeinmenschliche Bedürfnisse geht. Er plädiert für eine marxistische »Allianztechnik«, die – im Gegensatz zum bürgerlich-kapitalistischen bloßen Wahrnehmen von Chancen zur Ausbeutung und Überlistung der Naturkräfte – auf der »Mitproduktivität« eines möglichen Natursubjekts [118] und auf der » Vermittlung mit einer nicht mehr mythischen natura naturans« beruht. In diesen Visionen von der Technik als einem produktiven »Weiterschaffen der Natur« [119] kommt ein Stück Menschheitssehnsucht nach ungeteilter Einheit mit der Natur zum Ausdruck.

Dazu ist jedoch kritisch anzumerken, daß die Leistungsfähigkeit der modernen Naturwissenschaft und Technik gerade darauf beruht, daß das intuitive Gefühl einer »Alleinheit« mit der Natur durch ein objektivierendes, empirisch-experimentell erschlossenes und technisch umsetzbares Verständnis der physischen Welt ersetzt wurde. Für uns kann der Weg nicht mehr zurückführen, sondern nur nach vorn, zu einem bewußt durchdachten, ganzheitlich bewahrenden Naturverständnis ohne irrationale Anleihen. Die Utopie einer vermeintlich besseren marxistischen Technik erweist sich angesichts der ökologischen Probleme in den Ländern des ehemaligen Ostblocks als wenig realistisch.

Bei Bloch steht die Technik im Kontext eines spekulativ gedeuteten Historischen Materialismus, der sich auf die dunklen Kräfte der Mystik und der Alchemie beruft und von jüdisch-christlichen Endzeiterwartungen inspiriert ist. Gleichsam den Gegenpol dazu bildet die stärker an den Ergebnissen der modernen Naturwissenschaften orientierte, eher nüchtern und methodisch gehaltene, aber insgesamt nicht weniger spekulative Fortentwicklung der Evolutionstheorie und des Historischen Materialismus durch Serge Moscovici. Auch er vertritt eine konsequent naturalistische, objektivierende Auffassung: Die Menschheit ist ein Produkt und ein Teil des Universums, in das sie durch die Technik ihrerseits eingreift. Die dadurch geschaffene neue technische Welt steht jedoch nicht über oder jenseits der Natur; sie beruht auf einer bloßen Umordnung der physischen Welt: »Der Mensch fügt sich der kosmischen Umwelt als einer ihrer Faktoren, als Agens, ein.«[120] Auch Tiere verändern ihre Umwelt. Technische und künstlerische Artefakte bestehen aus demselben physischen Substrat wie die übrige Welt; sie sind ein Sonderfall der Natur und nicht deren Negation. Moscovicis Schlußfolgerung lautet, »daß alle menschliche Tätigkeit aus der bloßen Tatsache heraus, daß sie menschlich ist, nichts Künstliches und keine Gegennatur erzeugt; sie fügt sich bruchlos in die Bewegung des Universums ein«[121].

Moscovici erkennt die gängige Gegenüberstellung von Natur und Kultur, von Kosmos und Geschichte — und damit natürlich auch die Unterscheidung von organischer Handwerkstechnik und moderner, mechanischer Technik — nicht an. In seiner alle Unterschiede nivellierenden kosmisch-historischen, evolutionistischen Sicht gibt es letzten Endes nur die Geschichte des Universums, in der jeder einzelne Augenblick und alles, was er hervorbringt, ein Element neben gleichartigen anderen darstellt: »Hand und Hirn sind ›Apparate‹, die im selben Sinne *erfunden* worden sind — und weiterhin erfunden werden — wie das Fernrohr, die Rechenmaschine oder die chemischen Stoffe, die nicht existierten, bevor wir sie herstellten.«[122]

Die grandiose Vereinfachung, auf der dieser spekulative, monistische *Naturalismus* beruht, wird deutlich, wenn man ihn mit dem — formal gesehen — analogen, in der entgegengesetzten Richtung ebenso spekulativen, monistischen *Idealismus* Hegels vergleicht. Bei Moscovici erscheint alles, was der Historiker untersucht, der Künstler hervorbringt und der Moralphilosoph postuliert, d. h. die Welt der Geschichte, der künstlerischen Gestaltungen und der moralischen Forderungen, als bloßes Epiphänomen des kosmischen Prozesses; und für Hegel ist die Geschichte des Universums, die Entwicklung der unbelebten und der belebten Natur, alles, was die Naturwissenschaft erforscht und die Technik schafft, bloßes »Anderssein des Geistes«.

Kategorial und argumentationsstrategisch bleibt festzuhalten, daß hier, wie bei allen extremen Positionen, der theoretische Monoismus nur um den Preis einer künstlichen Vereinfachung aufrechtzuerhalten ist. Jede Konzeption, die alles auf ein Prinzip zurückführt, muß auf einer tieferen Stufe dem Pluralismus der Welt Rechnung tragen. Hegel muß akzeptieren, daß es die Natur und ihr Eigenrecht gibt. Und Moscovici muß einräumen, daß es eigenständige historische, kulturelle und geistige Phänomene gibt, die sich nicht unmittelbar aus der Natur ableiten lassen. Die Suggestivkraft dieser beiden Konzeptionen beruht — ebenso wie bei Blochs utopischen Visionen — darauf, daß ein für sich allein genommen durchaus zutreffender Gesichtspunkt, der in Wirklichkeit aber nur einen Aspekt erfaßt, im Sinne eines Pars pro toto für das Ganze stehen soll. Die Vielfalt, die Komplexität und Mehrdimensionalität der Welt läßt sich nur spekulativ, auf einer sehr hohen Abstraktionsstufe und in Distanzierung von den konkreten Phänomenen auf eine begriffliche Einheit reduzieren.

Aufschlußreich ist die Kritik, die Ropohl gegen Blochs Vorstellung einer aus der Natur heraus erwachsenden Technik vorbringt; er versteht die Technik ausdrücklich als »Gegennatur« und widerspricht damit indirekt auch den Thesen Moscovicis. Ropohls These lautet: »Technik ist eben nichts anderes als die Überwindung der Natur durch das menschliche Bewußtsein.« Die entscheidende Bedingung für die Technik ist für ihn »der menschliche Bewußtseinsakt, der das neue Arrangement natürlicher Bestände entwirft und damit das Gewordene überschreitet«[123].

Genau besehen handelt es sich hier allerdings nicht um einen echten Widerspruch, denn Bloch — und Moscovici — einerseits und Ropohl andererseits handeln von derselben Sache, nämlich der Natur, aber nicht in derselben Hinsicht. Tatsächlich sind bei jeder konkreten, realen Technik immer beide Dimensionen im Spiel: die stoffliche, materielle, *naturhafte* Seite (denn die Technik hat ein materielles Substrat, sie gehört zur physischen Welt und ist deren Gesetzen unterworfen) und die bewußtseinsmäßige, ideelle, *menschliche* Seite (denn es gibt keine Technik, die nicht vom Menschen in einem kreativen Akt konzipiert und durch konkretes Handeln realisiert wurde). Weil die Technik vom Menschen absichtsvoll und zielgerichtet gestaltete und in Dienst genommene Natur ist, können technische Systeme und Prozesse nur dadurch zustande kommen, daß beide Faktoren zusammenwirken: einerseits der Mensch, das denkende und handelnde Subjekt, die Aktualität des Bewußtseinsaktes und des konkreten Vollzugs, und andererseits die Natur, das zu gestaltende Objekt, die

Potentialität der physischen Welt, die die geplanten technischen Aktionen »erlaubt«; dies allerdings — und insofern ist Ropohls Kritik an Bloch berechtigt — ohne von sich aus (direkt) darauf hinzudrängen.

5. Die Rationalität des Verfahrens

Die Fortsetzung der Schöpfung

Der Doppelcharakter des Menschen, der zugleich Natur- und Vernunftwesen ist, kommt auch in der Technik zur Geltung. Subjektiv, vom physischen Vermögen, von der naturhaften Ausstattung des Individuums her gesehen, dient die Technik der Organverstärkung. In objektiver, überpersönlicher, naturalistischer, rein innerweltlicher, kosmisch-prozessualer Sicht ist der Mensch als Gattungswesen selbst ein Produkt der Natur — und damit indirekt auch die von ihm hervorgebrachte Technik. Doch diese naturalistische Sicht, die das Thema des vorhergehenden Kapitels bildete, kann keinen Ausschließlichkeitsanspruch erheben. Es gibt auch die intellektuelle, vernunftbestimmte Seite des technischen Handelns. Die immanente Rationalität, die explizit oder implizit für alle Technik charakteristisch ist, gibt ihrerseits ebenfalls Anlaß zu philosophischen Deutungen, die in diesem Kapitel behandelt werden sollen.

Tatsächlich ist diese rationale Seite — Gottl-Ottlilienfeld spricht vom »hervorstechenden *Vernunftscharakter* der modernen Technik« [124] — in der manuell geprägten und auf Erfahrungswissen beruhenden Handwerkstechnik nur in rudimentärer Form präsent. Doch auch die Handwerkstechnik verfährt zielgerichtet und erfolgsorientiert: Es kommt darauf an, eine möglichst hohe Ausbeute zu erzielen, d. h. es wird derjenige Weg gewählt, bei dem die stets knappen Ressourcen am ertragreichsten genutzt werden können.

Der rein funktionsorientierte, immanente »technische Fortschritt« besteht denn auch darin, daß unter den gegebenen Bedingungen mit dem gleichen Aufwand an Ressourcen eine höhere Leistung erzielt bzw. dieselbe Leistung mit verringertem Aufwand erbracht wird.

Diese rationale Seite des zweckmäßigen, effizienten Verfahrens, die in der modernen Technik — gefördert durch die Anwendung naturwissenschaftlicher Methoden und Ergebnisse — immer stärker in den Vordergrund tritt, kommt etymologisch im Wort »Ingenieur« (vom lateinischen »ingenium«, d. h. Scharfsinn, Erfindungsgeist) ebenso zum Ausdruck wie in der französischen Bezeichnung für die Pioniere (»soldats de génie«).

Wenn man den Entstehensprozeß technischer Systeme aus der Perspektive des Ingenieurs bzw. des Ökonomen betrachtet, lassen sich bei der Einführung technischer Innovationen in schematischer Vereinfachung drei verschiedene Stadien unterscheiden: An erster Stelle steht die Idee, die *Erfindung*, der intellektuelle Akt der Konzeption des schöpferischen Gedankens. Je nach Lage des Falls und nach der Akzentsetzung kann man dabei den genialen einzelnen Erfinder, die Leistung eines Teams oder die kollektive gesellschaftliche Determination durch den bisher erreichten Stand und den »technischen Zeitgeist« in den Vordergrund stellen. An die Phase der Konzeption einschließlich der theoretischen Ausgestaltung schließt sich dann die Materialisierung in einem *Prototyp* an. In dieser Phase der empirischen Realisierung kommt der konkrete, handgreifliche Charakter der Technik zur Geltung: Eine Konstruktion hat sich erst dann als »richtig« erwiesen, wenn sie in realisierter Form tatsächlich die erwarteten Eigenschaften aufweist. Die Phase der erfolgreichen *Anwendung* bzw. der *Verbreitung im großen Stil* ist dann durch das Wirtschaftssystem in Gestalt des Marktes bestimmt, d. h. durch das Verhalten der Benutzer oder Konsumenten.[125] — Im Sinne eines fortgeschrittenen ökologischen Bewußtseins wäre dieses gängige Dreistufenschema durch ein viertes und letztes Stadium zu ergänzen: das umweltschonende und ressourcensparende *Recycling*.

Die uns heute selbstverständlich gewordene gewaltige Leistungsfähigkeit der modernen Technik, die man noch vor zweihundert Jahren in das Reich der Fabel verwiesen hätte, wäre allein durch ein an der unmittelbaren Erfahrung orientiertes, willkürliches, theorie- und geistloses Probieren nicht möglich gewesen. Tatsächlich stellt die moderne Technik in ihrer globalen Ausdehnung und in ihrer hochdifferenzierten Komplexität eine grandiose physische und intellektuelle Leistung der Menschheit dar. Dabei handelt es sich um eine Anstrengung von spezifischer, instrumenteller Art. Die Technik ist

Mittel zum Zweck, sie gestaltet die Natur um und nutzt die Kräfte der physischen Welt, um kulturell und sozial vorgegebene Aufgaben zu erfüllen bzw. Bedürfnisse zu befriedigen. Von der Kritischen Theorie wird der modernen Technik denn auch gerade diese »Arbeitsteilung«, der instrumentelle Charakter, die Bereitschaft, sich für nicht hinterfragte Zielsetzungen in Dienst nehmen zu lassen, zum Vorwurf gemacht.

Fragt man, worin die Möglichkeit der immanent höchst erfolgreichen Indienstnahme und Umgestaltung der Natur begründet ist, so wird man auf eine Entsprechung zwischen der Struktur der physischen Welt und dem menschlichen Erkenntnisvermögen, spekulativ gesprochen: dem Geist geführt. Dazu heißt es bei Beck: »Er [der Geist] entbirgt und aktualisiert die Natur aus ihren bisher verborgenen Tiefen und bringt sie aus ihren Möglichkeiten und Kräften heraus neu und gewandelt hervor.« Beck sieht hier ein quasi partnerschaftliches Verhältnis, denn in der Technik wird die Natur aus Freiheit gestaltet und der Geist wird an die Natur gebunden: »In solcher ›Durchfreiheitlichung‹ der Natur und ›Versachlichung‹ des Geistes vermählen sich Naturevolution und Geistgeschichte.« [126]

In theologisch-metaphysischer Fassung tritt diese spekulative Denkfigur bereits bei Friedrich Dessauer auf, der selbst Ingenieur und Radiologe war und die Diskussion über die Philosophie der Technik vor 1933 und nach 1945 wesentlich mitbestimmt hat. Ganz im Gegensatz zu dem heutigen, eher negativen Urteil über die Rolle des Christentums bei der Entstehung der Technik zeichnet er 1956 in seinem zusammenfassenden Hauptwerk *Streit um die Technik* ein ausgesprochen positives Bild. Er beruft sich auf die Geschichte von der Arche Noah, auf technisch-handwerkliche Metaphern in der Bibel und darauf, daß Jesus als Sohn eines Zimmermanns selbst auch diesen Beruf ausgeübt haben müsse. Seine Zusammenfassung lautet: »Der christlich-gläubige Techniker kann dem Schöpfungsbericht der Genesis seinen Auftrag entnehmen und in Christi Technikerlaufbahn seine Auszeichnung, sein Vorbild, seinen Trost finden.« [127]

In diesem Sinne hatte Dessauer schon 1926 erklärt: »Technik ist im tiefsten Wesen Fortsetzung der Schöpfung. Der Schöpfer hat die Welt nicht abgeschlossen, sondern er hat dem menschlichen Geist, den er nach seinem Ebenbild geschaffen hat, die Fähigkeit gegeben, die Erde um neue Gestalten zu bereichern, [...] nach einem vorgedachten Plan das Schöpfungswerk in unbegrenzte Weiten fortzuführen.«[128] Dessauer gründet seine Philosophie der Technik, die am prägnantesten in der Abhandlung von 1927 formuliert ist[129], ganz auf den Akt der Erfindung, auf die Erfahrung, daß in Gedanken entworfene Maschinen oder Verfahren tatsächlich funktionieren, wobei sich die Eindeutigkeit der Lösungen für wohldefinierte Zwecke in der spontanen Einsicht manifestiert: »So geht es«. Der Erfinder hat bei der Lösung nicht das Gefühl: »ich habe dich gemacht, sondern: ich habe dich gefunden.«[130]

Im Gegensatz zu den »drei Reichen«, die Kant unterscheidet (in der *Kritik der reinen Vernunft* die Erfahrungswissenschaften, in der *Kritik der praktischen Vernunft* die Ethik und in der *Kritik der Urteilskraft* die Ästhetik und die Teleologie) führt Dessauer ein »viertes Reich« als »Inbegriff aller prästabilierten Lösungsgestalten« ein. Wie er erklärt, begegnen wir diesen Ideen oder Lösungsgestalten, »sobald sie in den Realisierungsprozeß eintreten und damit *wirksam* sind«[131]. Dieses Reich der Technik, das vor unseren Augen entsteht, soll uns nach Dessauer einen Zugang zu den Dingen an sich eröffnen.

Tatsächlich besteht eine gewisse Analogie zwischen dem Prozeß der Erfindung und der mathematischen Einsicht, die Platon im *Menon* (82b–85b) als Akt der Wiedererinnerung beschreibt. Doch das darf nicht darüber hinwegtäuschen, daß die moderne Technik nicht nur auf dem Geistesblitz, dem genialen Einfall, der Erfindung eines grundlegenden Prinzips beruht. Der gegenwärtige Stand geht mindestens ebensosehr auf die Fortentwicklung, die beständige Perfektionierung bestehender, bereits geläufiger Prinzipien und auf das Zusammenwirken von vielfältigen Erfindungen und Entdeckungen zurück, die aus den unterschiedlichsten technischen Sachgebieten stammen. Seit der Erfindung des Automobils hat sich an den grundlegenden Prinzipien (Verbrennungsmotor, vier Gummiräder, Steuerung, Differential) nichts Wesentliches geändert; und doch ist ein heutiges Automobil mit den ersten primitiven Prototypen kaum mehr vergleichbar.

Ferner — und das ist philosophisch bedeutsamer — erweist sich Dessauers Argumentation als zweischneidig. Wenn man bei der Technik die originäre Kreativität des menschlichen Schaffens in den Vordergrund stellt, ergibt sich nicht notwendig eine theistische Interpretation. Die Deutung kann auch ins Atheistische, ja ins Diabolische umschlagen — auch dem Teufel ist Macht gegeben! Die Technik ist Ausdruck der intellektuellen Schöpferkraft des Menschen, der Leistungsfähigkeit seiner Vernunft in Sachen Naturbeherrschung. Eben deshalb kann sie aber auch als Emanzipation von vorgegebenen naturhaften Fesseln und selbst als Befreiung von göttlicher Bevormundung verstanden werden. Dies ist der Sinn von Goethes Gedicht »Prometheus«, dessen letzter Vers gegen den Göttervater Zeus gerichtet ist: »Und dein nicht zu achten, wie ich«.

Die marxistisch-leninistische Technikdeutung

Die Rationalität der Verfahrensweise ist — philosophisch gesehen — auch die Grundlage für die marxistisch-leninistische Technikdeutung, von der nun die Rede sein soll. Dort ist der Ansatzpunkt jedoch nicht der intellektuelle Akt des *Erfindens*, also nicht das erste der oben genannten Stadien. Es werden vielmehr das dritte und letzte Stadium, d.h. die kollektiven Prozesse der *Anwendung* und *Verbreitung* im Zusammenhang mit den ökonomischen Austauschprozessen und den politischen Herrschaftsverhältnissen in den Vordergrund gestellt.

Die marxistisch-leninistische Konzeption fällt aus dem Rahmen der übrigen, auf objektivierende Erkenntnis gerichteten philosophischen Technikinterpretationen heraus. Gemäß der bekannten elften Feuerbachthese von Marx: »Die Philosophen haben die Welt nur verschieden *interpretiert*; es kömmt aber darauf an, sie zu *verändern*«, ist bzw. war hier das Ziel nicht die distanzierte, theoretische Einsicht, sondern das praktische, politische Handeln. Dieses Handeln soll aber seinerseits nicht blind und willkürlich sein, sondern ausdrücklich theoriegeleitet (was dann aber doch voraussetzt, daß die Welt zunächst einmal erkannt, d.h. richtig interpretiert wird).

Charakteristisch für den Marxismus-Leninismus ist das erkenntnisoptimistische Vertrauen in die Fähigkeit der Vernunft, die Struktur und das Ziel des Geschichtsprozesses zu erkennen; dieses Wissen sollte dann beim Aufbau der kommunistischen Gesellschaft zielgerichtet eingesetzt werden. Das formale Schema eines dialektisch zu höheren Stufen fortschreitenden, zielgerichteten Geschichtsprozesses hat Marx erklärtermaßen von Hegel übernommen. Doch er ersetzt Hegels idealistische Geschichtsphilosophie durch den gemeinsam mit Engels formulierten Historischen Materialismus: »Die Produktionsweise des materiellen Lebens bedingt den sozialen, politischen und geistigen Lebensprozeß überhaupt. Es ist nicht das Bewußtsein der Menschen, das ihr Sein, sondern umgekehrt ihr gesellschaftliches Sein, das ihr Bewußtsein bestimmt.«[132]

Ganz im Sinne des 19. Jahrhunderts waren Marx und Engels davon überzeugt, daß die Rationalität der technischen Verfahrensweise in doppelter Hinsicht einen Fortschritt verbürgt: Erstens führt der natur- und ingenieurwissenschaftliche Wandel, der sich im Zuge der Produktion materieller Güter einstellt, zu einer Verbesserung der Produktivität und gemäß der historisch-materialistischen Geschichtsauffassung damit schließlich auch zu höheren, humaneren gesellschaftlichen Verhältnissen. Zweitens sollen die Gesetzmäßigkeiten der Geschichte in der künftigen kommunistischen Gesellschaftsordnung – wie bei einer Ingenieuraufgabe – bewußt eingesetzt und praktisch ausgenutzt werden; das technische Handeln bildet das Modell, nach dem zu verfahren ist, um im Kommunismus das Reich der Freiheit herzustellen. Pointiert gesagt: In Gestalt der materiellen Produktivkräfte bildet die Technik den eigentlichen Motor des Geschichtsprozesses. Dazu heißt es bei Marx: »Die Handmühle ergibt eine Gesellschaft mit Feudalherrn, die Dampfmühle eine Gesellschaft mit industriellen Kapitalisten«[133].

Es läßt sich allerdings mit guten Gründen darüber streiten, inwieweit das Denken von Marx wirklich bestimmend war für die von Lenin eingeleitete Umsetzung des kommunistischen Programms in die konkrete politische Praxis. Tatsächlich verstand sich Marx in erster Linie als Kritiker. Weil er davon überzeugt war, daß nach der Aufhebung des kapitalistischen »Grundwiderspruchs« zwischen der kollektiven Produktion materieller Güter und dem individuellen Besitz an Produktionsmitteln zwangsläufig die klassenlose kommunistische Gesellschaft entstehen werde, hat er diesbezüglich gar keine konkreten Handlungsanweisungen formuliert.

Nach einem bekannten Diktum leben Ideen nur solange wie die

Institutionen, die sie tragen. So gesehen ist die von 1917 bis 1990 in der Sowjetunion — und nach 1945 auch in den Ländern des Ostblocks — maßgeblich gewesene marxistisch-leninistische Technikdeutung historisch überholt, weil die Institutionen sich inzwischen gewandelt haben. Der Umstand, daß eine philosophisch begründete Konzeption — zumindest dem Anspruch nach — in der Endphase für fast ein Drittel der Menschheit praktisch-politisch bestimmend gewesen ist, bleibt aber als historisches Faktum bestehen. Darüber hinaus stellt sich die Frage, warum die anhand ganz bestimmter theoretischer Prämissen gleichsam auf dem Reißbrett entworfene Gesellschaftsordnung, die zu einer höheren Form des Menschseins führen sollte, schließlich gescheitert ist.

Festzuhalten bleibt, daß das Versagen des als konkrete politische und ökonomische Handlungsanweisung verstandenen Sozialismus gerade auf den hochgeschraubten, theoretisch konzipierten Idealen beruht; man hat zu sehr auf die Rationalität des Verfahrens gesetzt. Diese hehren Ideale sind es denn auch, die den Sozialismus bzw. Kommunismus für Intellektuelle so attraktiv gemacht haben. Hier sollte endlich das gesellschaftliche Leben nicht dem Zufall, der Willkür, der bloßen Naturwüchsigkeit überlassen werden. Der Idealvorstellung nach sollte die schon von Platon in seinem *Staat* formulierte politische Utopie, die dann von Francis Bacon und Thomas Morus über Fichtes *geschlossenen Handelsstaat* bis zu Blochs *Prinzip Hoffnung* immer wieder die Philosophen fasziniert hat, nun endlich Wirklichkeit werden.

Tatsächlich herrschte in den sozialistischen Ländern jedoch keineswegs die unterstellte Einhelligkeit der Meinungen, die Übereinstimmung der Interessen und ein verantwortungsbewußtes Verhalten, das sich nur am Wohl der Gesellschaft orientierte. Die Kluft zwischen dem Ideal und der Realität wurde jedoch nicht der Theorie, sondern der Realität angelastet. Weil die Verhältnisse nicht so waren, wie von der Theorie gefordert, mußten sie durch staatliche Zwangsmaßnahmen herbeigeführt werden: Die Realität hatte sich der Idee anzupassen und nicht umgekehrt. Das Resultat waren Repression und Mangelwirtschaft.

In den pluralistisch verfaßten liberalen Demokratien des Westens dominieren dagegen Kompromisse, Mischformen und halbe Lösungen, die im Vergleich zu dem (der offiziellen Lesart nach) theoriebegründeten, einheitlichen Denken und Handeln der ehemals sozialistischen Länder geradezu begrifflos erscheinen. Die Paradoxie besteht darin, daß gerade solche offenen, flexiblen, reformfähigen, aber auch stets unvollkommenen und partiellen Ad-hoc-Verfahren mehr politische Spielräume, mehr Rechtssicherheit und mehr ökonomische Effizienz ermöglichen als die starren, unerbittlichen Institutionen, die im Namen eines einheitlichen, allumfassenden theoretischen Konzepts entworfen und durchgesetzt wurden.

Es wäre allerdings eine fatale, kurzschlüssige Verallgemeinerung, mit der Begründung, daß der Sozialismus versagt hat, nun jedes theoretische Denken abzulehnen, weil das Experiment der auf dem Reißbrett entworfenen besseren Gesellschaft gescheitert ist, nunmehr der Theorie überhaupt abzuschwören und sich nur noch den unmittelbar anstehenden praktischen Fragen zuzuwenden.

Tatsächlich sind insbesondere die modernen Industriegesellschaften in allen Lebensbereichen, in Politik, Wirtschaft, Rechtswesen und sozialen Institutionen, durch theoretische Prämissen bestimmt. Das Prinzip unserer Welt ist nicht die unbefragt hingenommene Tradition, sondern die theoriegeleitete Innovation. Säkularisierung, Aufklärung, die Idee der Menschenrechte und die Forderung des Selbstbestimmungsrechts der Völker sind ebenso aus dem Denken geboren wie die theoretischen Grundlagen von Naturwissenschaft und Technik.

Nachdem die Moderne den Weg der Theorie beschritten hat und die von uns hervorgebrachte Welt auf Schritt und Tritt theoretisch geprägt ist, können wir sie nun nicht in einer Art Kurzschlußhandlung sich selbst überlassen. In Wirklichkeit geht es denn auch gar nicht um die Alternative zwischen Totalutopie und theorielosen Ad-hoc-Verfahren, sondern um theoretische Konzepte mittlerer Reichweite. Dabei wird sich die Spannung zwischen den theoretischen Idealen und der konkreten Lebenswirklichkeit nie ganz aufheben lassen. Die Lösung kann nicht darin bestehen, das Geschehen einfach dem Selbstlauf zu überlassen, aber auch nicht darin, aufgrund von Allmachtsphantasien der Vernunft Totalforderungen aufzustellen, die entweder unverbindliche Deklamationen bleiben oder beim Versuch der technokratischen Realisierung zu totalitären Systemen führen, die dann an der Wirklichkeit scheitern.

Im Historischen Materialismus bzw. im Marxismus-Leninismus wird der Technikentwicklung eine zentrale, menschheitsgeschichtliche Bedeutung beigemessen, was zu der ideologisch suggestiven Wortprägung von der »Wissenschaftlich-technischen Revolution« (WTR) geführt hat. In dieser Perspektive erscheint die technische Entwicklung schließlich als Fortsetzung der Evolution, ja der kosmischen Entwicklung überhaupt, und erfährt dadurch — scheinbar — eine naturalistische Legitimation; entscheidend seien die naturgegebenen Bedürfnisse, die durch die Technikentwicklung befriedigt werden.

Konsequent zu Ende gedacht führt diese Auffassung zu einem *technischen Determinismus*, demzufolge sich in der Dialektik zwischen der Entwicklung der Produktivkräfte (der Technik) und den Produktionsverhältnissen (der Gesellschaftsstruktur) schließlich immer der technische Fortschritt durchsetzt. Dies ist die Position, die in modifizierter Form etwa von Ribeiro vertreten wird.[134] Bei Marx und in der marxistisch-leninistischen Lehre sind dagegen auch Äußerungen zu finden, in denen der Geschichtsprozeß nicht nur als gesetzmäßig bestimmter Ablauf erscheint, sondern *auch* als das Resultat des aktiven, revolutionären politischen Handelns, das im »subjektiven Faktor« zur Geltung kommt.

In abgeschwächter Form, ohne den Charakter der strengen Notwendigkeit und ohne schlechthin geschichtsbestimmende Funktion, ist heute tatsächlich weltweit ein gewisser technischer Determinismus festzustellen, der aber stets aufs engste mit der ökonomischen und politischen Entwicklung verknüpft ist. Insofern bestätigt die technische und wirtschaftliche Überlegenheit der westlichen Industrieländer die von Marx schon im 19. Jahrhundert hellsichtig herausgestellte Bedeutung der naturwissenschaftlich-technisch-industriellen Entwicklung und damit ironischerweise auch die Thesen des Historischen Materialismus: Dem Westen ist im Wettkampf der Systeme gerade deshalb der Sieg zugefallen, weil er sich auf technisch-ökonomischem Gebiet als überlegen erwiesen hat.

6. Die Technik als Element der Kultur

Die technisierte Lebenswelt

In der naturalistischen und in der rationalistischen Deutung der Technik, die in den beiden vorhergehenden Kapiteln vorgestellt worden sind, wird jeweils ein tatsächlich vorhandener und sachlich gewichteter Aspekt hervorgehoben. Doch die Technik ist nicht nur »exteriorisierter Leib« und »geronnene Verfahrensweise«, sie ist auch integrierender Bestandteil unseres Alltagslebens und unserer Kultur.

Von der unmittelbaren Erfahrung und der praktischen Lebensbedeutung her gesehen sind die technischen Systeme und Prozesse, die technisch geprägte Umwelt und die vielfältigen Einrichtungen, Geräte und Apparaturen, die unser Leben heute auf Schritt und Tritt bestimmen, zu einem so selbstverständlichen Element unseres Daseins geworden, daß sich einem unbefangenen Betrachter die konkrete, auf die lebensweltliche und kulturelle Erfahrung bezogene Deutung der Technik aufdrängt, von der nun die Rede sein soll.

Dabei geht es keineswegs nur um äußere, physische Vorgaben, um die neu gewonnenen Aktionsspielräume in der materiellen Welt, einschließlich der zugehörigen Sachzwänge, an die die Nutzung der Technik gebunden ist. Der Mensch schafft sich eine technische Umwelt, und diese Umwelt wirkt dann ihrerseits auch auf sein *Selbstverständnis* zurück. Weil weithin technische Geräte und Apparate der »Partner« sind, mit dem der Mensch umgeht, ist es nur natürlich, daß technische Zusammenhänge dann schließlich auch das Paradigma bilden, nach dem sich der Mensch selbst wahrnimmt und interpretiert. Technische Ausdrücke wie Schalten, Ankurbeln, Leerlauf und Sand im Getriebe gehen in den allgemeinen Sprachgebrauch über, und die mit ihnen verbundene Wertvorstellung des effizienten

Funktionierens wird zur allgemeinen Norm. Ebenso wie in traditionalen Kulturen unabhängig von dem jeweiligen historischen und sozialen Kontext etwa Fischer und Jäger berufsbedingt gemeinsame Denkmuster und Verhaltensweisen zeigen, ist heute etwa bei Flugzeugpiloten und Computerspezialisten unabhängig von ihrer kulturellen Herkunft weltweit derselbe berufsbezogene intellektuelle Zuschnitt festzustellen, der sich u. a. in einer reduzierten englischen Fachsprache manifestiert.

Der Einfluß des technomorphen Denkens beschränkt sich keineswegs nur auf das Alltagsverständnis. Mindestens ebensogroß ist die Vorbildfunktion für die wissenschaftliche Theoriebildung. Die mechanistische, technomorphe Denktradition, die sich auf die antiken Atomisten, auf Descartes, auf Hobbes und auf die französischen Materialisten berufen kann, setzt sich in Freuds Triebbilanzierung ebenso fort wie in dem aus der Elektrotechnik übernommenen Konzept des kybernetischen Regelkreises oder in dem Modell des Computers. Das individuelle Denken und Handeln und die kollektiven politischen Aktionen erscheinen dann als kybernetische Prozesse, und der Erkenntnisvorgang wird als Sonderfall eines Informationsverarbeitungsprozesses interpretiert.[135]

Die *Lebenswelt*, um die es hier geht, ist in einem allgemeinen, unspezifischen, nicht fachtechnischen Sinne zu verstehen. Das Interesse Husserls, der als erster die Frage der Lebenswelt thematisiert hat, war dagegen primär phänomenologischer Art. Er spricht vom »Universum vorgegebener Selbstverständlichkeiten«, in das jeder Mensch hineingeboren wird.[136] Diese Lebenswelt bildet die Grundlage, den Ausgangspunkt, von dem aus die mathematische Naturwissenschaft ihre abstrakten, idealisierenden Konstruktionen formuliert und die Technik ihre Konstruktionen ausführt. Die Lebenswelt ist der elementare, tragende Grund, in den jede naturwissenschaftliche Forschung und alle technischen Systeme, wie kompliziert sie im einzelnen auch sein mögen, letzten Endes eingeordnet bleiben: Alles geht aus der Lebenswelt hervor und mündet wieder in sie ein. Dieser allgemeine Zusammenhang ist bei Husserl enger gefaßt; ihm geht es um die spezifische Frage nach dem Geltungsgrund der mathematisch formulierten Gesetzmäßigkeiten der modernen Naturwissenschaft.[137]

Wenn man mit dem nicht hintergehbaren Vorgegebensein der Lebenswelt ernst machen will, sind allerdings analytische Differenzierungen erforderlich. Damit die Lebenswelt wirklich die ihr zugedachte Fundierungsfunktion übernehmen kann, muß man aus der Totalität der lebensweltlichen Vorgaben, zu denen heute ja auch die Wissenschaft und die Technik gehören, abstraktiv einen konkret gar nicht mehr faßbaren *nichttechnischen, vorwissenschaftlichen* Grundbestand ausgrenzen. Hinzu kommt der *konkret-historische* Charakter der Lebenswelt. Sie wandelt sich — gerade auch unter dem Einfluß der Technik —, so daß es schwierig wird, überzeitliche, dem historischen, sozialen und kulturellen Wandel enthobene Elemente aufzuweisen. Allenfalls wäre hier von seiten des erkennenden Subjekts an die physiologische Ausstattung des Menschen, an seine sensorischen Fähigkeiten, an seinen sogenannten Wahrnehmungsapparat zu denken und von seiten des zu erkennenden Objekts an das physische Substrat, d. h. an die Materie sowie an die Gesetzmäßigkeiten, die ihr Verhalten bestimmen — wobei diese Gesetzmäßigkeiten im Sinne Husserls aber gerade erst »intentional konstituiert« werden sollen.

Ebenso wie man vom »Menschen« lediglich abstrakt sprechen kann, ihm konkret aber immer nur in der Geschichte begegnet, ist auch die untrennbar zu ihm gehörende Lebenswelt, die die Selbstverständlichkeiten seines »In-der-Welt-seins« allererst definiert, nur faktisch-historisch faßbar (diesen Gesichtspunkt bringt Heidegger, konkretisiert durch den Entwurfscharakter des Daseins, in *Sein und Zeit* nachdrücklich zur Geltung). Die jeweilige konkrete Technik ist als integrierender Bestandteil der fraglosen Selbstverständlichkeiten, in denen wir leben, unvermeidbar selbst Element unserer Lebenswelt. Durch diese phänomenologisch inspirierten Überlegungen wird die anthropologische These vom Menschen als dem »tool-making animal« und dem »homo faber« also auf einer höheren Reflexionsebene einmal mehr bestätigt.

Die technische Formung unserer Lebenswelt ist so offenkundig, gleichsam mit den Händen zu greifen, daß es schwerfällt, Bereiche zu nennen, die nicht technisch geprägt sind. Zumindest indirekt lassen sich auf allen Gebieten technische Einflüsse nachweisen. In dieser allgemeinen lebensweltlichen Bedeutung der Technik (einschließlich der ökonomischen Prozesse, die die konkrete Ausformung bestimmen) kann man eine Bestätigung der Generalthese des Historischen Materialismus vom Primat der materiellen Praxis sehen. Diese technisch-lebensweltlich-ökonomische Variante wäre dann zu unterscheiden von der enger gefaßten, klassenkämpferisch-politisch-ideologischen Version der historisch-materialistischen Geschichtsauffassung, die durch den Gang der Geschichte widerlegt wurde.

Nicht ohne Grund nennt sich unsere Epoche das »technische Zeitalter«. Die Arbeitswelt, das Konsum- und das Freizeitverhalten, die Kommunikations- und die Transportmöglichkeiten, alles ist durch die Technik geprägt und dementsprechend auch dem technischen Wandel unterworfen.[138] Der Einfluß der Technik ist auf Schritt und Tritt zu spüren. Technische Geräte und Apparaturen stellen — handlungstheoretisch gesehen — Bedienungsvorschriften für gleichförmig zu wiederholende Tätigkeiten dar, sie »erfordern« ein ganz bestimmtes Verhalten; die effiziente »ökonomische« Massenproduktion von komplexen Systemen ist nur möglich um den Preis der Normierung und Austauschbarkeit der Einzelteile; die vielfältigen Vernetzungen schaffen hohe Effizienz, aber gleichzeitig auch neue Abhängigkeiten.

Wie groß der Wandel ist, den die Technik gebracht hat, wird deutlich, wenn man etwa die Öllampe mit der elektrischen Beleuchtung, den reitenden Boten mit dem Telefon, die Arbeit der Waschfrau mit der Waschmaschine, den Handwerker mit dem Fließbandarbeiter und die Fahrt in der Postkutsche mit der Reise im Intercity-Zug vergleicht. Wenn man darüber hinaus die technikbedingte Steigerung des Wohlstandes und der Gesundheitsfürsorge ins Auge faßt, zeigt sich, daß trotz aller berechtigten Technikkritik schwerlich irgend jemand vorbehaltlos die früheren Verhältnisse zurückwünschen wird.

Das Gegenstück zu dieser vom Individuum her gesehenen, personbezogenen Seite der Lebenswelt bilden die kollektiven, aggregierten gesellschaftlichen Strukturen und Systemzusammenhänge, die nicht minder technikbedingt sind. Dazu gehören das Bevölkerungswachstum, die Landflucht, das Entstehen von Großstädten und Ballungsgebieten, die Zunahme der nicht automatisierbaren Dienstleistungen, das Entstehen übergreifender Transport-, Informations- und Energieversorgungssysteme sowie die Ökologie- und Ressourcenprobleme.[139] In allen diesen Fällen sind vom Menschen abgelöste, weithin

122

undurchschaubare Systeme und Funktionszusammenhänge im Spiel, die unvermeidbar eine Entfremdung, ein Defizit an unmittelbaren Erfahrungen und an spontanem Erleben zur Folge haben. Das Resultat ist ein technikbestimmtes Leben aus zweiter Hand.

Die Überwindung von Raum und Zeit durch Radio, Fernsehen und Flugzeug, die »Verfeinerung« der Wahrnehmung durch Mikroskope und subtile Analysemethoden bis hin zum Nachweis kleinster Mengen, der medizinische Labortest und die Computertomographie — alle diese Leistungen werden erstrebt, und sie leisten auf ihre Weise gute Dienste. Aber sie führen auch zur Reizüberflutung, zur Unrast, zu manipulierbaren, von Abermillionen in gleicher Weise wahrgenommenen Informationen und zu den Problemen der Apparatemedizin.

Von traditionell orientierten Kritikern, die am Ideal der Innerlichkeit, der Individualität und der Persönlichkeit festhalten, wird durchweg die durch die Technik »erzwungene« Veräußerlichung beklagt. Die technischen Systeme und Prozesse sind in der Tat nur dann immanent erfolgreich nutzbar, wenn sich der Mensch ihnen anpaßt. Das gilt für Produktionsprozesse (Hochofen, Fließband) ebenso wie für die Fahrt auf der Autobahn und die nur in einer Richtung wirkende »Zweierbeziehung« zwischen Zuschauer und Fernsehschirm. Im Grenzfall ist der Mensch dann nur noch ein Appendix der Technik. Er wird von ihr »gelebt«, statt selbst unmittelbar zu handeln und von sich aus entscheiden zu können.

Dazu heißt es bei Lersch, »daß die Ausweitung des Lebensraumes die Gefahr eines Verlustes an Innerlichkeit in sich birgt. [...] Nicht nur Eisenbahn, Auto, Flugzeug, sondern auch Presse, Radio, Telefon, überhaupt alle Mittel der Technik und Organisation, die es ermöglichen, daß der Mensch an das Entfernte oder die Welt in ihrer Breite und Fülle an den Menschen selbst herangebracht wird, verführen ihn dazu, extensiv zu leben [...], das Gemüt verarmt.« Über die konkreten, praktischen Folgen der gesteigerten Aktionsmöglichkeiten hinaus sieht Lersch hier — ganz im Sinne von Oswald Spengler und Martin Heidegger — einen grundsätzlichen Verlust an existentieller Geborgenheit und Tiefe des Erlebens. Die Rationalisierung führt dazu, daß der Sinn für das Geheimnisvolle und Numinose verlorengeht und damit auch die Ehrfurcht vor den tradierten Normen und

Verbindlichkeiten: »Im Vorgang der rationalistischen Verzweckung entwickelt sich der intelligente Tatsachenmensch, der glaubens- und ehrfurchtslos in einer Welt des Beherrschbaren, Verfügbaren und Zuhandenen steht, ohne Organ für das Geheimnis und Wunder, das in allem Seienden sich ausspricht und transparent wird. Am meisten zeigt sich die Entinnerlichung des Menschen im Schwinden der künstlerischen Gestaltungskraft und der religiösen Energien.«[140]

Die Mobilisierung der Welt durch den *Arbeiter*, d. h. den technisch handelnden Menschen, die Ernst Jünger mit nüchternem, konstatierendem Blick als unaufhaltsames dynamisches Prinzip unserer Zeit beschreibt[141], wird von seinem Bruder Friedrich Georg Jünger in der Abhandlung *Die Perfektion der Technik* unter Hinweis auf die apokalyptischen Gefahren einer ungezügelten technischen Entwicklung als Raubbau an der Natur und an den seelischen Kräften des Menschen gebrandmarkt.[142]

In dieselbe Richtung weist die philosophische Kritik von Karl Jaspers. Er stellt fest, daß die in der Moderne eingetretene Rationalisierung und Mechanisierung des Arbeitens und Handelns im Verein mit dem Massendasein zu einer Sachlichkeit im Umgang mit den Dingen und der Menschen untereinander und dadurch zu einem Verlust an Persönlichkeit und Individualität geführt hat. Die Herrschaft des technisch-zivilisatorischen Apparates hat zur Folge, daß das existentielle Engagement und das sinnhafte Tun durch Mittelmäßigkeit, abgestumpftes Funktionieren und bloße soziale Rollenerfüllung ersetzt werden. Sein Plädoyer lautet: Die Technik, die den Menschen von der Geschichte und von der Begegnung mit der Natur abtrennt, darf nicht als bestimmendes Element, sondern nur in einer unauffälligen, selbstverständlichen Mittelfunktion in Erscheinung treten; als Gegengewicht sei »das Bewußtsein für das Nichttechnische bis zur Untrüglichkeit zu schärfen«[143].

Solchen eindeutig negativen Urteilen steht das Lob der Leistungen der Technik gegenüber, ein Lob, das heute zu Recht immer auch kritisch gefärbt ist. Die radikale Verurteilung der Technik — die zwangsläufig auch die Verurteilung der politischen, sozialen und kulturellen Verhältnisse mit einschließen müßte — führt sich in unserer modernen, durch und durch von der Technik geprägten Welt allerdings von selbst ad absurdum. Auch die schärfsten Technikkritiker wären wahrscheinlich nicht bereit, die äußeren Lebensumstände zu akzeptieren, die noch zu Beginn des 19. Jahrhunderts herrschten. Der Prozeß der Technisierung ist im Verein mit der Säkularisierung, der Aufklärung, der Demokratisierung und dem Abbau von Hierarchien ein integrierender Bestandteil der modernen Welt. Ebenso wie in anderen Zusammenhängen sind auch hier die geschichtlichen Entscheidungen irreversibel. Ein vorbehaltlos negatives Pauschalurteil über die Technik gleicht deshalb dem Versuch des Baron von Münchhausen, sich an seinem eigenen Zopf aus dem Sumpf zu ziehen.

Tatsächlich kann es nur um eine differenzierende Abwägung der Vor- und Nachteile im Rahmen unserer Gesamtsituation gehen. Aufschlußreich ist in diesem Zusammenhang der für die Sicht des 19. Jahrhunderts charakteristische Rückblick, den K. Karmarsch 1872 formuliert hat. In seiner allgemein anerkannten *Geschichte der Technologie* heißt es: »Der Eindruck, den die Leistungen des Menschengeistes in dem kurzen Zeitraume von 120 Jahren erwecken, ist ein überwältigender, etwa wie der ihn empfände, welcher auf einer Höhe stehend erst nach einer Seite hin ein ödes unbekanntes Land geschaut, und nun rasch sich umwendend die weite Fläche grünend, blühend, mit freundlichen Häusern, strahlenden Palästen und einer thätigen Menschenmenge besetzt erblickte.«[144] Ein angemessenes Bild entsteht erst dann, wenn man die positiven und die negativen Urteile gegeneinander abwägt. Dabei ist es offensichtlich, daß die Technik heute ihrerseits neue Formen der Innerlichkeit schafft, von der Begeisterung des Autofahrers über Hi-Fi-Fans bis hin zu Computer-Freaks. Mit Hegels Worten gesprochen ist im historischen Prozeß eine Gestalt des Bewußtseins alt geworden, und eine neue bildet sich heraus.

Technik als symbolische Form

Eine vermittelnde, im Grundsatz optimistische Deutung gibt Ernst Cassirer. Er stellt die Chancen und Gefahren der modernen Technik, den möglichen Gewinn und den unvermeidlichen Verlust in den übergeordneten Kontext der historisch verstandenen Kulturphilosophie und hebt die Diskussion damit auf ein höheres Niveau. Cassirer will Kants *Kritik der reinen Vernunft* durch eine Kritik der Kultur ergänzen, wobei er die kulturellen Gestaltungen in Anlehnung an Hegel als Manifestation des schöpferischen Geistes versteht. In seinem Hauptwerk *Philosophie der symbolischen Formen* deutet er Sprache, Mythos, Kunst, Religion und Wissenschaft als objektivierte, die einzelnen Individuen überdauernde Gestaltungen, in denen die Menschheit ihrem Dasein jeweils in konkreter historischer Form Ausdruck gibt.[145] In diesem Kontext findet dann auch die Technik ihren grundsätzlich positiv zu bewertenden Ort. Cassirer räumt ein,

»daß alle schöpferische Kultur in zunehmendem Maße bestimmte Sachordnungen aus sich herausstellt, die in ihrem objektivem Sein und So-Sein der Welt des Ich gegenübertreten. Das Ich, die freie Subjektivität, hat diese Sachordnungen geschaffen; aber es weiß sie nicht mehr zu umspannen und nicht mehr mit sich selbst zu durchdringen. Die Bewegung des Ich bricht sich an seinen eigenen Schöpfungen; sein ursprünglicher Lebensstrom verebbt, je größer der Umfang und je stärker die Macht dieser Schöpfungen wird. Nirgends vielleicht tritt dieser tragische Einschlag aller Kulturentwicklung mit so unerbittlicher Deutlichkeit hervor als in der Entwicklung, die die moderne Technik genommen hat. Aber diejenigen, die sich auf Grund dieses Tatbestandes von ihr abwenden, pflegen zu vergessen, daß in das Verdammungsurteil, das sie über die Technik fällen, folgerecht die *gesamte* geistige Kultur miteinbezogen werden müßte.«[146]

In der Tat! Wer die moderne Technik restlos verurteilt, muß die Moderne überhaupt verurteilen, deren integrierendes Element sie ist. Eine solche Negation ist, genau besehen, ein Akt der Hybris. Ebenso wie der einzelne Mensch nur dann ein erfülltes Leben führen kann, wenn er die kontingenten Bedingungen seiner individuellen Existenz — bei aller Kritik und Modifikation im einzelnen — im Prinzip akzeptiert, so kann auch eine Epoche nur dann bei sich selbst sein, wenn sie sich nicht in der Sehnsucht nach einer vermeintlich heilen Vergangenheit verzehrt. Tatsächlich war diese Vergangenheit denn auch keineswegs so besonnt, romantisch und erfüllt, wie sie von manchen Kritikern gezeichnet wird. Sie war auch elend und erbärmlich, selbst für die sozial bessergestellten Schichten.

Cassirer sieht, daß gerade durch die Leistungsfähigkeit der modernen Technik eine ins schier Unbegrenzte wachsende Bedürfnisspirale in Gang gesetzt wird: Die Bedürfnisse steigen schneller als die Möglichkeiten zu ihrer Erfüllung. Deshalb sei die Trennung des Geistes der *Technik* vom Geist der kapitalistischen *Wirtschaft* unerläßlich. Es gelte, die hedonistische Ethik — d. h. die Konsumgesellschaft — dadurch zu überwinden, daß der für die Technik charakteristische »Sachdienstgedanke« einer frei eingegangenen Schicksalsgemeinschaft der Arbeitenden ins Bewußtsein gehoben wird. Dadurch werde »die Technik sich nicht nur als Bezwingerin der Naturgewalten, sondern als Bezwingerin der chaotischen Kräfte im Menschen selbst erweisen«. Entscheidend sei die Entmaterialisierung der Technik.[147]

Diese Thesen stammen aus dem Jahre 1930. Heute, angesichts des Ökologieproblems, tatsächlich eingetretener Arbeitszeitverkürzungen und der Erfahrungen mit dem real existierenden Sozialismus, der doch eine Humanisierung der Technik erreichen wollte, erscheinen sie unrealistisch, ja geradezu idealistisch. Das ist nicht verwunderlich, wenn man bedenkt, daß sich Cassirer erklärtermaßen an der Philosophie des Deutschen Idealismus, am Phänomen der geistig-kulturellen Produktivität und an der Idee der Freiheit orientiert.

Tiefgreifender und überzeugender als seine praktischen Forderungen ist denn auch die Wesensbestimmung der Technik, die er von diesem Hintergrund her gewinnt. Den Ausgangspunkt bildet die Feststellung, daß die Welt des Menschen nicht aus einem vorgegebenen, aufzunehmenden Material mit festliegenden Qualitäten und Strukturen besteht. Das scheinbar »Gegebene« wird vielmehr durch kulturschaffende Akte im Rahmen der symbolischen Formen allererst geformt und gestaltet: »[...] es zeigt sich schon in seinem scheinbar einfachen und unmittelbaren Bestand durch irgendeine primäre bedeutungsgebende Funktion bedingt und bestimmt. In dieser primären Formung [...] liegt dasjenige, was das eigentliche Geheimnis jeder symbolischen Form ausmacht«[148].

Für Cassirer ist ein angemessenes Verständnis der Technik nur dann möglich, wenn man sie nicht als gegebene Größe, sondern vom Prinzip des Werdens her versteht; entscheidend »ist ihre Beziehung auf die Allheit des Geisteslebens, auf seine Totalität und Universalität«. Die so verstandene Technik ist Äußerung einer allgemeinen

Produktivität, eines Gestaltungswillens, einer formenden Kraft, die im Kontext der symbolischen Formen einen neuen Weltaspekt erschafft.[149]

Cassirer sieht deutlich die Dynamik der Technik, ihr Potential zur Erschließung und Realisierung ständig erweiterter Möglichkeiten. Doch er wendet sich dagegen, daß dieser Prozeß nur »materiell«, als Unterwerfung der Natur unter den Willen des Menschen verstanden wird. Für ihn ist der »ideelle« Aspekt entscheidend, die freie Schöpfung, durch die im kollektiven historischen Handeln, ähnlich wie im individuellen künstlerischen Schaffen, eine neue Welt gestaltet wird: Die Technik ist realisierter Geist. Cassirer verkennt nicht die Gegenständlichkeit und Eigengesetzlichkeit der so geschaffenen Sachbestände und das Maß an Entsagung, an Gebundenheit, ja an Sklaverei als Folge der technisierten Welt. Doch Entsagung und Verzicht »auf alles naiv-triebhafte Glücksverlangen« sind für ihn notwendige Opfer auf dem Weg zur Selbstbefreiung der Menschheit durch die Verwirklichung der Idee der Freiheit.[150]

Mit dieser von Hegel inspirierten spekulativen Deutung — die in bestimmten Formulierungen von Marcuse wieder anklingt — wird die Technikdiskussion auf ein hohes, vielleicht allzu hohes Abstraktionsniveau gehoben. Der Blick wird von den Tagesproblemen und den persönlichen, individuellen Wünschen abgezogen und auf weitgespannte, allgemeine historische Zusammenhänge gelenkt: Die Technisierung der Welt ist Teil der kollektiven kulturellen Selbstdefinition der Menschheit und damit Teil unseres historischen Schicksals.

Die zu Recht vielberufene Situation des Zauberlehrlings, der die technischen Geister, die er rief, nicht mehr los wird, kehrt, wenn man Cassirers Deutung akzeptiert, nunmehr auf höherer Ebene wieder. Doch jetzt geht es nicht mehr nur darum, daß der technikbedingte Wohlstand die Ökologieprobleme heraufbeschwört, sondern um das allgemeinere Problem, daß die *Freiheit* vermittels der Technik erstrebt wird, d. h. vermittels einer womöglich nicht mehr abzuschaffenden *Unfreiheit.*

Darüber hinaus ist festzuhalten, daß die Vorstellung einer beständig zu höheren Formen fortschreitenden kulturellen Entwicklung keineswegs allgemein akzeptiert wird. Neben Fortschrittstheorien gibt es auch Verfallstheorien, die besagen, daß die Geschichte überwiegend oder gar ausschließlich einen Prozeß des Abstiegs und des Niedergangs darstellt. Angesichts der zentralen Bedeutung der Technik für die moderne Welt sind denn auch — genau besehen — alle radikalen Technikkritiker Anhänger einer bestimmten Variante der Verfallstheorie.

Technische Utopien

Eine Grunderfahrung der Geschichte ist die Differenz von Absicht und Resultat. Aus den einander widerstreitenden, von egoistischen Interessen bestimmten und auf kurzfristige Erfüllung zielenden Motiven und Handlungen der Akteure ergeben sich im Verlauf des historischen Geschehens schließlich langfristige Gesamtergebnisse, die von den Handlungssubjekten gar nicht gewollt wurden und oft sogar völlig außerhalb ihres Gesichtskreises lagen.

Diese Dialektik der Geschichte ist auch in Sachen Technikentwicklung nicht aufhebbar. Auch auf diesem Gebiet sind wir immer zugleich Subjekt und Objekt, Täter und Opfer des — von uns initiierten — Geschehens. Das läßt sich an zwei Beispielen belegen: Die konkreten physischen Sachsysteme der Realtechnik wurden geschaffen, weil man ihre funktionalen Leistungen wollte — und doch beklagen wir heute die Einengung und den Zwang durch die Sachgesetzlichkeiten ebendieser Systeme. Darüber hinaus sind wir im Begriff, um der gewollten kurzfristigen Wohlstandsvermehrung willen die Erde durch die Umweltzerstörung langfristig unbewohnbar zu machen.

Diese generelle, für alle übergreifenden historischen Phänomene gültige Feststellung steht scheinbar im Widerspruch zu dem Umstand, daß gerade die zielgerichtete, methodische, folgerichtige — eben die technische — Verfahrensweise so angelegt ist, daß sie unter Ausschluß aller Störfaktoren zu den jeweils erstrebten Resultaten führt. Im Fall der Technik sollte also eigentlich eine Zielverfehlung unmöglich sein. Der Widerspruch löst sich auf, wenn man sich über die Reichweite des technischen Handelns Rechenschaft ablegt. Es erstreckt sich genau so weit, wie sich die hergestellten Systeme und die herbeigeführten Prozesse dem absichtsvollen, zielgerichteten Handeln fügen, d. h. so weit, wie Machbarkeit und Kontrolle reichen. Der technische Fortschritt besteht denn auch, abstrakt gesprochen, gerade darin, daß die Sphäre eben dieser Aktionsmöglichkeiten durch geeignete Verfahren und Artefakte systematisch ausgeweitet wird.

Wer technisch denkt, denkt in Kategorien der Machbarkeit. Das aktive, auf die Umgestaltung der Welt gerichtete technische Denken und Handeln bildet also die Gegenposition zu einem bloß passiven Hinnehmen des als schicksalhafte Vorgabe empfundenen historischen Geschehens. Wer sich am Paradigma des technischen Handelns orientiert, für den ist die Geschichte nicht ein hinzunehmendes Fatum, sondern ein zielgerichtet zu gestaltender Prozeß. Mit der Idee der universellen Machbarkeit wird das ursprünglich auf spezifische, überschaubare Ingenieuraufgaben beschränkte Paradigma des technischen Handelns durch voluntaristische Setzung schließlich auf die Geschichte insgesamt ausgedehnt.[151] Nach dieser Vorstellung ist es dann möglich, alle unvorhersehbaren, gegenläufigen Wirkungen — gleichsam die Widerspenstigkeit des Geschehens — durch geeignete technische Maßnahmen auszuschalten.

An dieser Stelle zeigt sich ein sachbedingter, innerer Zusammenhang zwischen technischem und utopischem Denken. In analytischer Trennung kann man beim Begriff der Utopie, d. h. bei dem in Gedanken entworfenen Idealbild einer künftigen, besseren Gesellschaft, zwei Aspekte unterscheiden: Neben der *passiven* Hoffnung bzw. Erwartung, daß die Utopie einmal Wirklichkeit werden wird, steht das *aktive* Tun, der eigene Einsatz, die konkrete Realisierung. Im letzteren Fall geht es darum, einen vorgegebenen Entwurf zu verwirklichen, eine Konstruktion zu realisieren. Die Verwirklichung eines utopischen Gesellschaftsmodells ist ihrer Natur nach, von der Verfahrensweise her, im weiteren Sinne eine technische Aufgabe. Das gilt für die Erziehung, die Überwachung, die Arbeitsteilung und die Zuweisung bestimmter Rollen an die einzelnen Staatsbürger ebenso wie für die im utopischen Staat zu schaffenden Organisationsstrukturen und Institutionen.

Doch damit ist die Verbindung zwischen Technik und Utopie nicht erschöpft. Zu der von der Utopie erstrebten besseren Welt gehört neben der Erziehung zu einem neuen Menschen und der Schaffung einer neuen Ordnung des Zusammenlebens auch das Wohlstandswachstum, und dieser Wohlstand soll durch die zielgerichtete Ausschöpfung und Erweiterung der technischen Möglichkeiten geschaffen werden. Charakteristisch dafür ist die These von Karl Marx, daß die kommunistische Gesellschaft zu einer im Kapitalismus nicht erreichbaren »Entfesselung der Produktivkräfte« führen werde.[152]

In Platons *Staat*, dem Urbild des utopischen Denkens, geht es im Gegensatz zur unbefragt hingenommenen Tradition um die theoretisch entworfene, aus der philosophischen Vernunft geborene Ordnung der Gesellschaft. Sein Dialogfragment *Kritias* beschreibt dann den Reichtum und die vorbildliche technische Ausstattung der sagenhaften Insel Atlantis.

Das vom optimistischen Geist des Humanismus und der Renaissance getragene, verschlüsselte Reformprogramm, das der Schatzkanzler Thomas Morus in seiner *Utopie* formuliert, ist inhaltlich — insbesondere für die Ideen des Sozialismus — und auch terminologisch (»Nirgendwo«) für alle weiteren Utopien zum Vorbild geworden.[153]

F. Bacons auf Platon anspielende und ihn zugleich übertreffende Abhandlung *Neu-Atlantis* zeichnet in kühnen, der Zeit weit vorauseilenden, von der Experimentierfreude der Renaissance getragenen Entwürfen das Bild einer künftigen, systematisch gesteigerten naturwissenschaftlichen Forschung und technischen Praxis.[154] Der Umstand, daß wir aus unserer heutigen Sicht bei Bacon eine eigentümliche Mischung von hellsichtiger Prognose und an handwerklichen Erfahrungen orientierter Phantastik feststellen können, ändert nichts daran, daß sein Programm einer systematischen Erforschung und Ausnutzung der Naturkräfte in der Folgezeit zunehmend in die Tat umgesetzt wurde und bis zur Stunde den Verlauf der Wisenschaftsentwicklung bestimmt.

Auch Bloch weist der Technik für die Realisierung der Utopie eine entscheidende Rolle zu. Doch im Gegensatz zu Bacon, der die Natur ausbeuten, überlisten und in Dienst nehmen will, entwirft Blochs *Prinzip Hoffnung* die Vision einer Symbiose von Mensch und Natur; die Natur soll im historischen Prozeß zu sich selbst befreit und in der kommunistischen Gesellschaft zur »Mitproduktivität« gebracht werden (s.o. S. 105 f.).

Ein Indiz dafür, daß sich trotz aller optimistischen utopischen Visionen auch im Hinblick auf die Technik die genannte Dialektik der Geschichte nicht aufheben läßt, sind die *Antiutopien.* Sie bilden den pessimistischen Gegenpol und stellen in düsteren Farben und negativer Überzeichnung die Schreckensvisionen einer völlig durchrationalisierten Welt dar, die keinen Spielraum für Freiheit, Individualität und Selbstbestimmung mehr läßt. Aldous Huxley zeigt in *Schöne neue Welt* in dichterischer Form, wie konsequentes Genußstreben und der vollkommene Wohlfahrtsstaat zum Alptraum werden: Die künstlich perfektionierte Euphorie führt nicht zum Paradies, sondern zu einem menschenunwürdigen, manipulierten Dasein.[155]

Dasselbe Thema behandelt der Verhaltensforscher Skinner in *Futurum II.*[156] Er kommt jedoch zu dem entgegengesetzten Ergebnis: Wir sollten bewußt psychologische Techniken einsetzen, um Konflikte zu eliminieren und ein beglückendes Leben für alle zu schaffen.

Gewiß handelt es sich in beiden Fällen um absichtlich überzogene, unrealistische Visionen, die aber einmal mehr die Ambivalenz des inzwischen erreichten technisch-instrumentellen Wissens und Könnens vor Augen führen. Im konkreten Einzelfall, bei materieller Not und psychischem Leiden, wird niemand eine hilfreiche Technik verschmähen, ja man wird ausdrücklich ihre Perfektionierung fordern. Und doch können die auf diese Weise geschaffenen Potentiale bei »falscher« Anwendung zu Manipulation und Terror, d.h. zu schlechthin unmenschlichen Resultaten führen.

Je nach Lesart läßt sich das Erschließen neuer technischer Möglichkeiten utopisch oder antiutopisch deuten. Es kann als Akt der Freiheit und als Aufbruch zu neuen Ufern verstanden werden, aber auch als frevelhafte Hybris und als Verlust an tragendem Grund. Das ist die Situation, in der wir uns befinden. Der Mensch ist individuell und gattungsmäßig für die Zukunft offen, und die Technik bekräftigt und verstärkt diese Offenheit. Die eigentliche Aufgabe besteht darin, hier eine je aufs neue zu bestimmende und stets gefährdete Balance zu gewinnen. Das Gegengewicht zu der durch ethische Orientierungslosigkeit, populistische Massendemokratie und hedonistisches Konsumdenken entfesselten Technikentwicklung können wir nur finden in der Besinnung auf das positive Erbe unserer Tradition und in der Integration der Technik in den Gesamtzusammenhang unserer Kultur.

7. Metaphysisch-spekulative Deutungen

Die Wirkmacht der Technik

Eine philosophische Reflexion, die ihre Möglichkeiten voll aus-
schöpfen will, muß auch — und gerade — die metaphysische Wesensbestimmung der Technik ins Auge fassen. Für jedes Erkenntnisstre-
ben gilt, daß derjenige, der bis zu den letzten Gründen einer Sache
vordringen will, sie auf den metaphysischen Punkt bringen muß.

Gegenstand der Metaphysik sind die allgemeinsten, unüberbietbar letzten und schlechthin grundlegenden Bestimmungen, die sich
etwa in den Kategorien Sein, Nichts, Freiheit, Wahrheit, Geist,
Leben, Natur, Prozeß etc. manifestieren. Es liegt in der Natur der
Sache, daß man zu solchen Wesensbestimmungen nur durch spekulative Abstraktion von den direkt faßbaren empirischen Gegebenheiten gelangen kann, wobei aber gleichwohl der eigentlich gemeinte
Realitätsbezug nicht verlorengehen darf.

Der metaphysischen Wesensbestimmung der Technik steht jedoch eine grundsätzliche Schwierigkeit entgegen. Man muß sich
nämlich fragen, ob es überhaupt eine schlechthin allgemeingültige,
»über« den konkreten historisch-kulturellen Gestaltungen angesiedelte Technik gibt.[157] Hat man es nicht vielmehr, etwa im Sinne von
Wittgensteins »Familienähnlichkeit«, mit Phänomenen zu tun, die
sich — wie Geschwister — ähneln, aber in Wirklichkeit doch einmalige, begrifflich nicht weiter auflösbare Individualitäten darstellen?
Wo ist hier ein zuverlässiger Bezugspunkt für eine Wesensbestimmung gegeben? Descartes sah ihn in dem »ego cogitans«, im seiner
selbst gewissen, denkenden Ich. Und Kant hat sich bei der Formulierung seiner Erkenntniskritik auf zwei überzeitliche, »sichere« Be-
zugspunkte berufen: auf die a priori und universell gültige Logik
und auf die interne Struktur der mathematischen Naturwissenschaft.

Doch für die Welt der Technik fehlt es an einem vergleichbaren universellen und überzeitlichen Fundament. Die Technik ist in ihren jeweiligen konkreten Gestaltungen ein historisches Phänomen. Sie hat sich im Verlauf der Geschichte so grundsätzlich verändert, daß sie vor der Industriellen Revolution gar nicht als eigenständiges und variables Phänomen wahrgenommen wurde, während heute ihre Dominanz und ihr Wandel als charakteristische Kennzeichen unserer Zeit gelten.

Metaphysisch gesehen ist das entscheidende Merkmal der Geschichte, zumindest prima facie, ihre Kontingenz: Es ist stets denkbar, daß die jeweils gegebenen konkreten historischen Umstände auch zu anderen Ergebnissen hätten führen können. Da alle Theorie und erst recht jede Metaphysik auf das Allgemeine zielt, stellt sich die Frage, inwieweit angesichts dieser Historizität überhaupt eine allgemeingültige metaphysische Wesensbestimmung der Technik möglich ist. Schelling hat treffend formuliert, »daß überhaupt alles, was nach einem bestimmten Mechanismus erfolgt, oder seine Theorie *a priori* hat, gar nicht Objekt der Geschichte sei. Theorie und Geschichte sind völlig Entgegengesetzte. Der Mensch hat nur deswegen Geschichte, weil, was er tun wird, sich nach keiner Theorie zum voraus berechnen läßt« [158]. Die historische Kontingenz und die systematische Komplexität sind die Prämissen — in negativer Fassung: die Hypotheken —, unter denen alle metaphysischen Aussagen über die Technik stehen.

Als ein wichtiger Beitrag zur Technikdeutung können die Thesen von Jacques Ellul verstanden werden. Obwohl sie gar nicht explizit als philosophisch-metaphysische Wesensbestimmung gedacht sind, liefern sie doch faktisch eine Metaphysik der Technik, die deshalb im folgenden diskutiert werden soll. Das zentrale Thema Elluls ist die schier unaufhaltsame Eigendynamik der modernen Technik. Das genannte Spannungsverhältnis zwischen der Offenheit des historischen Geschehens und einer definitiven metaphysischen Wesensbestimmung wird bei ihm dadurch aufgehoben, daß er in einem Wechsel der Perspektive gerade in der verändernden, historisch-dynamischen Kraft das Wesensmerkmal der Technik sieht.

Sein Buch *La Technique ou l'enjeu du siècle* (1954) hat insbesondere in den USA (aufgrund der englischen Ausgabe 1964) eine lebhafte und nachhaltige Diskussion ausgelöst; die breit angelegte Bibliographie seiner Arbeiten und der vielfältigen Sekundärliteratur füllte bereits im Jahr 1984 ein ganzes Buch.[159] Man darf annehmen, daß die Technikdiskussion in der Bundesrepublik einen anderen Verlauf genommen hätte, wenn Elluls Buch ins Deutsche übersetzt worden wäre. Schelsky hat nur die soziologisch-politiktheoretischen Implikationen aufgegriffen und schon allein dadurch die Technokratiediskussion ausgelöst (s. o. S. 81-84). Und die den Vorstellungen Elluls eng verwandten Thesen, die H. Marcuse in seinem Buch *Der eindimensionale Mensch* entwickelt, gehören zum klassischen Bestand der neomarxistischen Technikkritik (s. u. S. 153).

In einer breit angelegten Beschreibung der Phänomene der modernen Welt und mit immer wieder neuen, suggestiven Formulierungen zeichnet Ellul das Bild einer schlechthin übermächtigen, alles in ihren Bann ziehenden Technik: Die Technik allein regiert, sie ist eine blinde Macht und doch im Verfolgen ihrer Ziele klarsichtiger als die höchste menschliche Intelligenz. Es ist ein Wesensmerkmal der Technik, daß sie keine moralischen Urteile duldet, sie schafft sich ihre eigene, völlig unabhängige technische Moralität. Der Mensch ist gefangen wie die Fliege in einer Flasche; er versucht, der Technik durch Kultur, Freiheit und aktives Tun zu entgehen, aber alles das wird vom technischen System nur »abgehakt«, ohne daß sich am Gang der Technik etwas ändert.[160]

Ellul kann dieses Bild zeichnen, weil er mit einem weitgefaßten Technikbegriff arbeitet, der ausdrücklich alle Arten der systematischen und auf Effizienz abgestellten Mitteloptimierung einschließt.[161] Er spricht von der Ingenieurtechnik, der wirtschaftlichen Technik (Arbeitswissenschaften, Planungswissenschaften), der staatlichen, politischen und militärischen Organisationstechnik sowie der Humantechnik (Medizin, Pädagogik, öffentliche Medien). Seine These lautet, daß alle diese Techniken nur in ihrem Gesamtzusammenhang richtig beurteilt werden können. Jede Isolation einzelner Momente sei dem umfassenden, alle Lebensbereiche und die gesamte Erde bestimmenden Phänomen der Technisierung unangemessen, weil dadurch der innere Zusammenhang zwischen den verschiedenen Aspekten der einen, universellen Technik aus dem Blick gerät. Die so verstandene universelle Technik erscheint bei Ellul wie

135

ein eigenständiges Subjekt, d. h. wie eine selbstbewußt und zielgerichtet handelnde Person.

Dieses Bild liegt in der Tat nahe, wenn man einen weitgefaßten Technikbegriff zugrunde legt, ihn konsequent ausdehnt und folgerichtig zur Geltung bringt. Auf diese Weise gelangt man zu nicht mehr und nicht weniger als einer schlechthin alles umfassenden Totalität. Weil in unserer Welt nichts existiert, das nicht direkt oder indirekt durch die Technik bestimmt ist, wird in Elluls Perspektive schließlich alles zur Technik. Man könnte ergänzen: Wie dem König Midas alles zu Gold wurde, was er berührte, so daß er schließlich verhungern mußte, werden wir heute zum Opfer einer alles verschlingenden Technik. So hat denn auch der englische Übersetzer Wilkinson treffend bemerkt, daß Ellul eine großangelegte Phänomenologie der Technik geschrieben hat, die in ihrem Totalitätsanspruch mit Hegels *Phänomenologie des Geistes* vergleichbar ist.[162] Ellul teilt mit Hegel nicht den historisch-genetischen Ansatz — seine Darstellung ist stärker systematisch ausgerichtet —, wohl aber das Prinzip der teleologischen Entfaltung; er sieht in allen Formen der Technik, d. h. in allen methodisch angewandten Verfahren, in welchen individuellen oder kollektiven Lebenszusammenhängen auch immer sie auftreten mögen, immanent wesensnotwendige Momente einer heraufkommenden umfassenden Herrschaft der Technik. Der Umstand, daß eine solche Darstellung mit einer gewissen Plausibilität möglich ist, belegt die überragende Bedeutung der Technik für unsere Zeit. Das Verdienst, die Erkenntnisleistung einer solchen umfassenden Phänomenologie besteht darin, daß auf die Wirkmacht der Technik und auf die durchgängige Verknüpfung, auf den inneren Zusammenhang der verschiedenen Lebensgebiete hingewiesen wird, die alle in der einen oder anderen Form von Technik geprägt sind.

Dem steht auf der anderen Seite der Nachteil gegenüber, daß keine differenzierenden Einsichten in Detailprobleme vermittelt werden. Deshalb bleibt im Grunde genommen unverständlich, wie die gegenwärtige Situation zustande kommen konnte; und es bleibt ungeklärt, wo die Ursachen für die offenkundig weiter fortschreitende Technisierung liegen. Solche differenzierenden Einsichten hätten sich bei der Konzentration auf den engeren Begriff der Ingenieurtechnik ergeben. Denn es sind gerade die konkreten, materiellen Artefakte und deren

Funktionsgesetzlichkeiten, die gleichsam den »harten Kern« der modernen Technik ausmachen.

Von dieser auf naturwissenschaftliche Prinzipien gegründeten *industriellen* Technik sind denn auch heute alle anderen *methodischen* Techniken, d. h. die Verfahrensweisen in den verschiedenen Lebensgebieten, abhängig. Da — abgesehen von Handlungen, die, wie das Spiel, allein sich selbst genügen — alles, was Menschen überhaupt tun, als zielgerichtetes und methodisches Vorgehen interpretiert werden kann, ist es grundsätzlich nicht verwunderlich, daß Elluls weitem Technikbegriff eine gewisse Plausibilität anhaftet. Doch der Umstand, daß man erst heute, in einer Zeit, die durch den Aufschwung der Ingenieurtechnik geprägt ist, überhaupt auf die Idee kommen kann, alle individuellen und kollektiven Lebensbereiche als radikal technikbestimmt zu interpretieren, zeigt, daß die entscheidende Differenz nicht in der stets in irgendeiner Form gegebenen technischen Verfahrensweise liegt, sondern in der konkreten, physisch faßbaren Umgestaltung der Welt durch die neue, ingenieurmäßig betriebene, in den verschiedenen Artefakten materialisierte Realtechnik.

Elluls Technikdeutung strebt danach, die Gesamtheit unserer Welt zu erfassen, die doch — um mit Kant zu sprechen — kein Gegenstand der empirischen Erfahrung sein kann. Gewiß wäre es verfehlt, wenn man sich ganz auf die beobachtbaren einzelnen »Fakten« beschränken wollte. Wer, um die für jede individuelle und kollektive lebensweltliche Erfahrung, aber auch für jede wissenschaftliche Erkenntnis charakteristische Kontingenz und Perspektivität auszuschließen, sich nur an die zweifelsfrei gegebenen Einzelheiten hält, kann nur vordergründige Gewißheit erreichen. Alles, was diesem Anspruch nicht genügt, wird dann als bloße Fiktion, als »Begriffsdichtung« verworfen. Gegen einen solchen Rigorismus kann jedoch mit Recht eingewandt werden, daß alle wissenschaftlichen Untersuchungen auf Abstraktionen beruhen. Sie betrachten die Realität nie in ihrer begrifflich gar nicht ausschöpfbaren vollen Konkretion; es werden stets bestimmte, durch den jeweiligen disziplinären Kontext definierte Züge hervorgehoben und näher untersucht.

Ebenso wie in den Einzelwissenschaften geht es auch in der Philosophie gar nicht um ein Alles oder Nichts, um ein einfaches Wahr oder Falsch, sondern um ein Mehr oder Weniger an Abstraktion. Das gilt auch für Elluls Technikbegriff. Entsprechend dem umgekehrt proportionalen Verhältnis zwischen Umfang und Inhalt eines Begriffs wird bei starker Abstraktion und entsprechend hohem Allgemeinheitsgrad der konkrete Inhalt unvermeidbar geringer. Doch die Abstraktion bzw. die Universalisierung dürfen nicht so weit getrieben werden, daß der Bezug zur Realität und damit auch die Erklärungsfunktion verlorengehen. Weil Ellul alle Differenzierungen konsequent ablehnt, kommen die verschiedenen Faktoren, durch deren Zusammenwirken der Gesamtprozeß überhaupt erst zustande kommt, gar nicht in den Blick. Die Folge davon ist, daß auch keine Ansatzpunkte für eine Einflußnahme und Korrektur sichtbar werden. Nach Ellul steht der moderne Mensch der übermächtigen Technik, die unerbittlich ihren Weg geht, hilflos gegenüber; der Prozeß der technischen Entwicklung stellt eine höhere, das konkrete Geschehen dieser Welt bestimmende Macht dar, der sich niemand entziehen kann.

Elluls Technikinterpretation bezieht ihre Suggestivkraft letzten Endes aus der religiösen Dimension. Die Technik wird heilsgeschichtlich interpretiert, aber unter negativem Vorzeichen: Sie entheiligt die Welt, weil sie durch den Augenschein zeigt, daß es keine Mysterien mehr gibt. Doch der Mensch kann nicht ohne das Heilige leben. Deshalb überträgt er — so die Interpretation Elluls — in einer dialektischen Wendung die Dimension des Heiligen auf die moderne Technik, obwohl diese in Wirklichkeit nur eine negative, destruktive Macht verkörpert.[163]

Die Seinsgeschichte

Heideggers Philosophie der Technik ist anspruchsvoller als alle anderen philosophischen Deutungen; sie will tiefer schürfen — so tief, daß fraglich wird, ob man in diesen Sphären überhaupt noch fündig werden kann. (Im folgenden soll allein der Sachgehalt von Heideggers Thesen diskutiert werden und nicht sein politisches Verhalten in der Zeit von 1933 bis 1945.) Heidegger orientiert sich an der philosophischen Tradition — und er will sie doch überwinden. Er gibt der metaphysischen Frage nach den allgemeinsten, grundlegenden Bestimmungen alles Seienden eine neue, verschärfte und vertiefte Wendung: Aufgewiesen werden soll der Sinn, das Wesen des Seins überhaupt, das sich aber immer nur in der konkreten, zeitbedingten menschlichen Daseinssituation enthüllt.[164]

In der klassisch gewordenen Abhandlung *Sein und Zeit* wird in einer existentialontologischen Grundlegung das »In-der-Welt-sein« des Menschen aus dem Horizont der Zeitlichkeit als »Sorge« bestimmt, d.h. als Einheit von Existenz, Faktizität und »Sich-vorweg-sein« bei innerweltlich begegnendem *Zuhandenem* und *Vorhandenem*. Das durch einen übergreifenden potentiellen Handlungszusammenhang definierte Zuhandene hat als Werkzeug instrumentellen Charakter. Dem dadurch ermöglichten praktischen technischen Umgang mit der Natur kommt eine positive, erschließende Funktion zu: Das Erkennen gelangt erst im Besorgen, d.h. *im Umgang mit dem Zuhandenen* zur Freilegung des als Faktizität, als *ständige Vorhandenheit* verstandenen Seins.[165] Während hier noch eine immanent fachtechnisch-philosophische Diktion durchgehalten wird, ist das spätere Werk, insbesondere nach der »Kehre«, zunehmend durch einen eher literarischen, meditativen Sprachgestus bestimmt, der sich nicht an analytischer Begrifflichkeit, sondern am Vorbild der Dichtung orientiert.

Verglichen mit dieser eher beiläufigen, auf die erschließende Funktion des Werkzeuggebrauchs beschränkten Analyse kommt der Technik in den späteren Abhandlungen Heideggers, insbesondere in *Die Technik und die Kehre*, entscheidende Bedeutung zu — wobei gleichwohl ihre im höheren Sinne verstandene Rolle beim Erschließen oder Verhüllen der Wahrheit das zentrale Thema bleibt.

Der sprachliche Kristallisationspunkt, der Schlüsselbegriff für Heideggers spätere Technikdeutung ist das »Ge-stell«.[166] Darin soll die konstruierte, künstliche, aktive und systematische Indienstnahme der Natur zum Ausdruck kommen: Die Natur wird vom Menschen herausgefordert und auf eine ganz bestimmte Weise festgelegt, wobei das menschliche Tun nicht zufällig und willkürlich erfolgt, sondern als ein bestimmter »Ruf des Seins« verstanden werden muß. Ähnlich wie eine platonische Idee soll das »Gestell« das Wesen der Technik zum Ausdruck bringen: Es besteht in der grundsätzlichen, unaufhebbaren Ambivalenz von Verfügbarkeit und Unverfügbarkeit. Der Mensch ist in Gefahr, die ganze Welt — sich selbst eingeschlossen — nur noch als Objekt technischer Verfügbarkeit zu betrachten. Bestimmt von einem nihilistischen Willenspathos ist er versucht, sich als unumschränkter Herr des Universums zu fühlen; er meint, es nach seinen Vorstellungen gestalten zu können. Doch gemäß Hölderlins Wort: »Wo aber Gefahr ist, wächst das Rettende auch«, bietet die Technik auch die Chance für ein Umdenken, für das Erschließen eines neuen Seinsverständnisses.

Heidegger geht von einem weitgefaßten Verständnis der Technik aus. Sie ist ihm Inbegriff der modernen wissenschaftlich-technisch-industriellen Zivilisation und ihres weltzerstörenden, seinsvergessenen, nihilistischen Zugriffs auf die Dinge, eines »Willens zum Willen«, der »die Wirklichkeit des Wirklichen zur bedingungslosen Machbarkeit der durchgängigen Vergegenständlichung ermächtigt«[167]. Dabei fordern Heideggers Begrifflichkeit und Denkstil fast unvermeidbar eine Polarisierung heraus. Die üblichen Reaktionen sind vorbehaltlose Zustimmung oder grundsätzliche Ablehnung. Man wirft ihm Wortbedeutungserkünstelung und das forcierte Pathos der zwanziger Jahre vor; er verweigere sich der Dynamik der modernen Welt und sei von der Sehnsucht nach einem heilen, nicht entfremdeten Dasein in einer überschaubaren, handwerklich geprägten Idylle bestimmt; systematisch gesehen betreibe er letzten Endes eine negative Theologie. Dazu hat Jaspers bemerkt: »es handelt sich um ein Analogon christlichen Glaubens, [...] nicht des Glaubensinhalts, sondern des Bezugs auf Transzendenz und der gnostischen (aber inhaltslos bleibenden) Spekulation«[168].

Alle diese Kritikpunkte haben ihre Berechtigung. Doch sie dürfen nicht den Blick dafür verstellen, daß Heidegger mehr will und auf seine Weise mehr leistet als eine an den Oberflächenphänomenen verbleibende, nur wissenschaftstheoretisch, sozialphilosophisch oder kulturkritisch orientierte Philosophie der Technik. Mit seiner »Hermeneutik der Faktizität« bringt er im Gegenzug zur rationalistisch-aufklärerischen Tradition und zu einer metaphysisch angelegten Anthropologie (Max Scheler) lebensphilosophisch-existentielle Tiefenstrukturen in den Blick. Und mit seinem Verweis auf die Seinsgeschichte stellt er die moderne Technik in einen übergreifenden, metaphysisch interpretierten geschichtsphilosophischen Zusammenhang.

Wer ein vertieftes philosophisches Verständnis der Technik erstrebt, kommt auch im Fall einer Ablehnung nicht umhin, Heideggers Denken ernst zu nehmen.

Der Umstand, daß Heideggers Technikinterpretation heute zunehmende Beachtung erfährt, bezeugt das Defizit einer nur an der Wahrnehmung, Beschreibung und Erklärung der direkt faßbaren Phänomene orientierten Analyse. Offensichtlich erfüllt seine Interpretation das Verlangen nach einer historisch und systematisch umfassenden, ganzheitlichen Deutung. Sie kommt damit dem »metaphysischen Bedürfnis« (Kant) entgegen, d. h. dem Streben nach einem letzten Sinn — auch wenn dieser bei Heidegger eher ex negativo und mit tragischen Untertönen angesprochen wird.

Noch diesseits der von Heidegger immer wieder betonten ontisch-ontologischen Differenz zwischen den einzelnen Seienden und dem Sein überhaupt — die sich zumindest didaktisch am ehesten als negative Theologie, als Differenz zwischen dem innerweltlich Seienden und der Transzendenz erschließt — stellt sich die Frage, ob bzw. in welchem Umfang es überhaupt sinnvoll ist, unabhängig von konkreten historischen Ausformungen vom »Wesen der Technik« zu sprechen. Wird damit nicht der philosophische Grundfehler der Hypostasierung, der Verdinglichung von Begriffen begangen? Neben der auf die konkreten Gegebenheiten gerichteten, phänomenbezogenen Auslegung kann man hier Denkfiguren einer idealistisch-teleologischen Metaphysik erkennen, bis hin zu einer gewissen Affinität mit Hegels Geschichtsphilosophie. Gewiß läßt sich der historische Prozeß in der Rückschau immer als kausal notwendig interpretieren, weil die vorhergehenden Stadien genau die darauffolgenden Stufen hervorgebracht haben. In diesem Zusammenhang betont Heidegger die (wesensmäßige und geschichtsteleologische) Ambivalenz der Technik. Auch für ihn bleibt die als Schickung des Seins interpretierte Zukunft letzten Endes offen. Die zentrale Aussage des postum veröffentlichten Spiegel-Gesprächs lautet: »Nur noch ein Gott kann uns retten«[169].

Es ist keineswegs von vornherein klar, in welchem Verhältnis die Geschichte der Metaphysik einerseits und das in seiner Totalität verstandene konkrete historische Geschehen andererseits zueinander stehen. Um welche Fragen es hier geht, wird deutlich, wenn man sich die Faktoren vor Augen führt, die im kontingenten historischen Geschehen stets gleichzeitig wirksam sind. Je nach der begrifflichen Fassung und dem Grad der Differenzierung kann man dabei unterscheiden zwischen ideellen und materiellen Faktoren, zwischen kulturellen, politischen, sozialen und ökonomischen Ursachen, zwischen bedeutenden Persönlichkeiten und überpersönlichen Institutionen sowie zwischen den bewußten und unbewußten Motiven der Individuen und den kollektiven Mentalitäten und Denkstilen. So werden denn auch in den einzelnen Sparten der Geschichtsschreibung aus dem faktisch immer nur in seiner ungeteilten Ganzheit gegebenen historischen Geschehen in begrifflicher Analyse zum Zweck der Erkenntnis bestimmte Zusammenhänge gleichsam intellektuell herauspräpariert. Das gilt für die politische Geschichte ebenso wie für die Wirtschafts-, Sozial- und Ideengeschichte, für die Wissenschaftsgeschichte wie für die Technikgeschichte.

In Hinblick auf Heideggers Technikinterpretation stellt sich die Frage, ob seine Redeweise vom Wesen der Technik nur eine Abstraktion darstellt, die zwecks Komplexitätsreduktion im Sinne einer Denkökonomie vielfältige, verschiedenartige Prozesse und Verursachungszusammenhänge intellektuell aggregiert, d.h. abkürzend zusammenfaßt, oder ob an eine übergeordnete, das gesamte Geschehen bestimmende Wesensdetermination gedacht ist. In diesem Zusammenhang wollte Heidegger mit dem in seiner Spätphilosophie in den Vordergrund tretenden Begriff »Ereignis« ein Doppeltes leisten: Er wollte »das Sein weder als auf die Geschichte *einwirkende* Größe noch als mit der Geschichte *identisch* ansetzen« — und er ist doch in dieser Frage bis an sein Lebensende zu keiner Lösung gekommen.[170]

Doch es sind auch mittlere, besser: vermittelnde Positionen denkbar. Das gilt sowohl in historischer als auch in systematischer Hinsicht. Es gibt eine Betrachtungsebene, die zwischen dem allesumfassenden Seinsgeschick und den Zufälligkeiten der individuellen Existenz liegt. Die Geschichte kennt zeitübergreifende Tendenzen, bestimmte Trends und spezifische Mentalitäten, die das Denken, Fühlen und Wollen, das Weltverständnis und das Handeln der Menschen bestimmen, ohne doch der historischen Kontingenz enthoben zu sein. In einer so verstandenen abgeschwächten Fassung würde

Heideggers Technikdeutung also wesentliche Züge unserer Zeit und deren ideengeschichtliche Herkunft philosophisch auf den Begriff bringen.

In systematischer Hinsicht ist zu bedenken, daß keineswegs alles, was für unsere Zeit charakteristisch ist, auf der Technik beruht. So sind etwa die Säkularisierung und die Aufklärung, die Französische Revolution und die Demokratisierungsbewegungen durchaus eigenständige geistes- bzw. politikgeschichtliche Phänomene, die sich nicht bruchlos aus einer im übergreifenden Sinne verstandenen, durch die Technik bestimmten Seinsgeschichte ableiten lassen. Die Technik ist *ein* Element der Moderne neben anderen. Wenn man an Heideggers Ansatz festhalten will, müßten neben der Verdinglichung, der Indienstnahme der Natur und der Wohlstandsvermehrung — über die genannten historischen Bewegungen hinaus — auch der Individualismus, das persönliche und das kollektive Autonomiestreben und der Wertepluralismus als Manifestationen der einen, alles bestimmenden technischen Weltbemächtigung verstanden werden.

Technik als Mythos

Nach einer gängigen Formel besteht die abendländische Geistesgeschichte im Übergang vom Mythos zum Logos (Nestle). In einer sehr summarischen, weitgespannten Perspektive kann die europäische Geschichte als ein permanenter Aufklärungsprozeß verstanden werden. Diese Entwicklung, die über die Säkularisierung und die eigentliche Aufklärung bis hin zur gegenwärtigen Postmodernediskussion geführt hat — in der sich die im Namen der Vernunft vorgetragene Kritik nun auch gegen diese Vernunft selbst richtet —, läßt für ein mythisches Denken keinen Raum mehr. Die theoretischen Erklärungsleistungen der Naturwissenschaft und die praktischen Erfolge bei der technischen Indienstnahme der Naturprozesse haben das spontane, fraglos als verbindlich akzeptierte mythische Weltverständnis endgültig obsolet gemacht.

Mehr noch! Naturwissenschaft und Technik im modernen Sinne wurden erst möglich durch die Überwindung des mythischen Weltbilds, das sich an ganzheitlichen, bildhaften Vorstellungen orientiert und keine scharfe Trennung zwischen Ich und Welt, zwischen Gedanke und Wirklichkeit kennt. Erst durch die Verdinglichung, die Objektivierung der Natur, die dem erkennenden Subjekt als das Andere gegenübersteht und nur ihren immanenten Strukturgesetzen unterliegt, kann die materielle Welt zum Objekt für die wissenschaftliche Forschung und die technische Praxis werden (s. Kap. 2). Einem Menschen, der sich als selbstverständlichen Teil des durchseelten kosmischen Ganzen erfährt, eines Ganzen, in das er emotional und existentiell fest eingeordnet ist, fehlt es an der sachlichen, nüchternen Distanzierung, die einerseits einen Akt der »Selbstausgliederung« aus diesem Kosmos darstellt und die doch andererseits die forschende Einstellung und den technischen Zugriff allererst ermöglicht.

Wenn man die gängige Gegenüberstellung von mythischem und wissenschaftlichem Denken akzeptiert, ist die moderne Technik mit ihrer versachlichten, objektivierenden Betrachtungsweise und ihrem methodischen Vorgehen eindeutig dem wissenschaftlichen Denkstil zuzuordnen. Ihrer theoretischen Anlage und ihrer praktischen Gestaltung nach ist die Welt der modernen Industriegesellschaften — prima facie gesehen — durchaus rational strukturiert.

In diesem Sinne heißt es bei Bense: »In der technischen Welt, deren konstruktive Verwirklichung in allen Bereichen des ökonomischen, sozialen, intellektuellen und physiologischen Daseins immer deutlicher wird, kann man nicht ohne Intellekt, ohne äußerste Rationalität beheimatet sein. Und dieser Intellekt, diese äußerste Rationalität können nicht in *Mythos* [Hervorhebung von mir, F.R.], nicht in Kunst bestehen — sie werden Theorie, reine Theorie sein müssen.« [171]

Das »irrationale«, anthropomorphe, mythische Naturverständnis ist als Prinzip für die Beschreibung und Erklärung der Welt durch das moderne, sachliche, aufgeklärte, rationale Verständnis ersetzt worden. Dennoch ist heute eine gewisse Rehabilitierung des Mythos als Sinngebungsinstanz festzustellen. Das belegen Abhandlungen im Umkreis des Französischen Strukturalismus ebenso wie etwa die Arbeiten von Blumenberg und Hübner. [172]

Die durch die begriffliche Analyse und erst recht durch die wissenschaftlichen Einzeldisziplinen gar nicht voll einholbaren Sinnvoraussetzungen des individuellen und kollektiven Daseins werden denn auch in der zeitgenössischen philosophischen Reflexion jeweils mit unterschiedlicher Akzentsetzung in der Lebensphilosophie, in Heideggers Daseinsanalyse, im Existentialismus und in Wittgensteins Theorie der Sprachspiele herausgestellt.

Der Mensch ist ein »sinnbedürftiges« Wesen, und der letzte Sinn, von dem her das individuelle und das kollektive Dasein seine Erfüllung und Rechtfertigung erfährt, läßt sich nicht durch willkürliche Setzung oder im nüchternen Kalkül einführen. Hier geht es um ein Letztgegebenes, das jeder konkreten Lebensperspektive vorausliegt. Ebenso wie Wertungen nur unter Rückgriff auf andere Wertungen kritisiert werden können, ist ein übergreifender Sinnhorizont nur im Namen eines anderen Sinnverständnisses anfechtbar. Aufschlußreich ist in diesem Zusammenhang der Doppelsinn, den der Begriff »Ideologie« in der Theorie des »Wissenschaftlichen Kommunismus« hatte: Im abwertenden Sinne ging es um das »falsche Bewußtsein« von den in Wirklichkeit ganz anders beschaffenen gesellschaftlichen Verhältnissen; im positiven Sinne sollte die Ideologie dagegen die wahre, wissenschaftlich begründete kommunistische Weltanschauung bezeichnen.[173]

Tatsächlich ist auch das aufgeklärte europäische Bewußtsein noch durch unterschwellige christliche Denkmuster geprägt. So trägt auch die durchweg weltimmanent argumentierende, an der Evolutionstheorie, der Tätigkeit des Ingenieurs und der Science-fiction orientierte futurologische Abhandlung von S. Lem bewußt einen Titel, der an die *Summa theologiae* des Thomas von Aquin erinnert: *Summa technologiae.* Damit wird stillschweigend der Anspruch erhoben, daß die Technik heute die Rolle der Theologie übernommen habe.[174]

Die Vorstellungen von Schuld und Sühne, das Bedürfnis nach Erlösung, die Sehnsucht nach dem Paradies entstammen dem jüdisch-christlichen Denken. Erst dieser Umstand macht verständlich, daß die zeitgenössische Technikkritik keineswegs immer nur auf nüchternen Güterabwägungen und auf rationalen Beurteilungen beruht. Sie hat weithin den Charakter einer nur religiös nachvollziehbaren unbedingten Bejahung oder radikalen Verneinung. Das zeigt sich in extremen Formulierungen, in denen vom Fluch und Segen der Technik gesprochen wird, ebenso wie in der Redeweise vom Sündenfall der modernen Naturwissenschaft und Technik. Den Bezugspunkt bilden hier weder sachliche Erwägungen noch die realen Möglichkeiten. Maßgeblich ist vielmehr die Denkfigur eines als radikal und unüberbrückbar gedachten Gegensatzes zwischen der diesseitigen, sündigen, verderbten Welt und einer ganz anderen, heiligen, befreiten, jenseitigen Existenz. In der Technikkritik sind derartige Formulierungen etwa bei Illich [175], Marcuse [176] und Schirmacher [177] zu finden.

Allein diese quasireligiöse Polarisierung, die Vorstellung einer radikalen Umkehr, die letzten Endes nur von einer religiösen Heilserwartung her einsichtig ist, macht es verständlich, daß in ein und demselbem Atemzug von einer verderbten, negativen Technik gesprochen wird, die doch andererseits, bei einem »richtigen« Einsatz, zum Instrument einer radikalen, alles ins Gute wendenden Befreiung werden soll. Die quasi religiöse Konversion, die hier postuliert wird, ist für ein nüchternes, rein diesseitiges, faktenorientiertes Verständnis gar nicht nachvollziehbar.

Daß die Technik als dämonische Instanz, als schlechthin schicksalsbestimmende und alles entscheidende Verfehlung (und in Umkehrung der Perspektive als vollgültige Erfüllung) des Daseins verstanden werden kann, ist ein Indiz für die eminente Lebensbedeutung, die sie in der Moderne erhalten hat. Die Intensität der Stellungnahme ist Ausdruck für den Grad der Betroffenheit. Daß dabei überhaupt in mythisch-religiösen Kategorien gedacht wird, ist weniger erstaunlich, wenn man sich klarmacht, daß auch heute noch in den verschiedensten Lebensbereichen mythische Denkmuster nachwirken. Da angesichts der Faktenorientierung und der Flut wissenschaftlicher Einzelergebnisse die Philosophie kaum mehr in der Lage ist, eine in sich geschlossene und umfassende Gesamtkonzeption zu entwickeln, und weil im Zuge der Säkularisierung die religiöse Sinngebung weithin ihre Verbindlichkeit verliert, wird dem »metaphysischen Bedürfnis« durch verdrängte, aber deshalb nicht minder wirksame Denkfiguren Rechnung getragen. So kann denn auch M. Eliade in historisch wirksam gewordenen politischen Strömungen, wie dem Kommunismus und dem Nationalsozialismus, ganz bestimmte mythische Strukturen aufweisen: die Erlöserrolle des Proletariats und das Ende der Geschichte in einem goldenen Zeitalter bzw. der Endkampf zwischen Göttern und Dämonen. [178]

Weil heute die technischen Vorgaben unser Dasein in allen individuellen und kollektiven Lebenszusammenhängen wesentlich bestimmen, ist es nur natürlich, daß in einer Welt, die angetreten ist, nichts Jenseitiges anzuerkennen, die Technik in den Rang einer schlechthin übermächtigen, alles Geschehen bestimmenden Macht erhoben wird, daß sie an die Stelle Gottes tritt. Das gilt nicht nur für die faktische Wirkmacht, sondern auch für den Sinnbezug. Exemplarisch ist hier das in mehrfachen Auflagen (zuerst 1833) in Amerika erschienene Buch *The Paradise within the Reach of All Men without Labour by Powers of Nature and Machinery*.[179] Die Technik soll das Paradies auf Erden schaffen — was dann der Intention nach, aber ohne die religiöse Hintergrundvorstellung vom Kommunismus auch in der Tat beansprucht wurde. Die ursprünglich als transzendent gedachte Heilserwartung soll nun in säkularisierter Form durch die Technik konkret und innerweltlich verwirklicht werden. Dabei gehen zwei heterogene Elemente eine eigentümliche Verbindung ein. Das ursprünglich einer außerweltlichen, symbolischen, mythischen-sakralen Sphäre zugerechnete Heilsgeschehen liefert die Zielrichtung, während die Mittelfindung auf der vernunftorientierten, aufklärerischen Konzeption der planvollen Umgestaltung der Welt beruht.

Treffend ist die Beobachtung von Roland Barthes: »Ich glaube, daß das Auto heute das genaue Äquivalent der großen gotischen Kathedralen ist. Ich meine damit: eine große Schöpfung der Epoche, die mit Leidenschaft von unbekannten Künstlern erdacht wurde und die in ihrem Bild, wenn nicht überhaupt im Gebrauch, von einem ganzen Volk benutzt wird, das sich in ihr ein magisches Objekt zurüstet und aneignet.«[180]

Technische Neuerungen, wie der Flug ins All, die erfolgreiche Erprobung von Prototypen, die Einweihung komplizierter Bauwerke oder die Eröffnung eines Automobilsalons, werden kollektiv mit Emphase und rituellem Zeremoniell gefeiert. Pointiert gesagt besteht der Mythos unserer Zeit in der naturwissenschaftlichen Weltdeutung und der technischen Weltveränderung. Weil dem so ist, wird der Umstand, daß die daran geknüpften Fortschrittserwartungen heute problematisch geworden sind, als grundsätzlicher Sinnverlust erfahren — hier liegt einer der wesentlichen Gründe für die vielberufene Orientierungskrise der Gegenwart.

Als kreative, schöpferische Leistung steht die Technik auf derselben Ebene wie das künstlerische Schaffen. Wie Thomas Mann im *Zauberberg* und in *Doktor Faustus* in literarischer Form dargestellt hat, geht der schöpferische Mensch, der Künstler immer einen Pakt mit dem Teufel ein; in seiner Kreativität hat er teil am Reich der Dämonen. Dieselbe dämonische Kraft wirkt auch in der Technik. Es liegt im Wesen aller Kreativität, daß sie Neues, vorher nie Dagewesenes schafft, dadurch aber auch den überlieferten Halt und die vorgegebenen Ordnungen zerstört.

Gewiß ist es in der Alltagspraxis sinnvoll und notwendig, sich angesichts der konkreten Aufgaben auf das Naheliegende zu konzentrieren. Dementsprechend sind hier und jetzt beim Umgang mit der Technik vernünftige Überlegungen, Güterabwägungen, Technikfolgenabschätzungen und öffentliche Diskussionen über Technikbewertungsprozesse gefordert, um im Rahmen des Menschenmöglichen zu »vernünftigen« Lösungen zu kommen.[181]

Doch dem aufmerksamen Beobachter kann nicht verborgen bleiben, daß es sich gerade bei der Technisierung um einen übergreifenden historischen Prozeß handelt, der sich — scheinbar — unabhängig vom Wünschen, Wollen und Tun der Individuen durchsetzt. Vergleichbare übergeordnete Prozesse sind Säkularisierung, Aufklärung, Demokratisierung, Chancengleichheit, Emanzipation — und neuerdings insbesondere im ehemaligen Ostblock und in der ehemaligen Sowjetunion das Wiedererwachen des Nationalismus. Betrachtet man die Technikentwicklung in dieser Perspektive, so erscheint sie als ein überpersönliches, globales Geschehen, als ein historischer Prozeß, in dem die Menschheit zugleich Subjekt und Objekt ist. Dieser Prozeß wird von kollektiven Mentalitäten getragen, und zur Tiefenstruktur dieser Mentalitäten gehört das mythische Bild der Technik.[182]

8. Probleme und Alternativen

Die Kritische Theorie

Die Technikdiskussion in der Bundesrepublik hat durch die von verschiedenen Vertretern der Frankfurter Schule der Sozialphilosophie vorgebrachte, zusammenfassend als Kritische Theorie bezeichnete Gesellschaftskritik wesentliche Impulse erfahren. Diese Kritik hat — auch im Zusammenhang mit der Studentenbewegung von 1968 — mit dazu beigetragen, daß die Probleme der modernen Wissenschaft und Technik über den vergleichsweise engen Kreis von fachlich Interessierten hinaus in die breitere, politische Öffentlichkeit getragen wurden, wobei dieses Interesse — mit der Schwerpunktverlagerung von der Gesellschaftskritik zur Ökologie — bis heute andauert.

Während es bei den oben, im Rahmen der Technokratiediskussion behandelten Thesen in erster Linie um eine nüchterne Bestandsaufnahme der gesellschaftlichen Organisationsstrukturen und Funktionsbeziehungen geht, steht nunmehr ausdrücklich die Kritik im Vordergrund. Die Kritische Theorie zielt primär nicht auf das Verständnis von Wirkungszusammenhängen, sondern auf den Nachweis von Defiziten, nicht auf die Erklärung des Bestehenden, sondern auf das Schaffen einer besseren, menschlicheren Welt. Dieser Gegensatz zwischen engagierter, normativ-philosophischer Kritik und distanzierter, systemtheoretisch-soziologischer Beschreibung kommt in modifizierter Form auch in der Kontroverse zwischen Habermas und Luhmann wieder zur Geltung.[183]

Die kategorialen und erkenntnistheoretischen Tiefenstrukturen des Disputs sind in dem sogenannten Positivismusstreit zwischen den Vertretern der Kritischen Theorie und des Kritischen Rationalismus angesprochen worden.[184] Adorno und Horkheimer wenden sich gegen das blinde, unkritische, wissenschaftsgläubige Hinneh-

149

men empirischer Daten, die in Wirklichkeit auf einer stets interesse-
bedingten Abstraktion von der alles bestimmenden gesellschaftlichen Totalität beruhen. Popper und Albert insistieren dagegen auf
Detailuntersuchungen, klaren Unterscheidungen — wie der zwischen Werturteilen und Tatsachenbehauptungen —, auf logischen
Schlußfolgerungen und auf der Revidierbarkeit von Theorien angesichts neuer Tatsachen.

Dieser Disput wurde — wie könnte es anders sein! — nicht explizit gelöst. Doch aus dem Umstand, daß die Kontroverse heute praktisch nicht mehr thematisiert wird, darf man wohl folgern, es bestehe
(unbeschadet nach wie vor fortbestehender unterschiedlicher Ak-
zentsetzungen) Einhelligkeit darüber, daß jede konkrete wissenschaftliche Forschung einerseits an ein bestimmtes, kritisch zu re-
flektierendes Erkenntnisinteresse gebunden ist, andererseits aber
darauf abzielt, empirische Phänomene zu erfassen, die nicht allein
durch den kognitiven Zugriff des Forschers »geschaffen« werden.[185]

Der allgemeine Erkenntnisgewinn aus dieser Kontroverse besteht
in der Einsicht, daß es erstens keine schlechthin verbindlichen, allein
von der Sache her vorgeschriebenen Begriffe, Fragestellungen,
Grundannahmen und heuristischen Forschungsansätze gibt. Jed-
wedes Erkennen ist an eine bestimmte Forschungsperspektive gebunden, so daß Vergleiche — genau besehen — nur dann möglich und
sinnvoll sind, wenn man sich zuvor auf eine gemeinsame Fragestel-
lung, verallgemeinert: auf einen gemeinsamen theoretischen Zugang, auf bestimmte erkenntisleitende Paradigmata, geeinigt hat.
Darüber hinaus gilt aber zweitens auch, daß innerhalb eines derart
definierten Forschungskontextes in allen Realwissenschaften die so
gestellten Fragen nur durch empirische Untersuchungen beantwortet werden können.

Der vielberufene Gegensatz zwischen denjenigen Gesellschafts-
wissenschaftlern, die eigentlich Philosophen sind, weil sie sozialwis-
senschaftliche Fragen quasi apriorisch behandeln, einerseits und den
Daten sammelnden Empirikern andererseits wird auf diese Weise
grundsätzlich aufgelöst: Die beiden hier idealtypisch einander ge-
genübergestellten Positionen stehen gar nicht in einem Ausschlie-
ßungs-, sondern in einem Ergänzungsverhältnis. Weder der Theoretiker noch der Empiriker können — genau besehen — ohne den

anderen bestehen. Im Normalfall wird denn auch die erforderliche Synthese durch Personalunion geleistet, denn bis zu einem gewissen Grad muß jeder Forscher zugleich Theoretiker und Empiriker sein.

Den systematischen Anknüpfungspunkt für die Kritische Theorie bildet neben Hegel die von Marx in den *Ökonomisch-philosophischen Manuskripten* entwickelte Entfremdungstheorie mit ihrer Kritik an der industriellen, kapitalistischen Produktionsweise.[186] Wichtig, ja entscheidend ist dabei die grundlegende Denkfigur von der aufzuhebenden Entfremdung.[187] Es wird von dem Bild eines erfüllten, nicht entfremdeten Zustandes ausgegangen, der das ausgesprochene oder unausgesprochene Ideal für die Beurteilung der jeweils tatsächlich vorliegenden Verhältnisse liefert. Nur von einem solchen Idealmaß her ist es begriffslogisch möglich und immanent sinnvoll, eine Entfremdung festzustellen und für ihre Aufhebung einzutreten. Ideengeschichtlich wurzelt der Entfremdungsbegriff in der christlichen Vorstellung eines in Gott erfüllten Lebens, wobei aber im religiösen Verständnis stets auch das Fragmentarische des irdischen Daseins, das Zurückbleiben gegenüber der erst im Jenseits erreichbaren Vollkommenheit mitgedacht wird. Hinter der technikkritischen These, daß die moderne Technik den einzelnen und die Gesellschaft von ihrem eigenen Wesen (in Hegels Terminologie: von ihrem Begriff) entfremdet, steht also — wenn auch meist nicht explizit — ein bestimmtes Idealbild des erfüllten individuellen Daseins und der vollkommenen, menschlichen Gesellschaft.

Im konkreten Fall wird man dabei auf die schwierige, letzten Endes nur spekulativ oder geschichtsmetaphysisch zu beantwortende Frage geführt, wieviel an der gegenwärtig konstatierten Entfremdung wirklich durch die moderne Technik — und darüber hinaus durch den modernen Lebensstil, d. h. Säkularisierung, Demokratisierung, Pluralismus etc. — bedingt ist und wieviel der zu allen Zeiten unvollkommenen, fragmentarischen menschlichen Existenzsituation anzulasten ist, der stets die ungetrübte göttliche Fülle und Vollkommenheit versagt bleibt.

In diesem Zusammenhang ist eine eigentümliche Verschiebung in der Wahrnehmung der jeweiligen Situation festzustellen: Bis zur Industriellen Revolution war man — bestärkt durch die Theologie — geneigt, die grundsätzliche Unvollkommenheit der menschlichen Lebensverhältnisse, ihr Zurückbleiben gegenüber dem Ideal einer vollkommenen Erfüllung, als unabänderlich hinzunehmen. Die Moderne stellt dagegen weit höhere Ansprüche, gemäß Heines Vers: »Wir wollen uns das Himmelreich auf Erden schon erwerben«. Aus dieser Perspektive erscheinen dann die Leistungen der Technik, wie die Beseitigung von Epidemien, von Hungersnöten und der Fron schwerer körperlicher Arbeit, die in früheren Jahrhunderten dankbar begrüßt worden wären, als mehr oder weniger selbstverständlich, während man die verbleibenden oder neu geschaffenen Mißstände »überproportional« wahrnimmt. Es liegt offensichtlich in der menschlichen Natur, daß die erzielten Erfolge noch höhere Erwartungen wecken und daß sich die Aufmerksamkeit nicht auf das Erreichte richtet, sondern auf das noch Ausstehende, dessen Verwirklichung man von der Zukunft erhofft.

Klassisch geworden ist in diesem Zusammenhang die 1967 von Horkheimer (zuerst im amerikanischen Exil) publizierte Abhandlung *Zur Kritik der instrumentellen Vernunft.*[188] Die Kernthese besagt, das Charakteristikum unserer Zeit sei die totale Perfektionierung der wissenschaftlich-technischen Mittel bei gleichzeitigem Verlust objektiv verbindlicher und rationaler Zielsetzungen; die Rationalität sei aus einem inhaltlich orientierten Vermögen zu einem beliebig einsetzbaren — und im instrumentellen Sinne hoch vervollkommneten — Mittel für beliebige Zwecke geworden. Demgegenüber fordert Horkheimer die Wiedergewinnung der Vernunft als normativer Instanz zur Lebensorientierung für den einzelnen und für die Gesellschaft.

Tatsächlich betrifft diese Kritik, die sich mit guten Gründen auf Naturwissenschaft, Technik und kapitalistische Produktionsweise als den treibenden Kräften unserer Zeit richtet, darüber hinaus noch mehr, nämlich die gesamte moderne Welt mit ihrer Dynamik und ihrer Offenheit. Denn es ist gerade die konsequent fortgesetzte Aufklärung, die uns zusammen mit der Befreiung von der Vorherrschaft der Tradition schließlich auch den von Horkheimer beklagten Wertrelativismus beschert hat.

In Fortsetzung der Ideen Horkheimers soll diese normative Beliebigkeit heute nach Apel und Habermas durch einen »herrschaftsfreien Diskurs« überwunden werden. Doch mit dem Konzept des rationalen Diskurses wird eigentlich der Anspruch auf eine inhaltlich bestimmte Vernunft zugunsten der Verfahrensweise, der formalen Methodik aufgegeben. Die inhaltliche Vernunft tritt nur mehr meta-theoretisch auf als die (stillschweigende) Prämisse, daß das so gewonnene Resultat auch im materialen Sinne vernünftig sein werde. Dies ist die Hoffnung, der wir vertrauen müssen, nachdem wir mit dem Verlust einer verbindlichen Tradition den Weg der Freiheit, der Offenheit und des Pluralismus beschritten haben.[189]

Herbert Marcuses 1967 (ebenfalls zuerst im amerikanischen Exil) erschienenes Buch *Der eindimensionale Mensch*[190] hat seinerzeit große Beachtung gefunden und – zusammen mit den Schriften von Horkheimer, Adorno und Habermas – wesentliche theoretische Grundlagen für die 68er Studentenbewegung geliefert. Marcuse formuliert eine an der Situation in den USA orientierte grundsätzliche Kritik des allgemeinen Bewußtseins in den fortgeschrittenen Industriegesellschaften – wobei die amerikanischen Verhältnisse insofern paradigmatisch sind, als sie erfahrungsgemäß mit einiger Verzögerung dann auch in den übrigen Industrienationen eintreten. Marcuse weist schonungslos Mißstände auf wie Verschwendungssucht, soziale Ausbeutung und die apokalyptische Perfektion der Rüstung. Er kommt zu dem Ergebnis, daß eine Gesellschaft, in der trotz aller immanent-technischen Effizienz ein so krasses Mißverhältnis zwischen der konkreten Lebenswirklichkeit und den gegebenen technischen Möglichkeiten besteht, nur als irrational bezeichnet werden kann.

In diesen Kontext gehört auch die stärker erkenntnistheoretisch ausgerichtete Abhandlung *Technik und Wissenschaft als »Ideologie«* von Habermas (1968), der die Analysen von Ellul, Schelsky und Marcuse aufgreift und fortentwickelt.[191] Seine These lautet, daß in der modernen Industriegesellschaft die durch Wissenschaft und Technik gesetzten (vermeintlichen) Sachzwänge an die Stelle demokratisch-politischer Entscheidungen treten; das Resultat sei eine Entmündigung, weil technische Gegebenheiten die unzulässige, »ideologische« Rechtfertigungsinstanz für objektiv überfällige Herrschaftsverhältnisse bilden. Marcuse und Habermas fordern eine systematische Aufklärung, die die Betroffenen aus ihrer unreflektierten und unkritischen Haltung aufrütteln, ihnen ihre wirklichen Interessen vor Augen führen und ihr »wahres Bewußtsein« wecken soll. Bezüglich des praktischen politischen Vorgehens kommen sie jedoch zu unterschiedlichen Ergebnissen. Marcuse plädiert für revolutionäre Maßnahmen; Habermas postuliert dagegen eine Umorientierung auf andere Wertmaßstäbe, die zu einem von Herrschaft und Leistungsdenken befreiten, erfüllten Dasein führen.

Allgemeine Wissenschafts- und Rationalitätskritik

Unsere Zeit hat ein gebrochenes Verhältnis zur wissenschaftlichen Forschung und technischen Entwicklung. Einerseits fordert man, etwa auf dem Gebiet der Medizin und der Energieversorgung, »Durchbrüche«, d. h. grundsätzliche Schritte nach vorn. Und doch ist andererseits ein allgemeines Unbehagen, ja eine grundsätzliche Kritik an Wissenschaft und Technik festzustellen. Sofern diese kritische Haltung sprachlichen Ausdruck findet, lassen sich — obwohl sie der Sache nach zusammengehören — in analytischer Differenzierung verschiedene Aspekte unterscheiden. In erster Linie geht es um das bereits angesprochene Problem der *Entfremdung* von einem im eigentlichen Sinne des Wortes »menschlichen« Dasein. Daneben gibt es aber auch eine spezifische Kritik, von der in diesem Abschnitt die Rede sein soll. Sie zielt auf die *Steuerung und Kontrolle* von Wissenschaft und Technik; oder sie gilt den *erkenntnistheoretischen und methodischen Prinzipien* der wissenschaftlichen Verfahrensweisen — und damit auch der *Rationalität* überhaupt.

Wenden wir uns der ersten Frage zu. Die Entstehung und Entwicklung der Technik läßt sich beschreiben als ein gesellschaftliches Handeln, das innerhalb ganz bestimmter organisatorischer und institutioneller Rahmenbedingungen erfolgt. Bezüglich einer *Steuerung und Kontrolle* dieses Prozesses stellen sich eine Fülle von Fragen: Wie wirken die verschiedenen gesellschaftlichen Institutionen bzw. Systeme (Universitäten und Forschungseinrichtungen, Politik, Ökonomie, Rechtssystem, Medien) zusammen? Wo gibt es Einfluß- und Steuerungsmöglichkeiten? Wie können getroffene Entscheidungen durchgesetzt werden? Welche Resultate wären jeweils von ganz bestimmten Maßnahmen zu erwarten? Vor allem aber muß in einer demokratischen Gesellschaft geklärt werden, kraft welcher Legitimation welche Entscheidungsträger jeweils bestimmte Prioritäten setzen dürfen und welcher Art diese Wertentscheidungen im einzelnen sind.

Angesichts der vielfältigen, vernetzten Interdependenzen lassen sich diese Fragen natürlich immer nur anhand vereinfachender Modellvorstellungen beantworten, die dann ihrerseits schrittweise verbessert werden können. Allerdings darf man von solchen Modellen nicht zuviel erwarten. Das westliche, demokratische, marktwirtschaftlich-kapitalistische System hat sich gerade deshalb als flexibel und effizient erwiesen, weil es *nicht* nach einer durchschaubaren, einheitlichen, allumfassenden Konzeption aufgebaut ist, sondern dem Pluralismus Rechnung trägt und dem situationsbezogenen freien Wechselspiel der Kräfte Raum gibt. Zugespitzt formuliert: Offenheit, Vielfalt und Undurchschaubarkeit sind der Preis für Freiheit und Effizienz.

In diesen Zusammenhang gehört auch die — seinerzeit gelegentlich mit polemisch-politischen Untertönen geführte — Diskussion über die eine *Finalisierung der Wissenschaft*, d. h. über die mögliche Ausrichtung der wissenschaftlichen Forschung auf politisch vorgegebene Ziele.[192] Die Frage lautet, ob bzw. auf welche Weise man theoretisch-begrifflich und praktisch-politisch zwischen wissenschaftsimmanenten, kognitiven, disziplinspezifischen, methodischen Gesichtspunkten (Erklärungs- und Systematisierungsleistung und heuristische Kraft von Theorien) einerseits und wissenschaftsexternen, politischen, sozialen und institutionellen Vorgaben und Zielsetzungen (Auswahl der Forscher, Finanzierung, Zielvorgabe etc.) andererseits unterscheiden kann.

Die Situation wird dadurch kompliziert, daß gerade bei modernen Großprojekten, wie etwa Kernkraftwerken, die jeweils thematisierten wissenschaftlich-technischen Probleme — nicht aber die Lösungen, die dann gefunden werden — erklärtermaßen von externen politischen und ökonomischen Vorgaben abhängen. Hier zeigt sich, daß keineswegs immer eine eindeutige Trennung zwischen rein wissenschaftlich bestimmter theoretischer Erkenntnisgewinnung und praktischer, politisch oder ökonomisch bestimmter Anwendungsorientierung möglich ist.

Der Rückblick auf die Geschichte zeigt jedoch, daß alle Versuche zu einer direkten »ideologischen« Einflußnahme auf die *Resultate* der Fachwissenschaften zum Scheitern verurteilt waren. Das macht der Konflikt zwischen Galilei und der katholischen Kirche ebenso deutlich wie die von Stalin favorisierten Thesen des sowjetischen Genetikers Lyssenko oder die absurden Versuche zur Etablierung einer Deutschen Physik zwischen 1933 und 1945.

In diesem Kontext wird die Rolle der Fachleute bzw. der Experten kontrovers diskutiert, wobei die erhobenen Forderungen nicht immer konsistent sind. Die Experten sollen sachkundig, zuverlässig und in höchstem Maße kompetent sein. Sie sollen sich aber gleichzeitig nicht vom Alltagsverständnis entfernen und keine »privilegierte« Stellung innehaben. Richtig ist, daß die aus Gründen einer effizienten Arbeitsteilung und Funktionsdifferenzierung unerläßliche Fachsprache auf das unbedingt notwendige Minimum beschränkt bleiben sollte; oft kommt man auch mit einfachen Worten aus – die Differenz zwischen dem Alltagsverständnis und dem Expertenwissen ist ohnehin groß genug. Daß hier elementare Mißverständnisse auftreten können, zeigen Formulierungen wie »der Computer hat festgestellt, daß ...«, während doch in Wirklichkeit gar nicht das physische Geschehen des Rechenvorgangs, sondern die Formulierung des Programms und die Ermittlung der Eingangsdaten die entscheidende kreative, intellektuelle Leistung darstellen.

Das reibungslose und zuverlässige Funktionieren unserer hochdifferenzierten Industriegesellschaft wäre ohne verläßliche und kompetente Experten gar nicht denkbar. Ein ersprießliches Miteinander ist nur möglich, wenn wir dem Lokomotivführer, dem Arzt, dem Naturwissenschaftler und dem Ingenieur vertrauen können und wenn diese ihrerseits unser Vertrauen verdienen, d. h. wenn sie die Macht, die ihnen kraft ihrer Stellung zuwächst, nicht mißbrauchen.[193]

Bei der Wissenschafts- und Technikkritik ist es jedoch unangebracht, allein den Wissenschaftlern und Ingenieuren die Schuld für alle Übel unserer Zeit zuzuschreiben. Sie sind gewiß fehlbar – wie andere Menschen auch –, und sie stehen tatsächlich als Experten am Anfang einer bestimmten technischen Entwicklung. Deshalb liegt es nahe, daß man sie gleichsam haftbar macht. Weil das Zusammenwirken der verschiedenen Kompetenzen und Entscheidungen im einzelnen gar nicht durchschaubar ist, hält man sich an diejenigen, die im »Drama« als die ersten Personen auftreten und die deshalb — so die Schlußfolgerung — für alles folgende verantwortlich sein müssen. Aber sind nicht die Manager, die Banker, die Politiker, die Vertreter der Medien und — last not least — die Konsumenten ebenso »mitschuldig«? Hier muß je aufs neue die richtige Balance gefunden werden.

Wer forscht und entwickelt, bleibt, auch wenn er in einem übergeordneten Handlungskontext eine bestimmte Funktion wahrzunehmen hat, eine moralisch und juristisch verantwortliche Person: Er soll verantwortlich handeln. Doch er kann, ja er darf nicht die ganze Last der Welt tragen. Wenn man wirklich den Experten in jeder Hinsicht die maßgebliche Entscheidung zubilligen wollte, würde das zu einer demokratisch nicht legitimierten »Expertokratie« führen, die niemand wollen kann. Anders liegen die Dinge, wenn es um den Spezialfall der Erschließung völlig neuer Forschungs- und Anwendungsgebiete geht, etwa im Bereich der Medizin oder der Gentechnik. Dann sind es tatsächlich die Fachleute, die bestimmte Türen öffnen — und zwar ohne genau zu wissen, welche Räume damit betreten werden!

Zur zweiten Frage. Die Rolle der Experten ist ein Thema, das auch von Paul Feyerabend in seiner geistvollen, provozierenden (und vielleicht nicht immer ganz ernstgemeinten) Kritik an den *erkenntnistheoretischen und methodologischen Prämissen* der Wissenschaft aufgegriffen wird.[194] Seine These lautet, daß nicht das schematische Befolgen von Regeln und das Festhalten an überkommenen Vorstellungen die Wissenschaft vorangebracht hat, sondern gerade das eigenständige, kreative Denken, das sich an keine Konventionen hält und eben dadurch zu neuen Ufern aufbricht. In diesem Zusammenhang seien die sozial engagierten, nicht verbildeten Laien mit ihrem unbefangenen Blick und ihrem gesunden Menschenverstand den vermeintlich so kompetenten Fachleuten grundsätzlich überlegen.

Je nach intellektuellem Temperament und individueller Akzentsetzung kann man in diesen Thesen ganz neue, befreiende Einsichten sehen oder aber den Kampf Don Quichottes gegen Windmühlenflügel. Wer glaubte, sich in der Wissenschaft an starre Regeln halten zu müssen und gar auf effiziente methodische Anweisungen für kreatives Denken vertraute, wird dankbar sein für die Aufklärung darüber, daß er in Wirklichkeit frei ist, d. h. daß er selbst denken *kann* — und selbst denken *muß*, wenn er wirklich kreativ sein will. Wer dagegen ohnehin wußte, daß es keine Verfahrensregeln für geniales, kreatives Denken gibt und daß die eigentlich schöpferische Leistung im Durchbrechen tradierter Vorstellungen liegt, erfährt nichts Neues.

Grundsätzlich sind hier beide Positionen berechtigt: Ohne intellektuelle Disziplin, ohne ein hinreichend ausformuliertes und innerhalb des jeweiligen Kontextes durchgehaltenes theoretisches Bezugssystem, ohne eindeutige Vorgaben und klare Fragestellungen sind keine systematischen Erkenntnisse und keine erfolgreichen technischen Konstuktionen möglich. Wird ein einmal gewählter theoretischer oder praktischer Bezugsrahmen aber absolut gesetzt, so erweist er sich als Fessel, weil von vornherein jede Erkenntnis unterbunden wird, die über den dadurch vorgezeichneten Horizont hinausgeht. Hier gilt die ironisch-resignative Bemerkung von Valéry, der Mensch müsse zwei Dinge fürchten: die Ordnung und die Unordnung.

Von einem weiten Bildungshorizont aus setzt sich Florman mit der *romantisch-existentialistischen* Technikkritik auseinander, wie sie insbesondere in der amerikanischen Hippie- und Gegenkulturbewegung formuliert wurde. [195] Florman zeigt, daß die Tätigkeit des Ingenieurs elementaren menschlichen Impulsen entspringt, daß sie fest in unserer kulturellen Tradition verankert ist und daß es falsch wäre, ausschließlich die Technik für alle sozialen, politischen und kulturellen Übel unserer Zeit verantwortlich zu machen.

Eine besondere Form der Technikkritik, die zugleich eine Kritik der patriarchalischen Kultur ist, wird von *feministischer* Seite formuliert. Die These lautet: Das männliche Prinzip beschränkt sich auf Sachlichkeit, Verdinglichung, Maschinenhaftigkeit, Gefühlsverbot, Macht und Herrschaft; das weibliche Prinzip ist dagegen offen für Gefühl, Lebensnähe, Spontaneität, Mitgefühl und Anteilnahme. Der männliche Typ müsse sich zum weiblichen Typ hin entwickeln, was dann auch zu einer anderen Technik führen werde. [196] Korrekturen der Technikentwicklung in diesem Sinne sind notwendig und sinnvoll; doch es ist schwer vorstellbar, wie unter Beibehaltung des gegenwärtigen Leistungsstandes eine grundsätzliche Änderung möglich sein sollte.

Um einen anderen Aspekt geht es in der Kritik von Commoner. [197]

Er sieht in der *analytischen Methode*, die sich unter Ausblendung aller anderen Aspekte und übergeordneten Zusammenhänge nur auf ganz bestimmte, theoretisch-begrifflich und experimentell-technisch aus dem ganzheitlichen Geschehen isolierte Phänomene konzentriert, die Wurzel allen Übels — und insbesondere der ökologischen Probleme. Tatsächlich beruht die immanente Leistungsfähigkeit der modernen Naturwissenschaft und Technik darauf, daß man sich jeweils auf spezifische, wohldefinierte Zusammenhänge zwischen entsprechenden Variablen konzentriert, so daß der Verzicht auf übergeordnete Fragestellungen methodisch geradezu als Tugend erscheint. Doch diese Methode schließt keineswegs aus, daß man den Kontext erweitert und schrittweise auch darüber hinausgehende Phänomene in Betracht zieht — bis hin zum Universum insgesamt. Ein Beispiel dafür ist die (am Vorbild der biologischen Ökologie orientierte) Etablierung der Umweltökologie als eines eigenständigen Fachgebietes.

Die sektorale Perspektive ist das Ergebnis der zunehmenden wissenschaftlichen Differenzierung. Noch zu Beginn des 19. Jahrhunderts finden wir — etwa in Gestalt der Romantischen Naturphilosophie, in Goethes Anschauung der schaffenden Natur oder in A. von Humboldts *Entwurf einer physischen Weltbeschreibung* — jeweils unterschiedlich akzentuierte Konzeptionen, die von den sichtbaren Phänomenen her die *gesamte* Natur in den Blick nehmen. Doch es ist kein Zufall, daß Goethe sich geweigert hat, durch ein Mikroskop zu blicken, weil er darin das mechanische, analytische Naturverständnis Newtons repräsentiert sah. Wissenschaft und Technik sind inzwischen mit großem — viele Kritiker sagen mit zu großem — immanentem Erfolg einen anderen Weg gegangen. Wir haben uns — kollektiv — für die theoretische Beschreibbarkeit der Natur und für die Möglichkeit ihrer technischen Indienstnahme entschieden und zahlen dafür mit dem Preis ihrer »Zerstückelung«. Ebenso wie auf anderen Gebieten läßt sich auch hier das Rad der Geschichte nicht einfach zurückdrehen. Das zur Bewältigung der Ökologieprobleme notwendige ganzheitliche Verständnis der Naturzusammenhänge können wir heute nicht durch unmittelbare, intuitive Einfühlung zurückgewinnen, sondern nur auf dem Umweg über die Theorie.

Die positive Funktion von Kritik, Dissens und Streit der Meinungen ist offenkundig. Nur auf diese Weise können Unzulänglichkeiten und Fehler aufgedeckt und neue Lösungen gefunden werden. Auch wissenschaftliche Methoden und Theorien, ja die Rationalität selbst sind von dieser Kritik nicht ausgenommen. Doch bei alledem muß *metatheoretisch*, als diejenige Instanz, in deren Namen kritisiert wird, und als das Ziel, auf das hin die Dinge zu verbessern sind, doch wieder die Vernunft vorausgesetzt werden. Sie ist die stillschweigende Prämisse jeder argumentativ entfalteten Kritik. Eine darüber hinausgehende, wirklich grundlegende Kritik der Vernunft (die ja auch ein Widerspruch in sich wäre) würde die Fundamente unserer modernen Welt in Frage stellen und die Tradition der Aufklärung ebenso negieren wie jedes stimmige Denken überhaupt.[198]

Es ist gewiß heilsam, sich die Grenzen der Vernunft, die Nachteile der Demokratie, die Konsequenzen der Aufklärung und die negativen Auswirkungen der Technik vor Augen zu führen. Doch man muß sich auch fragen, worin die geforderte Abhilfe bestehen soll. In unserer intellektuellen und politischen Kultur, in der Struktur unserer Institutionen und Organisationen, aber auch in den wissenschaftlichen Theorien und in den Funktionsprinzipien der modernen Technik kommt der Vernunft eine entscheidende, unverzichtbare Bedeutung zu. Sie gehört zum Wesen der modernen Daseinsverfassung, und ihre bedingungslose Denunziation würde die Welt nicht nur kulturell und geistig ärmer, sondern letzten Endes gar nicht mehr bewohnbar machen, weil die Menschen nicht mehr ernährt werden könnten und ihr Zusammenleben auf bloße Willkür gegründet wäre. Daß die Erde heute tatsächlich unbewohnbar zu werden droht, liegt nicht an einem Zuviel, sondern an einem Zuwenig an Vernunft. Auch wenn die Differenzierungen, die hier notwendig sind, und die Art des Umdenkens, zu dem wir kommen müssen, außerhalb der bisher gängigen Denkformen liegen, so verbleiben sie doch innerhalb einer im weiteren Sinne verstandenen Rationalität, die uns als theoretisch denkende und praktisch-moralisch handelnde Wesen immer schon umfaßt.[199]

Ökologie- und Ressourcenprobleme

Jede realisierte Konstruktion, alle technischen Systeme und Prozesse beruhen auf der Umgestaltung der physischen Welt für menschliche Zwecke. Von Anfang an, von der ersten Feuerstelle bis zum Atomkraftwerk, ist technisches Handeln nur durch Eingriffe in die Natur möglich. Um existieren und sich entwickeln zu können, muß alles Lebendige starre Ordnungen sprengen und innerhalb der jeweils gegebenen Umwelt eine neue, eigene, flexible Ordnung, ein »fließendes Gleichgewicht« schaffen. [200] Bei näherem Hinsehen erweist sich selbst die vermeintlich so festgefügte Struktur der anorganischen Welt als veränderlich, denn auch die Erde, die Galaxien, ja der ganze Kosmos unterliegen einem zukunftsoffenen Werdeprozeß.

Schon die einfachsten Lebewesen erfahren Einwirkungen aus ihrer Umwelt und wirken wieder auf diese zurück. Das gilt im Prinzip für Bakterien ebenso wie für Pflanzen und Tiere. Bei höheren Tieren sind sogar Eingriffe in die Natur zu beobachten, die man wegen ihres zielgerichteten, zweckmäßigen Charakters als »technisch« bezeichnen könnte; dazu gehören die Kunstbauten der Bienenwaben, die Termitenhügel, die Vogelnester und die Biberdämme, aber auch »erlernte« Verhaltensweisen (Meisen picken den Stannioldeckel von Milchflaschen auf; Meeresvögel lassen Muscheln, die sie selbst nicht öffnen können, aus der Höhe herabfallen, so daß sie an den Steinen zerschellen). [201]

Es gibt also keine statische, ein für allemal festliegende, schlechthin natürliche Ordnung, in die der Mensch nun durch die moderne Technik eingreift. Die »natürliche« Umgebung ist in allen dichter besiedelten Gebieten immer schon eine durch die Kultur geprägte Landschaft. Deshalb kann es geschehen, daß — ähnlich wie man bei der Restaurierung von Bauwerken aus verschiedenen Stilepochen darüber streitet, welches der wiederherzustellende, eigentliche Zustand sei — Umweltschützer jeweils mit guten Gründen für den »natürlichen« Zustand eintreten, der vor dreißig oder aber vor dreihundert Jahren vorlag.

Wie bei allen anderen technischen Phänomenen läßt sich auch im Fall der Umweltzerstörung und des Ressourcenverbrauchs keine eindeutige Schwelle, kein zweifelsfreier Wendepunkt angeben, an dem die Entwicklung offenkundig ins Negative umschlägt. Daß dem so ist, zeigt ein Blick auf die gegenwärtige Situation. Wer kann heute mit absoluter Sicherheit den zulässigen Schwellenwert für eine bestimmte Umweltbelastung oder einen bestimmten Ressourcenverbrauch angeben? Doch die Unsicherheit in der *genauen* Grenzziehung darf nicht darüber hinwegtäuschen, daß *überhaupt* eine Schädlichkeitsschwelle besteht — auch wenn diese innerhalb der wissenschaftlich begründeten Schätzungen nur durch konventionelle Festlegungen präzisierbar ist.

Um alle Gefahren auszuschließen, fordert Jonas, daß man stets vom ungünstigsten Fall ausgehen müsse.[202] Das ist angesichts der weitreichenden Auswirkungen der modernen Technik grundsätzlich ein sinnvolles allgemeines Prinzip. Bei strenger und ausschließlicher Befolgung würde diese Maxime jedoch jedwede Aktivität unterbinden, so daß man schließlich doch — mit dem Blick auf den ungünstigsten Fall — in jeder konkreten Situation auf eine Güterabwägung angewiesen ist.

Die historische Rückschau zeigt denn auch, daß Umweltzerstörungen sich mindestens bis ins Mittelalter zurückverfolgen lassen.[203] Der geschichtliche Prozeß der Umweltzerstörung verläuft gleichsam untergründig. Er besteht aus einzelnen, kleinen Schritten, die sich jedoch — wenn sie alle in demselben Sinne wirken — schließlich im Lauf der Zeit zu gewaltigen Wirkungen summieren. Heute erkennen wir nun zu unserem Schrecken, in welchem Umfang dies für die Entwicklung des wissenschaftlich-technisch-industriellen Komplexes zutrifft. Das »Raumschiff Erde« erweist sich als ein fragiles Ökosystem, das auf Störungen der eingespielten Gleichgewichtszustände höchst sensibel reagiert.[204]

Noch im 19. Jahrhundert konnte man davon überzeugt sein, daß die Regenerationsfähigkeit und die vermeintlich unerschöpflichen Ressourcen der Natur das sichere, unverrückbare Fundament bilden, auf dem die hochstilisierten und deshalb stets gefährdeten kulturellen Gestaltungen ruhen — einschließlich der Technik, die ja im weiteren Sinne auch ein Element der Kultur ist. Heute müssen wir nun erkennen, daß die von uns beeinflußte und ausgebeutete Natur keineswegs unbegrenzt belastbar ist. Hier liegt ein Vergleich nahe. Adam Smith vertrat in seiner klassischen Abhandlung über den

Wohlstand der Nationen die Auffassung, daß der ökonomische Eigennutz wie durch eine »unsichtbare Hand« zu allgemeinem, gesellschaftlichem Wohlstand führen werde, daß der Egoismus letztlich stets im positiven Sinne wirke. Ganz analog wurde — und wird — der Umgang mit der Natur gesehen. Man geht stillschweigend davon aus, es werde sich schließlich doch alles zum Guten wenden.

Tatsächlich erweist sich diese Hoffnung als unbegründet. Seit der 1972 erschienenen, klassisch gewordenen Studie des Club of Rome über *Die Grenzen des Wachstums*[205] wird die öffentliche Diskussion von unterschiedlichen Szenarios, Modellvorstellungen und politischen Empfehlungen beherrscht. In Abhängigkeit von der Vormeinung, vom politischen Standpunkt und vom nationalen Interesse kommen die Beurteiler dabei jeweils zu verschiedenen Resultaten. Das kann nicht verwundern, wenn man sich klarmacht, daß hier immer auch Interessengegensätze im Spiel sind, die naturgemäß die Problemwahrnehmung mitbestimmen — wobei gleichwohl die regulativ verstandene Idee der Wahrheit für alle Beteiligten die letzte Bezugsinstanz bilden muß. Solche legitimen Interessengegensätze, die nur auf dem Felde der Politik gelöst werden können, sind etwa die zwischen den heute Lebenden und den kommenden Generationen, zwischen den Belangen der Entwicklungsländer und denen der Industrienationen oder — in abgemilderter Form — zwischen dem individuellen Anrecht auf eine unbeschädigte Umwelt und dem kollektiven Anrecht auf öffentliche Einrichtungen.

Die vielfältigen Interessengegensätze und die fehlenden Detailkenntnisse über die Auswirkungen der Umweltbelastung ändern jedoch nichts an der grundsätzlichen Situation, die für jeden, der sehen will, offenkundig ist. In der Tat sind die globalen Warnzeichen überdeutlich. Die Verschmutzung der Nordsee und die drohenden Klimaveränderungen lassen sich ebensowenig ignorieren wie der Verbrauch an nicht regenerierbaren Ressourcen, die Belastung des Grundwassers und die Anhäufung von Sondermüll. Wegen der weitreichenden Auswirkungen und des internationalen ökonomischen Konkurrenzkampfes sind alle diese Probleme letztlich nur in weltweiter Abstimmung lösbar.

Das entscheidende Hindernis ist die faktische und moralische »Nahwahrnehmung«, die für das Verhalten in Kleingruppen mit einer handwerklich geprägten Technik angemessen war. Doch die moderne industrielle Technik und die Summierung der Verursachungsbeiträge führen unweigerlich zu globalen Problemen. Deshalb muß der eng begrenzte Horizont der unmittelbaren Anschauung und des moralischen Engagements durch die theoretisch vermittelte Einsicht in übergeordnete Zusammenhänge erweitert werden.

In diesem Zusammenhang wird oft vom Gegensatz zwischen Ökonomie und Ökologie gesprochen.[206] Unser gegenwärtiges Wirtschaften, d. h. unser durch die derzeit herrschenden ökonomischen Präferenzen bestimmter Umgang mit den Produktionsfaktoren, entspricht keineswegs den Belangen des Umweltschutzes, denn die Schonung der Umwelt und der natürlichen Ressourcen treten im ökonomischen Kalkül gar nicht auf.

Doch es gibt auch ein allgemeineres, offeneres, formal — und nicht konkret-inhaltlich — definiertes Verständnis des wirtschaftlichen Handelns. Diese offene Sicht ist für die Disziplin der Wirtschaftswissenschaften charakteristisch, in der es um die Theorie des möglichst sparsamen, günstigsten Umgangs mit den jeweils vorhandenen Mitteln geht, d. h. um die bei den gegebenen Randbedingungen und Zielvorstellungen optimale Ressourcenallokation. In dieser Deutung stellen die Wirtschaftswissenschaften einen universellen Kalkül dar, der — ebenso wie die Mathematik — zur Erreichung beliebiger Ziele eingesetzt werden kann. Innerhalb dieses Kalküls kommt es dann nur auf die durch die Variablen markierten Leerstellen an, die in Abhängigkeit von den gesetzten Prioritäten ganz unterschiedliche numerische Ausprägungen annehmen können. Dies bedeutet, daß es innerhalb einer Wirtschaftlichkeitsberechnung sehr wohl denkbar ist, dem Umweltschutz und der Ressourcenschonung hohe Priorität einzuräumen.

Durch geeignete politische Vorgaben wäre es durchaus möglich, innerhalb des marktwirtschaftlich-kapitalistischen Systems einen bestimmten Anteil des Bruttosozialprodukts statt in den Konsum in den Umweltschutz zu lenken. Entscheidend ist dafür der politische Wille des Souveräns, d. h. letzten Endes das Votum der wahlberechtigten Bürger, die aber — und da liegt das Problem — zugleich Konsumenten mit hohen Wohlstandserwartungen sind. Unser Wirtschaftssystem ist vom theoretischen Ansatz und von den konkreten

Strukturen her flexibel genug, um sich einer entsprechenden Umorientierung anpassen zu können — wenn sie denn gewünscht wird.

Eigene, konkrete Erfahrungen sind stets realer und überzeugender als abstrakte, theoretische Belehrungen, die ihrer Natur nach unwirklich und unverbindlich bleiben. Doch gerade an solchen konkreten Erfahrungen, die dann auch zu einem entsprechenden »Unrechtsbewußtsein« führen, fehlt es auf dem Gebiet der Ökologie. Der individuelle Beitrag erscheint — weil er für sich allein genommen in der Tat geringfügig ist — als eigentlich belanglos. Wegen der großen Zahl der Verursacher, d. h. wegen der Bevölkerungsexplosion, stellen diese Einzelbeiträge eine unsichtbare und ungreifbare, aber in ihrer Gesamtheit höchst reale Bedrohung dar.

Während man auf konkrete negative Erfahrungen sofort reagiert, steht zu befürchten, daß die kollektive Reaktion der Menschheit in Gestalt der erforderlichen wirtschaftspolitischen Umorientierung womöglich erst erfolgen wird, wenn die Schädigungen — wie etwa im Fall von Smogbelastungen — wirklich unerträglich sind. Dabei mag sich der einzelne ebenso wie die verschiedenen Gruppen und Nationen der trügerischen Hoffnung hingeben, daß es möglich sein könnte, die unerwünschten Resultate auf die anderen zu lenken — ein Unterfangen, das angesichts des globalen Charakters der tatsächlichen Probleme letzten Endes scheitern muß.

Abhilfe könnte hier ein in Analogie zu Rousseaus Sozialvertrag konzipierter neuer, ökologischer Gesellschaftsvertrag schaffen[207], der wirken müßte, ehe weiterreichende, irreversible Folgen eintreten: Geboten ist ein Konsens der ökologischen Vernunft, durch den wir uns gleichsam vor uns selbst, vor den zerstörerischen Auswirkungen eines kurzsichtigen, egoistischen Handelns schützen. Es geht um eine selbstgewählte kollektive Verpflichtung, bei der der einzelne nur sich selbst gehorcht und dabei doch frei bleibt, weil er sich keiner fremden, äußeren Gewalt unterwirft. In diesem Zusammenhang kommt dann der sinnvoll eingesetzten Technikbewertungsdiskussion eine wichtige Aufklärungsfunktion zu.[208]

Alternative Technik

Bei der Diskussion über die Technik stehen heute die unerwünschten Nebeneffekte, die negativen Auswirkungen und die unverkennbaren Gefährdungspotentiale im Vordergrund des Interesses. Die positiven Leistungen, um derentwillen der »technische Fortschritt« erstrebt wird, treten dagegen in den Hintergrund, sie werden als selbstverständlich hingenommen. Es wäre jedoch verfehlt, diese Disproportionalität in der Wahrnehmung mit dem zynischen journalistischen Diktum »Bad news is good news« abzutun. Dies aus zwei Gründen: Erstens sind die negativen Auswirkungen höchst real und äußerst schwerwiegend; eine Fortsetzung der bisherigen Verhaltensweise muß — insbesondere in Sachen Ökologie und Ressourcenverbrauch — zu katastrophalen Folgen führen. Zweitens wird sich hier eine Wendung zum Besseren nicht von selbst einstellen. Es bedarf der öffentlichen Diskussion, um die tatsächliche Sachlage und die gegenwärtigen Trends deutlich zu machen und um einen möglichst weitreichenden Konsens über das gebotene künftige Vorgehen zu erzielen. Hierbei haben die Forderungen nach einer alternativen Technik eine produktive, ja eine geradezu notwendige Funktion, weil sie auf die Möglichkeit und Wünschbarkeit anderer Verhältnisse hinweisen. Alle apriorischen Urteile, in denen eine alternative Technik entweder als alleinseligmachend oder aber als schlechthin absurd bezeichnet wird, sind völlig unangebracht. Erforderlich ist eine — gegebenenfalls auch kontroverse — Auseinandersetzung, die sich gleichwohl immer am Ideal der Wahrheit orientieren sollte.

Die Kritik an der gegenwärtigen Technik lautet: Sie macht unsere Welt unbewohnbar; sie beruht auf dem Raubbau an nicht regenerierbaren Ressourcen; sie führt zur totalen Entfremdung des Menschen von sich selbst, von persönlichen Bindungen und von der Natur und macht ihn statt dessen zum bloßen Funktionselement eines übermächtigen, alles beherrschenden anonymen Systems ohne Sinn und Vernunft. Anstelle einer Gesellschaft, die in Harmonie mit sich selbst und der Natur lebt und in der die Menschen ein sinnvolles, erfülltes Dasein führen, beschert uns die Technik — befördert durch egoistische Interessengruppen, das kapitalistische Wirtschaftssystem und die manipulative Werbung — ein rastloses, stets unbefriedigt bleibendes Erwerbsstreben, das sich nur auf nichtige Dinge und oberflächliche Zerstreuungen richtet. [209]

Es ist unschwer zu erkennen, daß sich diese Kritik nicht allein gegen die Technik wendet, sondern gegen unsere gegenwärtige Welt überhaupt. Neben der Technik sind hier in Wirklichkeit auch das Wirtschaftssystem und die Politik im Spiel, aber auch die Verhaltensweisen und Wertpräferenzen der Konsumenten. Der Umstand, daß bestimmte Themenbereiche, wie etwa die Theorie und Praxis des marktwirtschaftlich-kapitalistischen Wirtschaftssystems, die Politik der Industrienationen gegenüber der dritten Welt, das veränderte Konsum- und Freizeitverhalten oder der vielbeklagte Wertrelativismus, ohne direkte Bezugnahme auf die Technik als eigenständige Phänomene behandelt werden können, zeigt, daß hier auch andere, nicht von der Technik ausgehende Betrachtungsweisen möglich sind.

Weil die Technik in der modernen Welt überall beteiligt ist und weil ihr tatsächlich eine wichtige Rolle zukommt, liegt es nahe, sie gleichsam absolut zu setzen und ihr die »Alleinschuld« zuzuweisen. Solche simplifizierenden Vorstellungen gipfeln dann im Grenzfall in der suggestiven These, daß es nur einer neuen, ganz anderen, definitionsgemäß vollkommenen und in jeder Hinsicht humanen alternativen Technik bedürfe, um alle Übelstände zu beseitigen. Die so verstandene alternative Technik hat die Funktion des Deus ex machina, der in der antiken Tragödie als göttlicher Helfer in der Not alle Probleme zu lösen vermochte — aber eben nur auf der Bühne! [210]

Besonders bekannt geworden ist Schumachers Buch *Small is beautiful*. [211] Seine zentrale These lautet, daß kleine, überschaubare Einheiten mit einer menschlichen Technik einhergehen, während die großen, anonymen, nicht mehr beherrschbaren Supersysteme schlechthin unmenschlich seien. Zu fragen wäre, wo hier die Grenze liegt zwischen der romantischen Verklärung einer vermeintlich heilen, überschaubaren, dörflichen — und, wie unterstellt wird, dadurch auch stets menschlichen — Welt einerseits und der berechtigten Kritik an den aus nüchternem, kaltem Effizienzstreben geborenen entfremdenden Megastrukturen andererseits. Die angesprochenen Probleme sind vielleicht für die Entwicklungsländer noch gravierender als für die Industrienationen, denn die Agglomeration führt etwa in Mexico City, Rio de Janeiro, Kalkutta oder Nairobi zur völligen kulturellen Entwurzelung und zu schlechthin menschenunwürdigen Lebensbedingungen.

Bei einer rein ökonomischen, nur auf den Produktionsprozeß bezogenen Kosten/Nutzen-Analyse erweisen sich Arbeitsteilung, Spezialisierung, Großbetriebe und Monokulturen als die »günstigste«, im wirtschaftlichen Konkurrenzkampf überlebensfähigere Lösung. Eben deshalb bestimmen sie heute das Bild. Wenn man dagegen den Betrachtungshorizont ausweitet und über reine Wirtschaftlichkeitsüberlegungen hinaus auch ökologische und soziale Gesichtspunkte — die externen Kosten — mit in die Betrachtung einbezieht, können sich die Gewichte sehr wohl verschieben.

Eine solche Umwertung liegt auch nahe, wenn man die durch die Technik mitbedingte Veränderung des individuellen Lebensgefühls und des kulturellen Klimas ins Auge faßt. Aus übergeordneter Perspektive gesehen, kann die ökonomisch günstigere Lösung in Wirklichkeit gerade die inhumanere sein. Wie die bald wieder verebbte Diskussion über den Begriff der Lebensqualität gezeigt hat, ist es jedoch praktisch unmöglich, hier verbindliche Bilanzen aufzustellen. Quantitative Modelle sind für den Energie- und Ressourcenverbrauch noch sinnvoll. Doch sie versagen, wenn es um die Gesamtbefindlichkeit, um die individuelle und kollektive Daseinserfüllung geht, die sich in ihrer konkreten Einmaligkeit der begrifflichen Fixierung (und erst recht der Vergleichung und der Quantifizierung) entzieht.

Trotz solcher erkenntnistheoretischen Vorbehalte ist heute der Eindruck weit verbreitet, daß in den Industrieländern der Grenznutzen technischer Innovationen abnimmt, daß das Verhältnis zwischen dem erreichten Zugewinn und dem erforderlichen Aufwand immer ungünstiger wird.[212] Pointiert gesagt: Man erkennt, daß weithin eigentlich gar kein Fortschritt eintritt — und doch sind alle beteiligten Akteure Gefangene des etablierten Systems mit seiner scheinbar unaufhaltsamen Dynamik. Die bei einer Stagnation und erst recht bei einer wirtschaftlichen Rezession zunehmenden Verteilungskämpfe zeigen, daß die Mehrheit der Bevölkerung keineswegs bereit ist, freiwillig auf einen Teil des erreichten Wohlstands zu verzichten. Und dies wäre doch unerläßlich, wenn man zu kleineren Einheiten zurückkehren wollte, die ein erfüllteres Dasein gewährleisten sollen.

Während die Überlegungen von Schumacher wesentlich an der

Größe der ökonomischen Einheiten orientiert sind, zielt die von Illich formulierte Forderung nach *Selbstbegrenzung* auf die Größe der technischen Werkzeuge. In Anlehnung an die Erfahrung in den Entwicklungsländern fordert er »konviviale«, d.h. menschengerechte Dimensionen der Technik: Wir sollten fragen, welche Werkzeuge die Menschen im Rahmen persönlicher Zielsetzungen wirklich brauchen, und nicht in einer Art von wissenschaftlich-technisch-industriellem Selbstlauf Produkte erzeugen, die sich dann als gar nicht menschengemäß erweisen.

Interessant sind die Abgrenzungen, zu denen Illich kommt. Er erklärt: »Das Werkzeug ist konvivial in dem Maß, als jeder es ohne Schwierigkeit benutzen kann, so oft oder so selten er will, und zwar zu Zwecken, die er selbst bestimmt«[213]. So seien das Düsenflugzeug und das Fließband abzulehnen, weil sie dem Menschen eine ganz bestimmte Funktion zuweisen und ihm keine andere Wahl lassen. Für Illich kommt es darauf an, daß wir die Werkzeuge durch unsere Nerven und Muskeln unter Kontrolle behalten. So läßt er das Telefon und die Nähmaschine zu, lehnt aber alles ab, was auf fremden Energieverbrauch gründet und zur Massenproduktion führt.

Nach Illich ist die gegenwärtige wissenschaftliche Forschung nur auf technisches Effizienzstreben und auf die Verwaltung von Menschen gerichtet: »Um den Menschen zu erlauben, sich zu entfalten, muß die zukünftige Forschung eine umgekehrte Richtung einschlagen. Wir wollen sie *radikale Forschung* nennen. Die radikale Forschung verfolgt ebenfalls zwei Ziele: einerseits will sie Kriterien liefern, die erlauben zu bestimmen, wann ein Werkzeug sich einer Schwelle der Schädlichkeit nähert; andererseits will sie Werkzeuge bauen, die das Gleichgewicht des Lebens optimieren und mithin die Freiheit eines jeden maximieren, [...] um [...] optimale gerechte Verteilung und schöpferische Autonomie zu sichern.«[214]

Mit dieser Denkfigur steht Illich nicht allein. Ähnliche Überlegungen hat Harich 1975 unter Aufnahme von Rousseaus Zivilisationskritik und der Ideen des Club of Rome in seinem Buch *Kommunismus ohne Wachstum* vorgetragen. Auch Harich plädiert für eine Selbstbeschränkung, die aber nicht aus der individuellen Entscheidung der einzelnen Staatsbürger, sondern aus der Struktur des politischen Systems erwachsen soll. In seiner Schrift — die in der damaligen DDR wegen ihrer technikfeindlichen Tendenz nicht gedruckt werden durfte und in Hamburg erschien — sieht er die einzige Lösung in einer letzten Endes weltweiten kommunistischen Zuteilungsdiktatur, die (in Umkehr der Marxschen Position!) allein die Bändigung der Produktivkräfte erreichen könne. Dieses globale System werde dann wissenschaftlich und biologisch begründet »einzig und allein am optimalen Nutzen aller orientiert sein« [215].

Problematisch ist der Gedanke, daß *die Wissenschaft* objektive und für alle Menschen verbindliche Kriterien des Erstrebenswerten bzw. des ökologisch Legitimen liefern könne. Der analytisch Geschulte wird darin einen Kategorienfehler sehen, denn die »Wertneutralität« der Einzelwissenschaften besteht ja gerade darin, daß sie über Tatsachen, aber nicht über Werte urteilen; sie können von ihrem Ansatz her immer nur sagen, was der Fall ist bzw. was wir tun *können*, was naturgesetzlich oder technisch möglich ist, aber nicht, was wir tun *sollen*, was ethisch geboten ist.

Bei Illich und Harich ist denn auch neben aller Wissenschafts- und Technikkritik eine erstaunliche, technokratisch orientierte Wissenschaftsgläubigkeit festzustellen: Beide vertrauen auf die Kraft der Optimierung. Wenn man dieses Konzept ernst nimmt, tritt damit — in guter Absicht — die methodisch verstandene Technik an die Stelle der Politik. Die Konsequenz wäre eine neue, nunmehr szientistisch-ökologisch begründete Variante des in Kapitel 3 diskutierten technokratischen Staates (gelegentlich wird auch von einem »Ökofaschismus« gesprochen).

Werden solche Argumente aber nicht belanglos, wenn es um das Überleben der Menschheit geht, müssen dann nicht alle Mittel recht sein? Sind die Prioritäten, die man hier setzen muß, nicht offenkundig? In Wirklichkeit geht es jedoch nicht um ein Alles oder Nichts, sondern um ein Mehr oder Weniger. Tatsächlich sind stets Güterabwägungen zwischen kurz- und langfristigen Belangen, zwischen Industrie- und Entwicklungsländern sowie zwischen individuellen und kollektiven Ansprüchen möglich und der Sache nach unerläßlich, um zu einer bestimmten Entscheidung zu kommen. Wer, wie Harich, um die Menschheit biologisch zu retten, politisch ein straff organisiertes globales Überwachungs-, Zuteilungs- und Durchsetzungssystem schaffen will, degradiert die Menschen zu bloßen Lebewesen. Die humane Zielsetzung würde durch die inhumanen Mittel der Entmündigung und der Zwangsherrschaft ad absurdum geführt.

Grundsätzlich kann »alternative Technik« zweierlei bedeuten: in der Sphäre der Gesellschaft, der Wirtschaft und der Politik einen *anderen Einsatz* der vorhandenen oder zu schaffenden technischen Mittel oder aber auf dem Feld der naturwissenschaftlichen Forschung und der technischen Entwicklung die Schaffung einer *anderen Realtechnik*, d. h. anderer technischer Prozesse und Systeme. Nun gibt es keine Technik, die von sich aus nur positive Wirkungen hätte (auch mit dem Telefon kann man ein Verbrechen verabreden). Die Art, wie die vorhandenen oder neu zu schaffenden technischen Mittel eingesetzt werden, läßt also stets einen gewissen Spielraum offen.

Da die Vergangenheit unwideruflich festliegt, steht für mögliche Veränderungen nur die Zukunft offen. Fragt man nun, welche Art von »alternativer« Technik künftig angestrebt werden sollte, so zeigt sich, daß es bei der Realtechnik nicht um ein bloßes Einfrieren oder gar Zurückschrauben des bisherigen Standes gehen kann.

Betrachten wir das Beispiel der Energieversorgung. Wenn man auf alternative Energieformen setzt, muß der technische Fortschritt — gerade auch in Sachen Grundlagenforschung — angestrebt und bewußt gefördert werden: Windräder sollten mit möglichst perfekter Mikroelektronik ausgerüstet sein, die Nutzung der Sonnenenergie erfordert einen möglichst hohen flächenspezifischen Wirkungsgrad der Solarzellen, und für Elektrofahrzeuge sind Batterien mit einem möglichst hohen Leistungsgewicht erforderlich. [216]

Ebenso wie auf dem Gebiet des Umweltschutzes zeigt sich auch hier, daß die durch die Technik entstandenen Probleme neben einer Reduktion des Anspruchsniveaus (etwa beim Energieverbrauch oder in Sachen Individualverkehr) stets auch immanent technische Lösungen erfordern. Um den Leitgedanken einer alternativen Technik zu realisieren — bescheidener gesagt: um anders mit der Technik umzugehen —, stehen also grundsätzlich zwei Wege offen. Jedes der beiden Elemente der Mittel-Zweck-Relation kann zum Ansatzpunkt für eine Veränderung werden. Man kann von den Absichten, Zielen und Zwecksetzungen ausgehen und einen *sinnvolleren Einsatz* der gegebenen technischen Mittel ins Auge fassen; und man kann versuchen, die jeweiligen Lösungen *technisch besser* zu gestalten.

171

Diese beiden Möglichkeiten schließen einander nicht aus, sondern ergänzen sich gegenseitig. Die öffentliche, politische Diskussion und Willensbildung zwecks vernünftiger Selbstbeschränkung einerseits und die Beförderung des ingenieurwissenschaftlichen Fortschritts andererseits sind gleichermaßen unverzichtbar. Das Konzept einer alternativen Technik fordert nicht, den technischen Wandel aufzuheben, wohl aber, ihn in eine andere Richtung zu lenken.

Ausblick

Die moderne Technik hat bewirkt, was Hochkulturen, Religionen und politische Großreiche nicht vermochten: die Vereinheitlichung der Welt. Die Gleichförmigkeit im äußeren, zivilisatorischen Erscheinungsbild (Flugplätze, Autobahnen, Fernseher, Computer) ist unverkennbar. Die gesteigerten Leistungen der Transport- und Kommunikationstechnik führen zu einem engeren wissenschaftlichen, technischen und ökonomischen Austausch und bestärken dadurch die wechselseitige Abhängigkeit. Das Resultat ist eine globale Schicksalsgemeinschaft. Durch die technische Weltzivilisation sind wir in Ökonomie und Ökologie − und womöglich auch in der kulturellen Entwicklung − auf Gedeih und Verderb miteinander verbunden. Angesichts der Bevölkerungsexplosion und des allgemeinen Strebens nach einem höheren Lebensstandard bleibt den Entwicklungsländern keine andere Wahl, als die moderne Technik in sanfter, angepaßter, arbeitsintensiver − und nicht in kapitalintensiver − Form zu übernehmen. Dabei handelt es sich um einen Sonderfall der vielfältigen Transferprozesse, die es immer in der Geschichte gegeben hat. Die produktive Funktion des Kulturaustausches betont Lévi-Strauss: »Das einzige Verhängnis, der einzige Makel, der eine Menschengruppe treffen und an der vollen Entfaltung ihrer Natur hindern kann, ist, isoliert zu sein.«[217]

Es bereitet grundsätzlich keine Schwierigkeit, die konkreten, materialisierten, vom Menschen abgelösten technischen Systeme zu exportieren. Auch das zweckrationale Wissen und Können, das in den technischen Prozessen und Systemen zur Anwendung kommt, läßt sich durch entsprechende Ausbildung an andere weitergeben. Weil die Prozesse und Systeme der Realtechnik direkt oder indirekt die leibliche Verfassung des Menschen verstärken oder erweitern, ist ihre Leistungsfähigkeit für jedermann, unabhängig von der jeweiligen historischen und kulturellen Tradition, unmittelbar augenfällig — worin einmal mehr der anthropologisch universelle Charakter der Technik zum Ausdruck kommt. Deshalb findet eine neue Technik, sobald sie einmal vorhanden ist, überall Anklang.

Doch damit allein ist es nicht getan. Um sie erfolgreich einzusetzen, sind ganz bestimmte, keineswegs selbstverständliche, kulturspezifische Einstellungen und Verhaltensweisen erforderlich. Hier zeigt sich, daß die Technik kein von den übrigen Lebenszusammenhängen ablösbares, neutrales, indifferentes, beliebig einsetzbares Mittel darstellt. Ihr immanent erfolgreicher Einsatz ist an entsprechende Einstellungen und Verhaltensweisen, an einen technikorientierten Lebensstil gebunden, der durch Versachlichung, Arbeitsdisziplin, Spezialisierung und Leistungsorientierung bestimmt ist.

Aufgrund der abendländischen geistesgeschichtlichen Tradition waren gerade in Europa die intellektuellen Voraussetzungen für eine großangelegte und systematisch perfektionierte Technisierung vorhanden. Maßgeblich sind hierbei neben dem schöpferischen Schaffensdrang der Renaissance und dem Vernunftdenken des Rationalismus vor allem das innerweltliche Erfolgsstreben und der Fortschrittsoptimismus der Aufklärung. Letzten Endes geben also ganz bestimmte Wertauffassungen, und damit ein spezifischer Sinnhorizont, hier den Ausschlag.

Je nachdem, wie das Selbstverständnis des Menschen, sein Verhältnis zur Natur und die Bedeutung des historischen Geschehens gesehen werden, erscheint eine forcierte Technisierung als erstrebenswert oder nicht. So steht denn auch in der Dritten Welt der historische Entwicklungsgang und das aus ihm resultierende überkommene Erbe einem technisierten Lebensstil im Wege: Wenn die Natur als ein ganzheitlicher organischer Kosmos begriffen wird, in dessen tragende Ordnung auch der Mensch selbst eingefügt ist, kann die materielle Welt nicht als bloßes Ausgangsmaterial und Arbeitsmittel betrachtet werden, das für eine beliebige technische Indienstnahme zur Verfügung steht. Wer das Lebensziel in der Verinnerlichung und der persönlichen Vervollkommnung sieht, wird nicht in prometheischem Schaffensdrang danach streben, in möglichst kurzer Zeit die äußere Welt völlig umzugestalten. Wo es als Tugend gilt, das Gegebene als gottgewollt und unabänderlich hinzunehmen, an den überlieferten Traditionen festzuhalten und sich fraglos in die vorgezeichneten Lebensformen einzuordnen, muß jeder Einbruch in dieses Gefüge als frevelhaft erscheinen. Und einem Menschen, der im Weltgeschehen einen gleichbleibenden Vorgang oder einen regelmäßig wiederkehrenden Prozeß sieht, muß das lineare Fortschrittsdenken, das ständige Veränderungen und möglichst große Zuwachsraten erstrebt, schlechthin absurd erscheinen.

Auch vor der Industriellen Revolution gab es stets den Techniktransfer aus einem kulturellen Kontext in den anderen, wobei die Auswirkungen jedoch vergleichsweise gering blieben. Die leibnahe, in die organisch-biologische Sphäre eingeordnete Handwerkstechnik hatte nicht die Tendenz, alle anderen Lebensbereiche zu dominieren; sie ließ sich in unterschiedliche kulturelle Stile integrieren, ohne deren Eigenart zu zerstören. Anders liegen die Verhältnisse bei der großangelegten, in vom Menschen abgelösten Systemen realisierten, auf eine entsprechende Infrastruktur und übergreifende Verbundsysteme zugeschnittenen modernen Technik. Sie zieht alles in ihren Bann. Hier besteht für die Entwicklungsländer die Gefahr einer kollektiven kulturellen Entfremdung, die weit über die vielbeklagte individuelle Entfremdung in den Industrieländern hinausgehen könnte. Der forcierte Import der modernen Technik in eine kulturelle und soziale Umgebung, die aus ganz anderen Traditionen, Wertvorstellungen und Sinnhorizonten lebt, stellt eine Herausforderung für die kollektive Identität dar. In den Industrieländern hat sich die Technik in ständiger Wechselwirkung mit dem kulturellen Milieu herausgebildet, so daß sie — trotz aller Kritik — weniger als Fremdkörper empfunden wird. In Japan, Taiwan und anderen Ländern Ostasiens scheint die Verbindung von moderner Technik und kulturellem Erbe aufgrund eines leistungs- und arbeitsorientierten Lebensstils problemlos zu gelingen — wobei zu fragen wäre, ob die erreichte Einheit über das äußere Erscheinungsbild hinaus auch für die Tiefenstrukturen gilt.

Für das objektivierende, aufgeklärte moderne Bewußtsein ist die Entwicklung zu einer weltweiten technischen Einheitszivilisation ein kontingentes historisches Ereignis, für dessen Zustandekommen und dessen Zielrichtung sich kein »Subjekt der Geschichte« verantwortlich machen läßt. Dem konsequent innerweltlichen Denken ist hier kein göttlicher Heilsplan erkennbar, und angesichts der Schattenseiten und Gefahrenpotentiale der Technik wird auch kaum jemand — inspiriert durch Hegels Geschichtsphilosophie — von einer List der Vernunft sprechen wollen. Mit dem Zusammenbruch des kommunistischen Systems ist darüber hinaus auch die utopische Vision gescheitert, durch die »Entfesselung der Produktivkräfte« eine bessere, humanere Welt zu schaffen. Dies ist unsere Situation und damit auch der systematische Ort, gleichsam die philosophische Leerstelle, welche die in den Kapiteln 4 bis 7 behandelten Deutungen jeweils mit unterschiedlicher Akzentsetzung ausfüllen. Sie alle erheben den Anspruch, die »richtige« Erklärung der modernen Technik zu liefern. Das macht aber auch ihre Einseitigkeiten und ihre spekulativen Überhöhungen verständlich. Wer ein komplexes, vieldimensionales Geschehen von *einem* Punkt her erklären will, wird unvermeidbar gewisse — an sich richtige — Züge überpointiert herausstellen, d. h. er wird überzeichnen.

In diesem Zusammenhang ist eine enge Verbindung zwischen wissenschaftlich-technischem Wandel und geschichtsphilosophischen Konzeptionen festzustellen. Bis in die jüngste Vergangenheit hinein sah man gerade in den Leistungen von Naturwissenschaft, Technik und Industrie den Beweis dafür, daß der Gang der Geschichte, der in jeder konkreten Situation offen ist und der für die Individuen immer auch den Charakter einer Schickung hat, insgesamt einen zielgerichteten, fortschrittlichen Prozeß darstellt. Und doch ist heute für jeden, der sehen will, offenkundig, daß es sich beim historischen Wandel im allgemeinen und beim »technischen Fortschritt« im besonderen um offene Prozesse handelt, die sich der eindeutigen Prognostizierbarkeit entziehen. So war in der Bundesrepublik zur Zeit des »Wirtschaftswunders« die später einsetzende Technikkritik ebensowenig vorhersehbar wie etwa vor zwei Jahrzehnten die heute noch weitgehend verbale, aber zunehmend auch reale Sorge um die Umwelt.

Zwar ist aufgrund der im dritten Kapitel diskutierten Steigerungsmechanismen eine generelle Tendenz zur wachsenden Technisierung festzustellen, die ebenso wie die Säkularisierung, die Aufklärung und die Demokratisierung den Charakter eines schicksalhaften Geschehens zu haben scheint. Doch diese Tendenzen und strukturellen Vorgaben existieren nur so lange und in dem Umfang, wie sie von den Menschen bejaht oder zumindest toleriert werden. Ein Bewußtseinswandel kann also durchaus zu entsprechenden Veränderungen führen. Tatsächlich sind denn auch — wie wir gesehen haben — gerade im Hinblick auf die Entwicklung von Wissenschaft und Technik vielfältige Einwände und Gegenströmungen zu beobachten, die im Streit der Meinungen einen Aufbruch zu neuen Ufern bewirken können.

Bei alledem ist zu bedenken, daß die erwünschten Leistungen der Technik, auf die auch ihre schärfsten Kritiker kaum verzichten möchten, unvermeidbar ihren Preis fordern. Das gilt nicht nur für den Zielkonflikt zwischen Ökonomie und Ökologie. Der Gegensatz zwischen Absicht und Resultat — der »Eigensinn« der Technik — ist auf allen Gebieten festzustellen: Das erwünschte Telefon wird zur unzumutbaren Belästigung; die pluralistische Vielfalt der Fernsehprogramme hat eine kulturelle Verflachung zur Folge; der erstrebte Individualverkehr führt zur Unbehaustheit der Städte, zur Beeinträchtigung der Landschaft und zur rastlosen Mobilität; die durch die Medizintechnik ermöglichte allgemeine Gesundheitsfürsorge macht den sozialen Mißbrauch möglich; und die Arbeitszeitverkürzung führt zum »Freizeitproblem«. Angesichts der Endlichkeit, der konkreten Bestimmtheit aller menschlichen Verhältnisse sind diese Zusammenhänge unabdingbar. Keine Maßnahme hat nur positive Wirkungen, und ein an sich gutes Handeln schlägt — wie schon Aristoteles gesehen hat — bei Übertreibung in das Gegenteil um.

Hinzu kommt die unvermeidbare Dialektik von Gewinn und Verlust. Die durch die Technik eröffneten neuen Aktionsmöglichkeiten und Lebensformen können in der Welt nur Platz finden, wenn die traditionellen Verhaltensweisen und Lebensstile aufgegeben oder zumindest abgewandelt werden. So haben denn auch die nostalgischen Bedürfnisse unserer Zeit weithin kompensatorischen Charakter. Weil die Seele bei dem beschleunigten wissenschaftlich-technischen Wandel »nicht nachkommen kann«, sucht man Halt in der Vergangenheit.

Dieser Zusammenhang von Gewinn und Verlust, von Chancen und Risiken gilt auch für die globale Technisierung. Der in Gang gesetzte Prozeß der zivilisatorischen Universalisierung entwickelt seine eigene technisch-ökonomische Dynamik. Die äußere Vereinheitlichung und die zunehmende wechselseitige Abhängigkeit bieten grundsätzlich die Chance, Kants Idee einer rechtlich verfaßten weltbürgerlichen Gesellschaft näherzukommen. Derselbe Universalisierungsprozeß führt durch das Nord-Süd-Gefälle, die Umweltbelastung und den Ressourcenverbrauch aber auch zu einer Globalisierung der Gefahren.

Um den künftigen Gang der Technikentwicklung in eine »vernünftige«, im eigentlichen Wortsinne menschliche Richtung zu lenken, werden zu Recht Selbstbeschränkung und Askese gefordert. Dabei ist jedoch zu bedenken, daß die Technik ihrer Natur nach auf eine Steigerung der materiellen Möglichkeiten abzielt. Sie vergrößert unseren Aktionsspielraum und trägt insofern zur Lebensentfaltung und Lebenssteigerung bei — eben deshalb wird sie ja erstrebt. Im elementaren, biologischen Sinne teilen wir das Streben nach Selbstbehauptung und Selbstentfaltung mit allen Lebewesen — Nietzsche hat es als den schlechthin universellen Willen zur Macht bestimmt.

Die im teleologischen Denken der Antike präsente Vorstellung, daß die Bestimmung des Menschen in der Entfaltung seiner Möglichkeiten liege, ist integrierender Bestandteil der abendländischen Tradition, und in abgemilderter Form stellt der Gedanke der Selbstverwirklichung ein allgemeines Menschheitserbe dar. Humanismus, Renaissance und Aufklärung haben die Selbstentfaltung des Individuums nachdrücklich gefordert, und die Leistungen der Naturwissenschaften und der Technik liefern dafür bis in die Gegenwart hinein die materielle Grundlage. Die Technik dient dem Ideal des prometheischen, faustischen Menschen, der über alle Grenzen hinausstrebt und der Maxime gehorcht: »Nutze deine Möglichkeiten!«

Doch nun wird die entgegengesetzte Forderung erhoben: »Nutze deine Möglichkeiten nicht!« Hier stehen — über die individuellen moralischen Entscheidungen hinaus, so wichtig und unerläßlich sie auch sind — überpersönliche Kräfte gegeneinander. Im Sinne von Max Weber könnte man metaphorisch von einen Kampf der Götter sprechen; dann wären wir nicht die Subjekte, d. h. die souveränen Akteure des Geschehens, sondern die Objekte eines womöglich tragischen Kampfes zwischen höheren Mächten. Tatsächlich ist ein solches Moment der Widerfahrnis immer im Spiel. Der im globalen Sinne verstandene Prozeß der Technikentwicklung macht keine Ausnahme von der Dialektik der Geschichte: Wir sind stets zugleich Täter und Opfer des historischen Geschehens. In jedem Fall gilt, daß die einander widerstreitenden Kräfte nur in einer kollektiven, in letzter Konsequenz von der ganzen Menschheit zu erbringenden Anstrengung gebändigt werden können.

Wenn man über die vergleichsweise vordergründigen materiellen Erleichterungen hinausgeht und sich auf die metaphysische Dimension konzentriert, erweist sich die moderne Technik als der großangelegte kollektive Versuch, die Grenzen zu sprengen, die uns durch die Endlichkeit und Kontingenz unseres Daseins gezogen sind. Dieses Streben wurde im mythischen Denken von Anfang an als gefährlich und frevelhaft erkannt; Bilder dafür sind der gefesselte Prometheus und die Austreibung aus dem Paradies. Nachdem wir durch die moderne Naturwissenschaft und Technik äußere Schranken überwunden und unsere Handlungsmöglichkeiten ins schier Grenzenlose erweitert haben, werden wir die selbst geschaffene Herausforderung durch die moderne Technik nur bestehen können, wenn wir uns innerlich selbst Grenzen setzen, wenn wir unsere Endlichkeit akzeptieren.

Anhang

Anmerkungen

1 S. Moser, Kritik der traditionellen Technikphilosophie (1958), in: H. Lenk/S. Moser (Hg.), Techne-Technik-Technologie. Philosophische Perspektiven, Pullach 1973, S. 16.

2 Einen Abriß dazu gibt A. Huning, Entwicklung der Technikphilosophie, in: F. Rapp (Hg.), Technik und Philosophie, Düsseldorf 1990, S. 9-95.

3 Eine kommentierte bibliographische Übersicht geben: C. Mitcham/R. Mackey, Bibliography of the Philosophy of Technology, Chicago 1973, (zugleich als Nr. 2, Teil 2 von Technology and Culture 10 (1973)); C. Mitcham, Philosophy of Technology, in: P.T. Durbin (Hg.), The Culture of Science, Technology, and Medicine, New York/London 1980, S. 282-363; F. Rapp, Philosophy of Technology, in: G. Floistad (Hg.), Contemporary Philosophy, Bd. 2, Den Haag 1982, S. 361-412, revidiert und gekürzt als The Philosophy of Technology. A Review, in: Interdisciplinary Science Review 10 (1985), S. 126-139. Weitere bibliographische Hinweise finden sich in den Buchreihen Research in Philosophy and Technology, Greenwich, Conn. 1978 ff. und Philosophy and Technology, Dordrecht/Boston 1983 ff. An Textsammlungen seien genannt: K.-H. Delschen/J. Gieraths (Hg.), Philosophie der Technik, Frankfurt/M. 1982 (kommentierte Zusammenfassung von kurzen Quellentexten); C. Mitcham/R. Mackey (Hg.), Philosophy and Technology. Readings in the Philosophical Problems of Technology, New York/London 1972 (umfassend, weit ausholend); H. Sachsse (Hg.), Technik und Gesellschaft, 3. Bde., Pullach/München 1974-76 (ausgewählte und kommentierte Texte zu den historischen, literarischen ökonomischen, philosophischen u.a. Aspekten der Technik); J.H.J. van der Pot, Die Bewertung des technischen Fortschritts. Eine systematische Übersicht der Theorien, 2 Bde., Assen 1985 (äußerst umfangreiche, systematisch geordnete Zusammenstellung von Zitaten zu allen überhaupt vertretenen Positionen). Zur einführenden Lektüre sind besonders geeignet: A. Huning, Das Schaffen des Ingenieurs. Beiträge zu einer Philosophie der Technik, 2. Aufl., Düsseldorf 1978; H. Lenk/S. Moser (Hg.), Techne-Technik-Technologie. Philosophische Perspektiven, Pullach 1973 (neuere Ansätze); H. Stork,

Einführung in die Philosophie der Technik, Darmstadt 1977 (gut lesbar); W.Ch. Zimmerli (Hg.), Technik oder: wissen wir, was wir tun?, Basel/Stuttgart 1976 (unterschiedliche Perspektiven).

4 T.S. Kuhn, Die Struktur wissenschaftlicher Revolutionen, 2. Aufl., Frankfurt/M. 1976.

5 Siehe dazu H. Kreuzer (Hg.), Die zwei Kulturen. Literarische und naturwissenschaftliche Intelligenz — C.P. Snows These in der Diskussion, Stuttgart 1987.

6 F. Dessauer, Streit um die Technik, 3. Aufl., Frankfurt/M. 1956, S. 439-472.

7 E. Kapp, Grundlinien einer Philosophie der Technik. Zur Entstehungsgeschichte der Cultur aus neuen Gesichtspunkten, Braunschweig 1877, Nachdr. Düsseldorf 1978.

8 Dieser Themenkomplex wird reflektiert in: T. Elm/H.H. Hiebel (Hg.), Medien und Maschinen. Literatur im technischen Zeitalter, Freiburg 1991; eine Textsammlung bringt: M. Krause, Poesie & Maschine. Die Technik in der deutschsprachigen Literatur, Köln 1989.

9 Mitcham/Mackey, Bibliography (wie Anm. 3), S. XV u. 1-20.

10 Eine Übersicht über die verschiedenen Definitionen gibt A. Huning, in: Rapp (Hg.) (wie Anm. 2), S. 11-25.

11 F. von Gottl-Ottlilienfeld, Wirtschaft und Technik (Grundriß der Sozialökonomik, 2. Abt., 2. Teil), Tübingen 1923, S. 9.

12 J. Ellul, The Technological Society, New York 1964 (Original: La Technique ou l'enjeu du siècle, Paris 1954), S. XXV.

13 H. Marcuse, Der eindimensionale Mensch, Neuwied/Berlin 1967, S. 19.

14 Dessauer, (wie Anm. 6), S. 234.

15 L. Tondl, On the Concepts of »Technology« and »Technological Sciences«, in: F. Rapp (Hg.), Contributions to a Philosophy of Technology. Studies in the Structure of Thinking in the Technological Sciences, Dordrecht/Boston 1974, S. 5 f.

16 K. Tuchel, Herausforderung der Technik. Gesellschaftliche Voraussetzungen und Wirkungen der technischen Entwicklung, Bremen 1967, S. 24.

17 N. Luhmann, Ökologische Kommunikation. Kann die moderne Gesellschaft sich auf die ökologischen Gefährdungen einstellen?, Opladen 1986.

18 G. Ropohl, Eine Systemtheorie der Technik. Zur Grundlegung der Allgemeinen Technologie, München 1979.

19 I. Kant, Beantwortung der Frage: Was ist Aufklärung?, in: Werke, hrsg. von Weischedel, Bd. 6, Darmstadt 1964, S. 53 (= A 481).

20 M. Weber, Die protestantische Ethik, Bd. 1: Eine Aufsatzsammlung, Bd. 2: Kritiken und Antikritiken, hrsg. von J. Winckelmann, 4. Aufl., Hamburg 1975 u. 3. Aufl., Hamburg 1978.

21 Die bisherige Entwicklung untersucht D. S. Landes, Der entfesselte Prometheus. Technologischer Wandel und industrielle Entwicklung in Westeuropa von 1750 bis zur Gegenwart, Köln 1973; die Zukunftschancen diskutiert D. Bell, Die Zukunft der westlichen Welt. Kultur und Technologie im Widerstreit, Frankfurt/M. 1976.

22 B. Snell, Die Entdeckung des Geistes. Studien zur Entstehung des europäischen Denkens bei den Griechen, 7. Aufl., Göttingen 1993.

23 A.N. Whitehead, Prozeß und Realität, Frankfurt/M. 1979, S. 91: »Die sicherste allgemeine Charakterisierung der philosophischen Tradition Europas lautet, daß sie aus einer Reihe von Fußnoten zu Platon besteht.«

24 K. Ulmer, Wahrheit, Kunst und Natur bei Aristoteles, Tübingen 1953, S. 208-219.

25 H. Sachsse, Anthropologie der Technik. Ein Beitrag zur Stellung des Menschen in der Welt, Braunschweig 1978, S. 9 f.

26 M. Eliade, Schmiede und Alchemisten, 2. Aufl., Stuttgart 1980, S. 191.

27 E. Cassirer, Form und Technik, in: ders., Symbol, Technik, Sprache, Hamburg 1985, S. 39-91, hier S. 53-63.

28 Vgl. dazu J. Mittelstraß, Das Wirken der Natur, in: F. Rapp (Hg.), Naturverständnis und Naturbeherrschung, München 1981, S. 36-69, hier S. 62 f.

29 D. Böhler, Naturverstehen und Sinnverstehen. Traditionskritische Thesen zur Entwicklung und zur konstruktivistisch-szientifischen Umdeutung des Topos vom Buch der Natur, in: Rapp (Hg.) (wie Anm. 28), S. 70-95.

30 So heißt es bei P. Duhem, Ziel und Struktur der physikalischen Theorien, Hamburg 1978, S. 359 f.: »Es ist daher vollständig illusorisch, die Lehren des gewöhnlichen Lebens zu Grundlagen der Hypothesen machen zu wollen, auf die die theoretische Physik gegründet werden soll. Auf einem derartigen Wege gelangt man nicht zur Dynamik von Descartes und Newton, sondern *zu der von Aristoteles* [Hervorhebung von mir, F.R.]. Das heißt nun nicht, daß die Lehren des gewöhnlichen Lebens nicht vollständig richtig und vollständig sicher seien; es ist vollständig richtig und vollständig sicher, daß ein unbespannter Wagen sich nicht bewegt, daß er, wenn er mit zwei Pferden bespannt ist, schneller vorwärts kommt, als wenn nur eines zieht. Wir haben an mehreren Stellen wiederholt: Die Sicherheiten und Wahrheiten des gewöhnlichen Lebens sind in letzter Instanz die Quelle, aus der jede wissenschaftliche Wahrheit und Gewißheit entspringt. Aber wir haben auch gesagt, daß die Beobachtungen des gewöhnlichen Lebens umso zuverlässiger sind, je weniger sie sich in Einzelheiten verlieren, je weniger sie sich auf Genauigkeit verlegen [...]. Die Gesetze des gewöhnlichen Lebens sind Urteile über allgemeine, außerordentlich komplexe Begriffe, die wir auf Grund unserer täglichen Beobachtungen begreifen; die Hypothesen der Physik sind Beziehungen zwi-

schen mathematischen Symbolen, die im höchsten Grade vereinfacht wurden; es ist unsinnig, den außerordentlichen Unterschied, der die beiden Arten von Lehrsätzen trennt, nicht sehen zu wollen; es ist unsinnig zu denken, daß die letzteren sich an die ersteren anschließen, wie ein Korollar an ein Theorem.«

31 Vgl. dazu W. Wieland, Die aristotelische Physik. Untersuchungen über die Grundlegung der Naturwissenschaft und die sprachlichen Bedingungen der Prinzipienforschung bei Aristoteles, Göttingen 1962; G. Böhme, Alternativen der Wissenschaft, Frankfurt/M. 1980, wo auf S. 132-144 das Naturverständnis von Goethe und das von Newton miteinander verglichen werden.

32 So trägt denn auch das fünfte Kapitel des Buches von Kuhn (wie Anm. 4), die Überschrift »Die Priorität der Paradigmata«, d. h. der anerkannten Prämissen, Modellvorstellungen, Theoriengebäude und Schulbeispiele.

33 Wieland (wie Anm. 31), S. 254. In demselben Sinne argumentiert I. Düring, Aristoteles. Darstellung und Interpretation seines Denkens, Heidelberg 1966, S. 297: »Die Prinzipien, die Aristoteles aufstellt, sind nie Selbstzweck. Anders als Platon betrachtet er die Prinzipien nicht als das Seiende, sondern nur als Hilfsmittel zur Erklärung des Naturgeschehens. Die sogenannte Vierursachenlehre ist eine heuristische Methode, mit deren Hilfe er die Struktur des Naturgeschehens untersucht. Nach *aitia* [Ursachen] und *archai* [Gründen, Prinzipien] fragt er nur, soweit sie ihm dazu verhelfen, die Welt der natürlichen Erfahrung zu verstehen. Nach neuzeitlicher Auffassung besteht die Aufgabe der theoretischen Physik darin, aus dem Erfahrungsmaterial Zusammenhänge von möglichst weittragender Bedeutung herauszulesen. Das war auch für Aristoteles die Aufgabe der Physik. Der Unterschied zwischen seiner und der neuzeitlichen theoretischen Physik besteht darin, daß sein Erfahrungsmaterial weit geringer war, daß ihm die Experimentalphysik noch gänzlich unbekannt war und daß er seine Sätze nicht mathematisch formulierte.«

34 Quaestiones mechanicae 1.847a10-20, zit. nach Mittelstraß (wie Anm. 28), S. 60.

35 So betont Ulmer (wie Anm. 24), S. 194, »daß die Struktur des künstlich Hergestellten dem Menschen ursprünglich vertraut ist, und ihm deswegen als Leitfaden der Erschließung der Natur dient«.

36 Ebenda, S. 219 f.

37 Platon, Gesetze, 846 d; Übersetzung nach E. Eyth, Platon, Sämtliche Werke, Bd. 3, Heidelberg [1950], S. 500.

38 Zit. nach F. Klemm, Technik. Eine Geschichte ihrer Probleme, Freiburg/ München 1954, S. 8.

39 Klemm (wie Anm. 38), S. 22-29.

40 H. Blumenberg, Die Vorbereitung der Neuzeit, in: Philosophische Rundschau 9 (1961), S. 81-133, hier S. 105-121.

41 Den historischen Wandel vom Weltbild der Antike und des Mittelalters zur neuzeitlichen bzw. modernen Naturauffassung beschreiben: A.C. Crombie, Von Augustinus bis Galilei. Die Emanzipation der Naturwissenschaften, Köln/Berlin 1959; A. Koyré, Von der geschlossenen Welt zum unendlichen Universum, Frankfurt/M. 1969.

42 F. Bacon, Das neue Organon, Berlin 1982, S. 41.

43 Ders., Neu-Atlantis, in: K.J. Heinisch (Hg.), Der utopische Staat, Reinbek 1960, S. 171-215, hier S. 205.

44 Eine sozialkritische Bewertung von Bacons Programm gibt W. Leiss, The Domination of Nature, New York 1972; die Auswirkungen auf das Naturverständnis und das Ökologieproblem untersucht L. Schäfer, Das Bacon-Projekt. Von der Erkenntnis, Nutzung und Schonung der Natur, Frankfurt/M. 1993.

45 R. Descartes, Discours de la Méthode/Von der Methode, Hamburg 1960, S. 101.

46 Näheres dazu bringt Blumenberg (wie Anm. 40).

47 Das wird insbesondere für Descartes, Leibniz und Wolff nachgewiesen von H.J. Engfer, Philosophie als Analysis. Studien zur Entwicklung philosophischer Analysiskonzeptionen unter dem Einfluß mathematischer Methodenmodelle im 17. und 18. Jahrhundert, Stuttgart 1982.

48 J. Mittelstrass, Neuzeit und Aufklärung. Studien zur Entstehung der neuzeitlichen Wissenschaft und Philosophie, Berlin 1970, S. 261.

49 Zit. nach E.J. Dijksterhuis, Die Mechanisierung des Weltbildes, Berlin 1956, S. 384. Eine gute Einführung in das Denken Galileis gibt die von H. Blumenberg herausgegebene und eingeleitete Schrift G. Galilei, Sidereus Nuncius/Nachricht von neuen Sternen, Frankfurt/M. 1965.

50 I. Kant, Kritik der reinen Vernunft (wie Anm. 19), Bd. 2, S. 23 (= B XIII).

51 H. Blumenberg, Einführung zu Galilei (wie Anm. 49), S. 59.

52 E. Husserl, Die Krisis der europäischen Wissenschaften und die transzendentale Phänomenologie, Den Haag 1962, S. 49.

53 E. Cassirer, Substanzbegriff und Funktionsbegriff, Darmstadt 1980, S. 178.

54 Grundlegende Untersuchungen zu diesem Themenkomplex, die den gegenwärtigen Diskussionsstand berücksichtigen, bringen: U. Weiss, Hugo Dinglers methodische Philosophie. Eine kritische Rekonstruktion ihres voluntaristisch-pragmatischen Begründungszusammenhangs, Mannheim 1991; M. Meyer, Leiblichkeit und Konvention. Struktur und Aporien der Wissensbegründung bei Hobbes und Poincaré, Freiburg/München 1992.

55 E.J. Dijksterhuis, Die Mechanisierung des Weltbildes, Berlin 1956, S. 78.

56 Cassirer (wie Anm. 27), S. 74.

57 Cassirer(wie Anm. 53), S. 175.

58 Zit. nach A. Baruzzi, Mensch und Maschine. Das Denken sub specie machinae, München 1973, S. 43 f.

59 Siehe dazu die in Anm. 55 genannten Arbeiten von Weiss und Meyer.

60 Aufschlußreich sind die Bemerkungen von L. Wittgenstein in seinem Tractatus logico-philosophicus, 6.371 und 6.372: »Der ganzen modernen Weltanschauung liegt die Täuschung zugrunde, daß die sogenannten Naturgesetze die Erklärungen der Naturerscheinungen seien./So bleiben sie bei den Naturgesetzen als bei etwas Unantastbarem stehen, wie die älteren bei Gott und dem Schicksal. Und sie haben ja beide Recht, und Unrecht. Die Alten sind allerdings insofern klarer, als sie einen klaren Abschluß anerkennen, während es bei dem neuen System scheinen soll, als sei *alles* erklärt.«

61 Zit. nach Mittelstraß (wie Anm. 28), S. 41 u. 45 f.

62 W. Schmidt-Biggemann, Artikel »Maschine«, in: J. Ritter/K. Gründer (Hg.), Historisches Wörterbuch der Philosophie, Bd. 5, Darmstadt 1980, S. 791.

63 R. Descartes, Meditationes de prima philosophia/Meditationen über die erste Philosophie, Stuttgart 1986, S. 80: »membrorum machina«, S. 92: »automata«, S. 200: Vergleich mit »horologium«.

64 Eine historisch belegte ausführliche Darstellung der Entwicklung der Zeitmessung gibt: G. Dohrn-van Rossum, Die Geschichte der Stunde. Uhren und moderne Zeitordnung, München 1992.

65 Siehe dazu F. Fellmann, Das Vico-Axiom. Der Mensch macht die Geschichte, Freiburg/München 1976, S. 185; A. Baruzzi (wie Anm. 58), S. 34.

66 Näheres dazu bringt Landes (wie Anm. 21).

67 Das Verhältnis natürlich/künstlich wird abgehandelt bei: G. Großklaus/ E. Oldemeyer (Hg.), Natur als Gegenwelt. Beiträge zur Kulturgeschichte der Natur, Karlsruhe 1983; G. Bien/T. Gil/J. Wilke (Hg.), »Natur« im Umbruch. Zur Diskussion des Naturbegriffs in Philosophie, Naturwissenschaft und Kunsttheorie, Stuttgart 1994.

68 Daß das Verhältnis von Naturwissenschaft und Technik einerseits und Christentum andererseits vielfältige, ja gegenläufige Tendenzen aufweist, zeigen U. Krolzik, Umweltkrise: Folge des Christentums?, Stuttgart/ Berlin 1979 sowie die ausführlichen Sammelbände von F. Ferré (Hg.), Technology and Religion, Greenwich, Conn. 1990 und A. Stöcklein/M. Rassem (Hg.), Technik und Religion, Düsseldorf 1990, wobei das letztere Werk auch die nichtchristlichen Religionen berücksichtigt.

69 F. Gogarten, Verhängnis und Hoffnung der Neuzeit. Die Säkularisierung als theologisches Problem, Stuttgart 1958, S. 134-148.

70 J. Passmore, Man's Responsibility for Nature, London 1974, S. 13 u. 23.

71 Vgl. dazu ebenda, S. 24.

72 Die Bedeutung des geregelten Tagesablaufs in den Klöstern für die Tech-

nikentwicklung stellt L. Mumford, Technics and Civilization, New York 1934, heraus.

73 Belege dafür bringt C. Bonifazi, Eine Theologie der Dinge. Der Mensch in seiner natürlichen Welt, Stuttgart 1977, S. 176 f.

74 Zum Disput zwischen K. Löwith und H. Blumenberg siehe F. Rapp, Fortschritt. Entwicklung und Sinngehalt einer philosophischen Idee, Darmstadt 1992, S. 116-128.

75 Passmore (wie Anm. 70), S. 17.

76 Ebenda, S. 11.

77 L. Feuerbach, Das Wesen des Christentums, in: Werke, hrsg. von Bolin u. Jodl, Bd. 6, Stuttgart 1903, Nachdr. 1960, S. 347.

78 W. Temple, Nature, Man and God. Gifford Lectures 1932-1934, London 1953, S. 478.

79 Siehe dazu Bonifazi (wie Anm. 73), S. 187.

80 G.H. von Wright, Erklären und Verstehen, Frankfurt/M. 1974, S. 93-97.

81 Huning (wie Anm. 3), S. 153.

82 Diesen Wandel hat zuerst H. Freyer, Über das Dominantwerden technischer Kategorien in der Lebenswelt der industriellen Gesellschaft, in: ders., Gedanken zur Industriegesellschaft, Mainz 1960, S. 131-144, deutlich herausgestellt.

83 Siehe dazu Tondl (wie Anm. 15), S. 15 f.

84 Die grundsätzliche Begrenztheit aller Ressourcen untersucht B. Balla, Soziologie der Knappheit. Zum Verständnis individueller und gesellschaftlicher Mängelzustände, Stuttgart 1978.

85 F. Rapp, Analytische Technikphilosophie, Freiburg/München 1978, S. 12 f.

86 Siehe dazu H. Lenk/G. Ropohl (Hg.), Technik und Ethik, 2. Aufl., Stuttgart 1993.

87 Die »interne Logik« in der stufenweisen Fortentwicklung technischer Systeme arbeitet B. Gille (Hg.), Histoire des Techniques. Technique et civilisations/Technique et sciences, Paris 1978, S. 10-78, heraus; unterschiedliche Steigerungsmechanismen diskutieren F. Rapp/R. Jokisch/ H. Lindner, Determinanten der technischen Entwicklung. Strukturmodelle in der Geschichtsschreibung über die Industrialisierung in Europa, Berlin 1980.

88 Gottl-Ottlilienfeld (wie Anm. 11).

89 J.A. Schumpeter, Kapitalismus, Sozialismus und Demokratie, 3. Aufl., München 1972, S. 137 f.

90 Siehe F. Bacon (wie Anm. 42).

91 W.R. Glaser, Soziales und instrumentelles Handeln. Probleme der Technologie bei Arnold Gehlen und Jürgen Habermas, Stuttgart 1972.

92 A. Gehlen, Die Seele im technischen Zeitalter. Sozialpsychologische Probleme in der industriellen Gesellschaft, Hamburg 1957, S. 11-13.

93 Freyer (wie Anm. 82).

94 M. Horkheimer, Zur Kritik der instrumentellen Vernunft, Frankfurt/M. 1967.

95 J. Habermas, Technik und Wissenschaft als »Ideologie«, Frankfurt/M. 1968.

96 H. Schelsky, Der Mensch in der wissenschaftlichen Zivilisation, Köln/ Opladen 1961, S. 443, 449 u. 445.

97 Einschlägige Texte sind zusammengestellt in C. Koch/D. Senghaas (Hg.), Texte zur Technokratiediskussion, Frankfurt/M. 1970; eine politiktheoretische Analyse bringt L. Winner, Autonomous Technology. Technics-out-of-Control as a Theme in Political Thought, Cambridge, Mass. 1977; die in H. Lenk (Hg.), Technokratie als Ideologie. Sozialphilosophische Beiträge zu einem politischen Dilemma, Stuttgart 1973, versammelten Beiträge geben eine kritische Würdigung der Technokratiediskussion.

98 Luhmann (wie Anm. 17).

99 J. Habermas/N. Luhmann, Theorie der Gesellschaft oder Sozialtechnologie. Was leistet die Systemforschung?, Frankfurt/M. 1972.

100 Habermas (wie Anm. 95).

101 Grundsätzliche geisteswissenschaftlich-hermeneutische Vorbehalte gegen die Trennung von Sachverhalten und Wertungen macht H.-G. Gadamer, Wahrheit und Methode, 6. Aufl., Tübingen 1990, geltend; differenzierende Analysen bringt der Sammelband H. Albert/E. Topitsch (Hg.), Werturteilsstreit, 3. Aufl., Darmstadt 1990.

102 Vgl. dazu Rapp (wie Anm. 74).

103 Gille (wie Anm. 87), S. 441-579.

104 Näheres dazu bringt H. Arendt, Vita activa oder Vom tätigen Leben, Stuttgart 1960.

105 Siehe Mumford.

106 Siehe Anm. 20.

107 Rapp (wie Anm. 74), S. 128-167.

108 H. Blumenberg, Säkularisierung und Selbstbehauptung, Frankfurt/M. 1974, S. 265.

109 Arendt (wie Anm. 104), S. 244-297.

110 R. Koselleck, Artikel »Fortschritt«, in: Geschichtliche Grundbegriffe, hrsg. von O. Brunner/W. Conze/R. Koselleck, Bd. 2, Stuttgart 1975, S. 351-423, hier S. 390-402.

111 H. Freyer, Theorie des gegenwärtigen Zeitalters, 3. Aufl., Stuttgart 1967, S. 15-31.

112 Eine allgemeine Übersicht über die Fragestellungen und Antworten der philosophischen Anthropologie gibt K. Lorenz, Einführung in die philosophische Anthropologie, Darmstadt 1990; bei Sachsse (wie Anm. 25) steht die naturwissenschaftliche Perspektive im Vordergrund; die be-

kannte Schrift von J. Ortega y Gasset, Betrachtungen über die Technik, Stuttgart 1949, setzt einen kultur- und lebensphilosophischen Akzent.

113 Kapp (wie Anm. 7).

114 Grundlegende und weiterführende Untersuchungen dazu bringen: A. Leroi-Gourhan, Hand und Wort. Die Evolution von Technik, Sprache und Kunst, Frankfurt/M. 1980; G. Canguilhem, La connaissance de la vie, Paris 1985.

115 A. J. Toynbee, A Study of History, 12 Bde., Oxford 1943-1961.

116 Leroi-Gourhan (wie Anm. 114), S. 179.

117 Gehlen (wie Anm. 92), S. 19. In allgemeiner Form hat schon Max Scheler diesen Zusammenhang gesehen; in: Die Wissensformen und die Gesellschaft, 2. Aufl., Bern 1960, S. 66, heißt es bei ihm: »[...] das Macht- und Herrschaftsstreben über den Gang der Natur [...] hat seine tiefere Grundlage in den ursprünglich zweckfreien Konstruktions-, Spiel-, Bastel- und Experimentiertrieben, die die triebhafte Wurzel *gleichzeitig* aller positiven Wissenschaft, wie auch aller Arten von Technik sind.«

118 E. Bloch, Das Prinzip Hoffnung, 3 Bde., 5. Aufl., Frankfurt/M. 1978, S. 802 u. 805.

119 Ebenda, S. 815f.

120 S. Moscovici, Versuch über die menschliche Geschichte der Natur, Frankfurt/M. 1982, S. 38.

121 Ebenda, S. 43.

122 Ebenda, S. 40.

123 G. Ropohl, Technik als Gegennatur, in: Großklaus/Oldemeyer (Hg.) (wie Anm. 67), S. 87-100, hier S. 95.

124 Göttl-Ottlilienfeld (wie Anm. 11), S. 64.

125 Vgl. dazu Rapp/Jokisch/Lindner (wie Anm. 87), S. 82-94.

126 H. Beck, Kulturphilosophie der Technik. Perspektiven zu Technik — Menschheit — Zukunft, Trier 1979, S. 51 u. 54.

127 Dessauer (wie Anm. 6), S. 257.

128 Zit. nach Huning (wie Anm. 3), S. 23.

129 F. Dessauer, Philosophie der Technik. Das Problem der Realisierung, Frankfurt/M. 1927.

130 Ebenda, S. 43 u. 47.

131 Ebenda, S. 50 f. Kritische Vorbehalte gegenüber Dessauers Technikdeutung äußern: K. Tuchel, Die Philosophie der Technik bei Friedrich Dessauer. Ihre Entwicklung, Motive und Grenzen, Frankfurt/M. 1964; Ropohl (wie Anm. 123).

132 K. Marx, Zur Kritik der politischen Ökonomie, in: Karl-Marx-Ausgabe, hrsg. von H.-J. Lieber, Bd. 6, Darmstadt 1964, S. 839.

133 Ders., Das Elend der Philosophie, in: Karl-Marx-Ausgabe, hrsg. von H.-J. Lieber, Bd. 2, Darmstadt 1971, S. 744.

134 D. Ribeiro, Der zivilisatorische Prozeß, Frankfurt/M. 1971, S. 178-206.

135 Die Rolle der Technik im Alltagsleben behandeln: S. Giedion, Die Herrschaft der Mechanisierung, Frankfurt/M. 1987; B. Joerges (Hg.), Technik im Alltag, Frankfurt/M. 1988. Die philosophisch-phänomenologi-
sche Sicht steht im Vordergrund bei: H. Blumenberg, Wirklichkeiten, in
denen wir leben, Stuttgart 1981; D. Ihde, Existential Technics, Albany,
N.Y. 1983; C.F. Gethmann (Hg.), Lebenswelt und Wissenschaft. Studien zum Verhältnis von Phänomenologie und Wissenschaftstheorie,
Bonn 1991.

136 E. Husserl (wie Anm. 52), S. 183.

137 Einen guten Überblick dazu gibt Gethmann (Hg.) (wie Anm. 135).

138 Siehe dazu Giedion/Jörges (Hg.) (wie Anm. 135).

139 Das entscheidende Problem der Größenordnungen untersucht R.S.
McGinn, The Problem of Scale in Human Life. A Framework for Analysis, in: P.T. Durbin (Hg.), Research in Philosophy and Technology, Bd.
1, Greenwich, Conn. 1978, S. 39-52.

140 P. Lersch, Der Mensch in der Gegenwart, 2. Aufl., München 1955, S. 43
u. 48.

141 Vgl. dazu V. Droste, Ernst Jünger, »Der Arbeiter«. Studien zu seiner
Metaphysik, Göppingen 1981.

142 F.G. Jünger, Die Perfektion der Technik, Frankfurt/M. 1946.

143 K. Jaspers, Die geistige Situation der Zeit, Berlin/Leipzig 1931, S. 167.

144 K. Karmarsch, Geschichte der Technologie seit der Mitte des achtzehnten Jahrhunderts, München 1982, Nachdr. New York/London 1965,
S. 57.

145 E. Cassirer, Philosophie der symbolischen Formen, 3 Bde., 7. Aufl.,
Darmstadt 1977; leichter zugänglich zusammengefaßt in: ders., Ver-
such über den Menschen. Einführung in eine Philosophie der Kultur,
Frankfurt/M. 1990.

146 Cassirer (wie Anm. 27), S. 76 f.

147 Ebenda, S. 88 f. Vergleiche dazu die Bemerkung von Scheler (wie Anm.
117), S. 95-97 u. 135-138, daß im Gegensatz zu Europa in den asiati-
schen Kulturen aufgrund des dominierenden Heils- und Bildungswis-
sens ein breites Spektrum von Techniken zur Beherrschung der »inneren« Natur entwickelt wurde, während die Entfaltung der »äußeren«
Techniken zurückblieb.

148 Cassirer (wie Anm. 145), Bd. 2, S. 117.

149 Cassirer (wie Anm. 27), S. 45.

150 Ebenda, S. 78.

151 Vgl. dazu Rapp (wie Anm. 74), S. 185-192.

152 Eine kommentierte Übersicht zum Thema »Technische Utopien« einschließlich der Science-fiction gibt F. Winterling, in: Sachsse (Hg.) (wie
Anm. 3), Bd. 1, Pullach 1974, S. 206-236.

153 T. Morus, Utopia, in: Heinisch (Hg.) (wie Anm. 43), S. 7-109.

154 Bacon (wie Anm. 43).
155 A. Huxley, Schöne neue Welt, Frankfurt/M. 1972.
156 B.F. Skinner, Futurum II, Hamburg 1970.
157 Vgl. dazu die Ausführungen von Moser (wie Anm. 1).
158 F.W. Schelling, System des transzendentalen Idealismus, Hamburg 1957, S. 258.
159 J.M. Hanks, Jacques Ellul. A Comprehensive Bibliography, Greenwich, Conn. 1984 (Suppl. 1 der Reihe Research in Philosophy and Technology), fortgesetzt in derselben Reihe, Bd. 11, 1991, S. 197-299.
160 Ellul (wie Anm. 12), S. 94, 97 u. 418.
161 Ebenda, S. XXV.
162 Ebenda, S. XIII.
163 Ebenda, S. 142-145.
164 Eine systematische Zusammenstellung und Interpretation der Äußerungen Heideggers zur Technik gibt G. Seubold, Heideggers Analyse der neuzeitlichen Technik, Freiburg/München 1986. An Sekundärliteratur seien genannt: R. Maurer, Revolution und »Kehre«. Studien zum Problem gesellschaftlicher Naturbeherrschung, Frankfurt/M. 1975; G. Prauss, Erkennen und Handeln in Heideggers »Sein und Zeit«, Freiburg/München 1977; W. Schirmacher, Technik und Gelassenheit. Zeitkritik nach Heidegger, Freiburg/München 1983; M.F. Fresco/R.J.A. van Dijk/H.W.P. Vijgeboom (Hg.), Heideggers These vom Ende der Philosophie, Bonn 1989; A. Rosales, Die Technikdeutung Martin Heideggers in ihrer systematischen Entwicklung und philosophischen Aufnahme, Dortmund 1994. Kritische Bemerkungen zu Schirmacher bringt F. Rapp, Kosmische Technik als Zuspruch des Seins. Bemerkungen zu W. Schirmachers Weiterdenken nach Heidegger, in: Zeitschrift für philosophische Forschung 38 (1984), S. 445-449.
165 M. Heidegger, Sein und Zeit, 15. Aufl., Tübingen 1979, S. 357 f.
166 Ders., Die Technik und die Kehre, Pfullingen 1962, S. 19-36.
167 Ders., Was ist Metaphysik?, Frankfurt/M. 1960, S. 43.
168 K. Jaspers, Notizen zu Martin Heidegger, München 1989, S. 213.
169 Nr. 23/1976, S. 209.
170 W. Schulz, Die Aufhebung der Metaphysik in Heideggers Denken, in: Fresco/van Dijk/Vijgeboom (Hg.) (wie Anm. 164), S. 33-47, hier S. 44.
171 M. Bense, Technische Existenz, Stuttgart 1949, S. 194.
172 Eine Sammlung von Beiträgen zu diesen Themenkomplex bringt H. Poser (Hg.), Philosophie und Mythos, Berlin 1979.
173 Eine ausführliche Darstellung der im wertneutralen Sinne als weltanschauliches Interpretations- und Steuerungssystem verstandenen Ideologie — gleichsam als eines säkularisierten Mythos — gibt E. Lemberg, Ideologie und Gesellschaft. Eine Theorie der ideologischen Systeme, 2. Aufl., Stuttgart 1974.

174 S. Lem, Summa technologiae, Frankfurt/M. 1976.
175 I. Illich, Selbstbegrenzung. Eine politische Kritik der Technik, Reinbek 1975.
176 Marcuse (wie Anm. 13).
177 Schirmacher (wie Anm. 164).
178 M. Eliade, Mythen, Träume und Mysterien, Salzburg 1961, S. 22-24.
179 J.A. Etzler, 1. Aufl., Pittsburgh, Pa. 1833; drei Ausgaben London 1836-1842; deutsche Übersetzung Ulm 1844.
180 R. Barthes, Mythen des Alltags, Frankfurt/M. 1964, S. 76.
181 Einen Überblick geben die Sammelbände von: K. Lompe (Hg.), Technik-theorie, Technikforschung, Technikgestaltung, Opladen 1987; F. Rapp/M. Mai (Hg.), Institutionen der Technikbewertung. Standpunkte aus Wissenschaft, Politik und Wirtschaft, Düsseldorf 1989; R.Graf von West-phalen (Hg.), Technikfolgenabschätzung, 2. erw. Aufl., München 1994.
182 Vgl. dazu Ellul (wie Anm. 12), S. 141-147; F. Rapp, Technik als Mythos, in: H. Poser (Hg.) (wie Anm. 172), S. 110-129.
183 Habermas/Luhmann (wie Anm. 99).
184 Die Texte sind zusammengestellt in T.W. Adorno u. a. (Hg.), Der Positi-vismusstreit in der deutschen Soziologie, Neuwied/Berlin 1969; eine Be-urteilung gibt M. Schmid, Der Positivismusstreit in der Deutschen Sozio-logie. 30 Jahre danach, in: Logos 1 (1993), S. 35-81.
185 Vgl. Gadamer sowie Albert/Topitsch (wie Anm. 101).
186 K. Marx, Zur Kritik der Nationalökonomie. Ökonomisch-philosophi-sche Manuskripte, in: Karl-Marx-Ausgabe, hrsg. von H.-J. Lieber, Bd. 1, Darmstadt 1962, S. 559-575. Die Koexistenz von konservativen und pro-gressiven Elementen in der Technikkritik belegt R.P. Sieferle, Fort-schrittsfeinde? Opposition gegen Technik und Industrie von der Roman-tik bis zur Gegenwart, München 1984.
187 Zahlreiche Beiträge dazu bringt H.-H. Schrey (Hg.), Entfremdung, Darmstadt 1975.
188 Horkheimer (wie Anm. 94).
189 Siehe dazu W. Oelmüller (Hg.), Transzendentalphilosophische Normen-begründungen, Bd. 1, Paderborn 1978.
190 Marcuse (wie Anm. 13).
191 Habermas (wie Anm. 95).
192 Entscheidend war der Artikel von G. Böhme/W. van den Daele/W. Krohn, Die Finalisierung der Wissenschaft, in: Zeitschrift für Sozialfor-schung, 2 (1973), S. 128-144; die Gegenposition vertreten K. Hübner u. a. (Hg.), Die politische Herausforderung der Wissenschaft. Gegen eine ideologisch verplante Forschung, Hamburg 1976. Neuere soziologische Untersuchungen bringt P. Weingart (Hg.), Technik als sozialer Prozeß, Frankfurt/M. 1989.
193 Die Bedeutung des Vertrauens betont H. Sachsse, Ökologische Philoso-

phie. Natur — Technik — Gesellschaft, Darmstadt 1984, S. 111-122. Die Frage, woher Bürgerinitiativbewegungen ihr Rüstzeug beziehen können, diskutiert L. Hieber, Aufklärung über Technik. Zum Unterschied von wissenschaftlicher und politischer Technikkritik, Frankfurt/M. 1983.

194 P. Feyerabend, Wider den Methodenzwang. Skizze einer anarchistischen Erkenntnistheorie, Frankfurt/M. 1977.

195 S. C. Flormann, The Existential Pleasures of Engineering, New York 1976.

196 Einschlägige Arbeiten sind zusammengefaßt in J. Rotschild (Hg.), Machina ex Dea. Feminist Perspectives on Technology, New York 1983.

197 B. Commoner, The Closing Circle, New York 1971.

198 Vielfältige Beiträge zu dieser grundsätzlichen Problematik bringt H. Lenk (Hg.), Zur Kritik der wissenschaftlichen Rationalität, Freiburg/ München 1986.

199 Tatsächlich bildet denn auch — wie könnte es anders sein! — die Vernunft die wesentliche Berufungsinstanz bei allen Argumentationen zu einer Ethik der Technik, so etwa bei: C. Hubig, Technik- und Wissenschaftsethik. Ein Leitfaden, Berlin 1993; Lenk/Ropohl (Hg.) (wie Anm. 86); D. Birnbacher (Hg.), Ökologie und Ethik, Stuttgart 1980; H. Jonas, Das Prinzip Verantwortung, Frankfurt/M. 1979.

200 Sachsse (wie Anm. 25), S. 19 f.

201 Siehe dazu P. R. Becker, Werkzeuggebrauch im Tierreich. Wie Tiere hämmern, bohren, streichen, ..., Stuttgart 1993.

202 Jonas (wie Anm. 199).

203 Eine Übersicht über die Stufen zunehmender »Vernutzung« der Umwelt einschließlich der verschiedenen Rechtfertigungsstrategien gibt R. P. Sieferle, Fortschritte der Naturzerstörung, Frankfurt/M. 1988.

204 Siehe dazu Commoner (wie Anm. 197).

205 D.L. Meadows u. a., Die Grenzen des Wachstums. Bericht des Club of Rome zur Lage der Menschheit, Reinbek 1973. Erste Kommentare dazu bringt W. L. Oltmans (Hg.), »Die Grenzen des Wachstums«. Pro und contra, Reinbek 1974.

206 Eine Übersicht dazu gibt U. Steger (Hg.), Unternehmensethik, Frankfurt/New York 1992.

207 Einen Vorschlag in diesem Sinne formuliert M. Serres, Le contrat naturel, Paris 1990.

208 Vgl. die in Anm. 181 angeführten Sammelbände.

209 Diese Kritikpunkte formulieren u. a.: O. Ullrich, Technik und Herrschaft. Vom Hand-Werk zur verdinglichten Blockstruktur industrieller Produktion, Frankfurt/M. 1977, S. 384-465; D. Dickson, Alternative Technologie. Strategien der technischen Veränderung, München 1978, S. 89-91.

210 Den Zusammenhang zwischen Technikentwicklung und Wirtschaftssystem behandelt K. M. Meyer-Abich/B. Schefold, Wie möchten wir in Zu-

kunft leben. Der »harte« und der »sanfte« Weg, München 1981. O. Renn, Verheißung und Illusion. Chancen und Grenzen einer alternativen Gesellschaft, Frankfurt/M. 1984, versucht, die Vor- und Nachteile einer alternativ gestalteten Welt gegeneinander abzuwägen. Eine philosophische Analyse unternimmt A. Baruzzi, Alternative Lebensform?, Freiburg/ München 1985.

211 Die deutsche Übersetzung erschien unter dem Titel: E. F. Schumacher, Die Rückkehr zum menschlichen Maß. Alternativen für Wirtschaft und Technik, Reinbek 1977.

212 Beispiele für den abnehmenden Grenznutzen bringt H. Lübbe, Der Lebenssinn der Industriegesellschaft, Berlin 1990, S. 207 f.

213 Illich (wie Anm. 175), S. 53.

214 Ebenda, S. 142 f.

215 W. Harich, Kommunismus ohne Wachstum? Babeuf und der »Club of Rome«, Reinbek 1975.

216 Bedenken gegen die Möglichkeit einer grundsätzlich anderen, alternativen Technik formuliert H. Sachsse, Was ist alternative Technik?, in: F. Rapp/P. Durbin (Hg.), Technikphilosophie in der Diskussion, Braunschweig/Wiesbaden 1982, S. 104; Sachsse erklärt, »daß es im strengen Sinn keine alternative Technik gibt. Technik ist in jedem Fall ein Mittel, um ein Ziel leichter erreichbar zu machen. Stehen verschiedene Verfahrenswege zur Erreichung desselben Zieles zur Verfügung, so ist derjenige der bessere, bei dem das Verhältnis von Aufwand zu Ertrag kleiner ist.«

217 C. Lévi-Strauss, Rasse und Nation, Frankfurt/M. 1972, S. 70.

Literatur

Verzeichnis der im Text und in den Anmerkungen auftretenden Titel

1. Bibliographien und Übersichtsartikel

C. Mitcham, Philosophy of Technology, in: P.T. Durbin (Hg.), The Culture of Science, Technology, and Medicine, New York/London 1980, S.282-363.

C. Mitcham/R. Mackey, Bibliography of the Philosophy of Technology, Chicago 1973, zugleich erschienen als Nr. 2, Teil 2 von Technology and Culture 10 (1973).

F. Rapp, Philosophy of Technology, in: G. Floistad (Hg.), Contemporary Philosophy, Bd. 2, Den Haag 1982, S.361-412; revidiert und gekürzt als The Philosophy of Technology. A Review, in: Interdisciplinary Science Review 10 (1985), S.126-139.

Weitere bibliographische Hinweise finden sich in den Buchreihen Research in Philosophy and Technology, Greenwich, Conn. 1978 ff. und Philosophy and Technology, Dordrecht/Boston 1983 ff.

2. Textsammlungen

K.-H. Delschen/J. Gieraths (Hg.), Philosophie der Technik, Frankfurt/M. 1982.

C. Mitcham/R. Mackey (Hg.), Philosophy and Technology. Readings in the Philosophical Problems of Technology, New York/London 1972.

H. Sachsse (Hg.), Technik und Gesellschaft, 3. Bde., Pullach/München 1974-76.

J.H.J. van der Pot, Die Bewertung des technischen Fortschritts. Eine systematische Übersicht der Theorien, 2 Bde., Assen 1985.

3. Einführungen

A. Huning, Das Schaffen des Ingenieurs. Beiträge zu einer Philosophie der Technik, 2. Aufl., Düsseldorf 1978.

H. Lenk/S. Moser (Hg.), Techne-Technik-Technologie. Philosophische Perspektiven, Pullach 1973.
H. Stork, Einführung in die Philosophie der Technik, Darmstadt 1977.
W. Ch. Zimmerli (Hg.), Technik oder: wissen wir, was wir tun?, Basel/Stuttgart 1976.

3. Schrifttum

T.W. Adorno u. a. (Hg.), Der Positivismusstreit in der deutschen Soziologie, Neuwied/Berlin 1969.
H. Albert/E. Topitsch (Hg.), Werturteilsstreit, 3. Aufl., Darmstadt 1990.
H. Arendt, Vita activa oder Vom tätigen Leben, Stuttgart 1960.
F. Bacon, Das neue Organon, Berlin 1982.
Ders., Neu-Atlantis, in: K.J. Heinisch (Hg.), Der utopische Staat, Reinbek 1960, S. 171-215.
B. Balla, Soziologie der Knappheit. Zum Verständnis individueller und gesellschaftlicher Mängelzustände, Stuttgart 1978.
R. Barthes, Mythen des Alltags, Frankfurt/M. 1964.
A. Baruzzi, Mensch und Maschine. Das Denken sub specie machinae, München 1973.
Ders., Alternative Lebensform?, Freiburg/München 1985.
H. Beck, Kulturphilosophie der Technik. Perspektiven zu Technik – Menschheit – Zukunft, Trier 1979.
P.R. Becker, Werkzeuggebrauch im Tierreich: Wie Tiere hämmern, bohren, streichen, ..., Stuttgart 1993.
D. Bell, Die Zukunft der westlichen Welt. Kultur und Technologie im Widerstreit, Frankfurt/M. 1976.
M. Bense, Technische Existenz, Stuttgart 1949.
G. Bien u.a. (Hg.), »Natur« im Umbruch. Zur Diskussion des Naturbegriffs in Philosophie, Naturwissenschaft und Kunsttheorie, Stuttgart 1994.
D. Birnbacher (Hg.), Ökologie und Ethik, Stuttgart 1980.
E. Bloch, Das Prinzip Hoffnung, 3 Bde., 5. Aufl., Frankfurt/M. 1978.
H. Blumenberg, Die Vorbereitung der Neuzeit, in: Philosophische Rundschau 9 (1961), S. 81-133.
Ders., Säkularisierung und Selbstbehauptung, Frankfurt/M. 1974.
Ders., Wirklichkeiten, in denen wir leben, Stuttgart 1981.
D. Böhler, Naturverstehen und Sinnverstehen. Traditionskritische Thesen zur Entwicklung und zur konstruktivistisch-szientifischen Umdeutung des Topos vom Buch der Natur, in: F. Rapp (Hg.), Naturverständnis und Naturbeherrschung, München 1981, S. 70-95.
G. Böhme/W. van den Daele/W. Krohn, Die Finalisierung der Wissenschaft, in: Zeitschrift für Sozialforschung 2 (1973), S. 128-144.

G. Böhme, Alternativen der Wissenschaft, Frankfurt/M. 1980.

C. Bonifazi, Eine Theologie der Dinge. Der Mensch in seiner natürlichen Welt, Stuttgart 1977.

G. Canguilhem, La connaissance de la vie, Paris 1985.

E. Cassirer, Philosophie der symbolischen Formen, 3 Bde., 7. Aufl., Darmstadt 1977.

Ders., Substanzbegriff und Funktionsbegriff, Darmstadt 1980.

Ders., Form und Technik, in: ders., Symbol, Technik, Sprache, Hamburg 1985, S. 39-91.

Ders., Versuch über den Menschen. Einführung in eine Philosophie der Kultur, Frankfurt/M. 1990.

B. Commoner, The Closing Circle, New York 1971.

A.C. Crombie, Von Augustinus bis Galilei. Die Emanzipation der Naturwissenschaften, Köln/Berlin 1959.

R. Descartes, Discours de la Méthode/Von der Methode, Hamburg 1960.

Ders., Meditationes de prima philosophia/Meditationen über die erste Philosophie, Stuttgart 1986.

F. Dessauer, Philosophie der Technik. Das Problem der Realisierung, Frankfurt/M. 1927.

Ders., Streit um die Technik, 3. Aufl., Frankfurt/M. 1956.

D. Dickson, Alternative Technologie. Strategien der technischen Veränderung, München 1978.

E.J. Dijksterhuis, Die Mechanisierung des Weltbildes, Berlin 1956.

G. Dohrn-van Rossum, Die Geschichte der Stunde. Uhren und moderne Zeitordnung, München 1992.

V. Droste, Ernst Jünger, »Der Arbeiter«. Studien zu seiner Metaphysik, Göppingen 1981.

P. Duhem, Ziel und Struktur der physikalischen Theorien, Hamburg 1978.

I. Düring, Aristoteles. Darstellung und Interpretation seines Denkens, Heidelberg 1966.

M. Eliade, Mythen, Träume und Mysterien, Salzburg 1961.

Ders., Schmiede und Alchemisten, 2. Aufl., Stuttgart 1980.

J. Ellul, The Technological Society, New York 1964 (Original: La Technique ou l'enjeu du siècle, Paris 1954).

Ders., A Comprehensive Bibliography, hrsg. von J.M. Hanks, Greenwich, Conn. 1984.

T. Elm/H.H. Hiebel (Hg.), Medien und Maschinen. Literatur im technischen Zeitalter, Freiburg 1991.

H.J. Engfer, Philosophie als Analysis. Studien zur Entwicklung philosophischer Analysiskonzeptionen unter dem Einfluß mathematischer Methodenmodelle im 17. und 18. Jahrhundert, Stuttgart 1982.

J.A. Etzler, The Paradise within the Reach of All Men without Labour by Powers of Nature and Machinery, 1. Aufl., Pittsburgh, Pa. 1833.

F. Fellmann, Das Vico-Axiom. Der Mensch macht die Geschichte, Freiburg/ München 1976.

F. Ferré (Hg.), Technology and Religion, Greenwich, Conn. 1990.

L. Feuerbach, Das Wesen des Christentums, Werke, hrsg. von W. Bolin/F. Jodl, Bd. 6, Stuttgart 1903, Nachdr. 1960.

P. Feyerabend, Wider den Methodenzwang. Skizze einer anarchistischen Erkenntnistheorie, Frankfurt/M. 1977.

S. C. Flormann, The Existential Pleasures of Engineering, New York 1976.

M.F. Fresco/R.J.A. van Dijk/H.W.P. Vijgeboom (Hg.), Heideggers These vom Ende der Philosophie, Bonn 1989.

H. Freyer, Über das Dominantwerden technischer Kategorien in der Lebenswelt der industriellen Gesellschaft, in: ders., Gedanken zur Industriegesellschaft, Mainz 1960, S. 131-144.

Ders., Theorie des gegenwärtigen Zeitalters, 3. Aufl., Stuttgart 1967.

H.-G. Gadamer, Wahrheit und Methode, 6. Aufl., Tübingen 1990.

G. Galilei, Sidereus Nuncius/Nachricht von neuen Sternen, hrsg. und eingeleitet von H. Blumenberg, Frankfurt/M. 1965.

A. Gehlen, Die Seele im technischen Zeitalter. Sozialpsychologische Probleme in der industriellen Gesellschaft, Hamburg 1957.

C.F. Gethmann (Hg.), Lebenswelt und Wissenschaft. Studien zum Verhältnis von Phänomenologie und Wissenschaftstheorie, Bonn 1991.

S. Giedion, Die Herrschaft der Mechanisierung, Frankfurt/M. 1987.

B. Gille (Hg.), Histoire des Techniques. Technique et civilisations/Technique et sciences, Paris 1978.

W.R. Glaser, Soziales und instrumentelles Handeln. Probleme der Technologie bei Arnold Gehlen und Jürgen Habermas, Stuttgart 1972.

F. Gogarten, Verhängnis und Hoffnung der Neuzeit. Die Säkularisierung als theologisches Problem, Stuttgart 1958.

F. von Gottl-Ottlilienfeld, Wirtschaft und Technik, Tübingen 1923.

G. Großklaus/E. Oldemeyer (Hg.), Natur als Gegenwelt. Beiträge zur Kulturgeschichte der Natur, Karlsruhe 1983.

J. Habermas, Technik und Wissenschaft als »Ideologie«, Frankfurt/M. 1968.

J. Habermas/N. Luhmann, Theorie der Gesellschaft oder Sozialtechnologie. Was leistet die Systemforschung?, Frankfurt/M. 1972.

W. Harich, Kommunismus ohne Wachstum? Babeuf und der »Club of Rome«, Reinbek 1975.

M. Heidegger, Was ist Metaphysik?, Frankfurt/M. 1960.

Ders., Die Technik und die Kehre, Pfullingen 1962.

Ders., Sein und Zeit, 15. Aufl., Tübingen 1979.

L. Hieber, Aufklärung über Technik. Zum Unterschied von wissenschaftlicher und politischer Technikkritik, Frankfurt/M. 1983.

M. Horkheimer, Zur Kritik der instrumentellen Vernunft, Frankfurt/M. 1967.

198

C. Hubig, Technik- und Wissenschaftsethik. Ein Leitfaden, 2. Aufl., Berlin 1994.

K. Hübner u. a. (Hg.), Die politische Herausforderung der Wissenschaft. Gegen eine ideologisch verplante Forschung, Hamburg 1976.

A. Huning, Entwicklung der Technikphilosophie, in: F. Rapp (Hg.), Technik und Philosophie, Düsseldorf 1990, S. 9-95.

E. Husserl, Die Krisis der europäischen Wissenschaften und die transzendentale Phänomenologie, 2. Aufl., Den Haag 1962.

A. Huxley, Schöne neue Welt, Frankfurt/M. 1972.

D. Ihde, Existential Technics, Albany, N.Y. 1983.

I. Illich, Selbstbegrenzung. Eine politische Kritik der Technik, Reinbek 1975.

K. Jaspers, Die geistige Situation der Zeit, Berlin/Leipzig 1931.

Ders., Notizen zu Martin Heidegger, hrsg. von H. Saner, München 1989.

B. Joerges (Hg.), Technik im Alltag, Frankfurt/M. 1988.

H. Jonas, Das Prinzip Verantwortung, Frankfurt/M. 1979.

E. Jünger, Der Arbeiter. Herrschaft und Gestalt, Hamburg 1932.

F.G. Jünger, Die Perfektion der Technik, Frankfurt/M. 1946.

I. Kant, Kritik der reinen Vernunft, Werke, hrsg. von W. Weischedel, Bd. 2, Darmstadt 1963.

Ders., Beantwortung der Frage: Was ist Aufklärung?, Werke, hrsg. von W. Weischedel, Bd. 6, Darmstadt 1964.

E. Kapp, Grundlinien einer Philosophie der Technik. Zur Entstehungsgeschichte der Cultur aus neuen Gesichtspunkten, Braunschweig 1877, Nachdr. Düsseldorf 1978.

K. Karmarsch, Geschichte der Technologie seit der Mitte des achtzehnten Jahrhunderts, München 1982, Nachdr. New York/London 1965.

F. Klemm, Technik. Eine Geschichte ihrer Probleme, Freiburg/München 1954.

C. Koch/D. Senghaas (Hg.), Texte zur Technokratiediskussion, Frankfurt/M. 1970.

R. Koselleck, Artikel »Fortschritt«, in: Geschichtliche Grundbegriffe, hrsg. von O. Brunner/W. Conze/R. Koselleck, Bd. 2, Stuttgart 1975, S. 351-423.

A. Koyré, Von der geschlossenen Welt zum unendlichen Universum, Frankfurt/M. 1969.

M. Krause, Poesie & Maschine. Die Technik in der deutschsprachigen Literatur, Köln 1989.

H. Kreuzer (Hg.), Die zwei Kulturen. Literarische und naturwissenschaftliche Intelligenz − C.P. Snows These in der Diskussion, Stuttgart 1987.

T.S. Kuhn, Die Struktur wissenschaftlicher Revolutionen, 2. Aufl., Frankfurt/M. 1976.

D.S. Landes, Der entfesselte Prometheus. Technologischer Wandel und industrielle Entwicklung in Westeuropa von 1750 bis zur Gegenwart, Köln 1973.

W. Leiss, The Domination of Nature, New York 1972.

S. Lem, Summa technologiae, Frankfurt/M. 1976.

E. Lemberg, Ideologie und Gesellschaft. Eine Theorie der ideologischen Systeme, 2. Aufl., Stuttgart 1974.

H. Lenk (Hg.), Technokratie als Ideologie. Sozialphilosophische Beiträge zu einem politischen Dilemma, Stuttgart 1973.

Ders. (Hg.), Zur Kritik der wissenschaftlichen Rationalität, Freiburg/München 1986.

H. Lenk/G. Ropohl (Hg.), Technik und Ethik, 2. Aufl., Stuttgart 1993.

A. Leroi-Gourhan, Hand und Wort. Die Evolution von Technik, Sprache und Kunst, Frankfurt/M. 1980.

P. Lersch, Der Mensch in der Gegenwart, 2. Aufl., München 1955.

C. Lévi-Strauss, Rasse und Nation, Frankfurt/M. 1972.

K. Lompe (Hg.), Techniktheorie, Technikforschung, Technikgestaltung, Opladen 1987.

K. Lorenz, Einführung in die philosophische Anthropologie, Darmstadt 1990.

H. Lübbe, Der Lebenssinn der Industriegesellschaft, Berlin 1990.

N. Luhmann, Ökologische Kommunikation. Kann die moderne Gesellschaft sich auf die ökologischen Gefährdungen einstellen?, Opladen 1986.

H. Marcuse, Der eindimensionale Mensch, Neuwied/Berlin 1967.

K. Marx, Zur Kritik der Nationalökonomie. Ökonomisch-philosophische Manuskripte, in: Karl-Marx-Ausgabe, hrsg. von H.-J. Lieber, Bd. 1, Darmstadt 1962, S. 506-665.

Ders., Zur Kritik der politischen Ökonomie, in: Karl-Marx-Ausgabe, hrsg. von H.-J. Lieber, Bd. 6, Darmstadt 1964, S. 835-1029.

Ders., Das Elend der Philosophie, in: Karl-Marx-Ausgabe, hrsg. von H.-J. Lieber, Bd. 2, Darmstadt 1971, S. 657-811.

R. Maurer, Revolution und »Kehre«. Studien zum Problem gesellschaftlicher Naturbeherrschung, Frankfurt/M. 1975.

R.S. McGinn, The Problem of Scale in Human Life. A Framework for Analysis, in: P. T. Durbin (Hg.), Research in Philosophy and Technology, Bd. 1, Greenwich, Conn. 1978, S. 39-52.

D.L. Meadows u. a., Die Grenzen des Wachstums. Bericht des Club of Rome zur Lage der Menschheit, Reinbek 1973.

M. Meyer, Leiblichkeit und Konvention. Struktur und Aporien der Wissensbegründung bei Hobbes und Poincaré, Freiburg/München 1992.

K.M. Meyer-Abich/B. Schefold, Wie möchten wir in Zukunft leben. Der »harte« und der »sanfte« Weg, München 1981.

J. Mittelstraß, Neuzeit und Aufklärung. Studien zur Entstehung der neuzeitlichen Wissenschaft und Philosophie, Berlin 1970.

Ders., Das Wirken der Natur, in: F. Rapp (Hg.), Naturverständnis und Naturbeherrschung, München 1981, S. 36-69.

T. Morus, Utopia, in: K.J. Heinisch (Hg.), Der utopische Staat, Reinbek 1960, S. 7-109.

S. Moscovici, Versuch über die menschliche Geschichte der Natur, Frankfurt/M. 1982.

L. Mumford, Technics and Civilization, New York 1934.

W. Oelmüller (Hg.), Transzendentalphilosophische Normenbegründungen, Bd. 1, Paderborn 1978.

W.L. Oltmans (Hg.), »Die Grenzen des Wachstums«. Pro und contra, Reinbek 1974.

J. Ortega y Gasset, Betrachtungen über die Technik, Stuttgart 1949.

J. Passmore, Man's Responsibility for Nature, London 1974.

Platon, Gesetze, 846 d; Übersetzung lt. E. Eyth, Platon, Sämtliche Werke, Bd. 3, Heidelberg o.J. [1950].

H. Poser (Hg.), Philosophie und Mythos, Berlin 1979.

G. Prauss, Erkennen und Handeln in Heideggers »Sein und Zeit«, Freiburg/München 1977.

F. Rapp, Analytische Technikphilosophie, Freiburg/München 1978.

Ders., Technik als Mythos, in: H. Poser (Hg.), Philosophie und Mythos, Berlin 1979, S. 110-129.

Ders., Kosmische Technik als Zuspruch des Seins. Bemerkungen zu W. Schirmachers Weiterdenken nach Heidegger, in: Zeitschrift für philosophische Forschung 38 (1984), S. 445-449.

Ders., Fortschritt. Entwicklung und Sinngehalt einer philosophischen Idee, Darmstadt 1992.

F. Rapp/R. Jokisch/H. Lindner, Determinanten der technischen Entwicklung. Strukturmodelle in der Geschichtsschreibung über die Industrialisierung in Europa, Berlin 1980.

F. Rapp/M. Mai (Hg.), Institutionen der Technikbewertung. Standpunkte aus Wissenschaft, Politik und Wirtschaft, Düsseldorf 1989.

O. Renn, Verheißung und Illusion. Chancen und Grenzen einer alternativen Gesellschaft, Frankfurt/M. 1984.

D. Ribeiro, Der zivilisatorische Prozeß, Frankfurt/M. 1971.

G. Ropohl, Eine Systemtheorie der Technik. Zur Grundlegung der Allgemeinen Technologie, München 1979.

Ders., Technik als Gegennatur, in: G. Großklaus/E. Oldemeyer (Hg.), Natur als Gegenwelt. Beiträge zur Kulturgeschichte der Natur, Karlsruhe 1983, S. 87-100.

A. Rosales, Die Technikdeutung Martin Heideggers in ihrer systematischen Entwicklung und philosophischen Aufnahme, Dortmund 1994.

J. Rotschild (Hg.), Machina ex Dea. Feminist Perspectives on Technology, New York 1983.

H. Sachsse, Anthropologie der Technik. Ein Beitrag zur Stellung des Menschen in der Welt, Braunschweig 1978.

Ders., Was ist alternative Technik?, in: F. Rapp/P. Durbin (Hg.), Technikphilosophie in der Diskussion, Braunschweig/Wiebaden 1982, S. 103-106.

Ders., Ökologische Philosophie. Natur — Technik — Gesellschaft, Darmstadt 1984.

L. Schäfer, Das Bacon-Projekt. Von der Erkenntnis, Nutzung und Schonung der Natur, Frankfurt/M. 1993.

M. Scheler, Die Wissensformen und die Gesellschaft, 2. Aufl., Bern 1960.

F.W. Schelling, System des transzendentalen Idealismus, Hamburg 1957.

H. Schelsky, Der Mensch in der wissenschaftlichen Zivilisation, Köln/Opladen 1961.

W. Schirmacher, Technik und Gelassenheit. Zeitkritik nach Heidegger, Freiburg/München 1983.

M. Schmid, Der Positivismusstreit in der Deutschen Soziologie. 30 Jahre danach, in: Logos 1 (1993), S. 35-81.

W. Schmidt-Biggemann, Artikel »Maschine«, in: Historisches Wörterbuch der Philosophie, hrsg. von J. Ritter/K. Gründer, Bd. 5, Darmstadt 1980, Sp. 790-802.

H.-H. Schrey (Hg.), Entfremdung, Darmstadt 1975.

W. Schulz, Die Aufhebung der Metaphysik in Heideggers Denken, in: M.F. Fresco/R.J.A. van Dijk/H.W.P. Vijgeboom (Hg.), Heideggers These vom Ende der Philosophie, Bonn 1989, S. 33-47.

E.F. Schumacher, Die Rückkehr zum menschlichen Maß. Alternativen für Wirtschaft und Technik, Reinbek 1977.

J.A. Schumpeter, Kapitalismus, Sozialismus und Demokratie, 3. Aufl., München 1972.

M. Serres, Le contrat naturel, Paris 1990.

G. Seubold, Heideggers Analyse der neuzeitlichen Technik, Freiburg/München 1986.

R.P. Sieferle, Fortschrittsfeinde? Opposition gegen Technik und Industrie von der Romantik bis zur Gegenwart, München 1984.

Ders., Fortschritte der Naturzerstörung, Frankfurt/M. 1988.

B.F. Skinner, Futurum II, Hamburg 1970.

B. Snell, Die Entdeckung des Geistes. Studien zur Entstehung des europäischen Denkens bei den Griechen, 7. Aufl., Göttingen 1993.

U. Steger (Hg.), Unternehmensethik, Frankfurt/New York 1992.

A. Stöcklein/M. Rassem (Hg.), Technik und Religion, Düsseldorf 1990.

W. Temple, Nature, Man and God. Gifford Lectures 1932-1934, London 1953.

L. Tondl, On the Concepts of »Technology« and »Technological Sciences«, in: F. Rapp (Hg.), Contributions to a Philosophy of Technology. Studies in the Structure of Thinking in the Technological Sciences, Dordrecht/oston 1974, S. 1-18.

A.J. Toynbee, A Study of History, 12 Bde., Oxford 1943-1961.

K. Tuchel, Die Philosophie der Technik bei Friedrich Dessauer. Ihre Entwicklung, Motive und Grenzen, Frankfurt/M. 1964.

Ders., Herausforderung der Technik. Gesellschaftliche Voraussetzungen und Wirkungen der technischen Entwicklung, Bremen 1967.

O. Ullrich, Technik und Herrschaft. Vom Hand-Werk zur verdinglichten Blockstruktur industrieller Produktion, Frankfurt/M. 1977.

K. Ulmer, Wahrheit, Kunst und Natur bei Aristoteles, Tübingen 1953.

M. Weber, Die protestantische Ethik, Bd. 1: Eine Aufsatzsammlung, Bd. 2: Kritiken und Antikritiken, hrsg. von J. Winckelmann, 4. Aufl., Gütersloh 1975 und 3. Aufl., Gütersloh 1978.

P. Weingart (Hg.), Technik als sozialer Prozeß, Frankfurt/M. 1989.

R. Graf v. Westphalen (Hg.), Technikfolgenabschätzung, 2. erw. Aufl., München 1994.

A.N. Whitehead, Prozeß und Realität, Frankfurt/M. 1979.

W. Wieland, Die aristotelische Physik. Untersuchungen über die Grundlegung der Naturwissenschaft und die sprachlichen Bedingungen der Prinzipienforschung bei Aristoteles, Göttingen 1962.

L. Winner, Autonomous Technology. Technics-out-of-Control as a Theme in Political Thought, Cambridge, Mass. 1977.

F. Winterling, Beziehungen zwischen Technik und Gesellschaft im utopischen Denken, in: H. Sachsse (Hg.), Technik und Gesellschaft, Bd. 1, Pullach 1974, S. 206-236.

L. Wittgenstein, Tractatus logico-philosophicus/Logisch-philosophische Abhandlung, Frankfurt/M. 1963.

G.H. von Wright, Erklären und Verstehen, Frankfurt/M. 1974.

Register

Die kursiv gesetzten Zahlen beziehen sich auf die Anmerkungen; sie verweisen auf die Autoren der dort genannten Werke. Die Stichworte dienen zur Ergänzung des Inhaltsverzeichnisses.

Abendland 60
Adorno, T.W. 149; *184*
Albert, H. 150; *101*
Alchemie 29 f., 106
Ambivalenz der Technik 96, 132
Antiutopien 132
Apel, K. 152
Arbeit 64, 94 f.
Archimedes 37
Arendt, H. *104*
Aristoteles 29, 32, 35, 42, 47, 49
Artefakte, technische 52, 130, 104 f.
Aufklärung 26, 29, 95 f., 143, 148
Augustinus 52
Auswahlkriterien 78
Bacon, F. 38-42, 79, 81, 116, 131; *42, 43*
Balla, B. *84*
Barthes, R. 147; *180*
Baruzzi, A. *58, 210*
Beck, H. 112; *126*
Becker, P.R. *201*
Bell, D. *21*
Bense, M. 144; *171*
Bergson, H. 14, 103
Beschreibung, mathematische 42-44
Bevölkerungsexplosion 165
Bewegungen, natürliche 35
Bien, G. *67*
Birnbacher, D. *199*

Bloch, E. 18, 105-109, 116, 131; *118*
Blumenberg, H. 18, 46, 62, 96, 144; *40, 108, 135*
Böhler, D. 29
Böhme, G. *31, 192*
Bonifazi, C. *73*
Burckhardt, J. 14
Calvin, J. 62, 95
Canguilhem, G. *114*
Carnot, S. 55
Cassirer, E. 47, 50 f., 125-128; *27, 53, 145*
Christentum 60-64, 112
Club of Rome 14, 163
Commoner, B. 158 f.; *197*
Crombie, A.C. *41*
Cusanus 52
Delschen, K.-H. *3*
Demokratie 16, 26, 116, 143, 148
Demokrit 52
Denken, kreatives 157 f.
Descartes, R. 13, 38, 40-46, 52, 79, 100, 133; *45, 63*
Dessauer, F. 14, 22, 112-114; *6, 129*
Dickson, D. *209*
Dijksterhuis, E.J. 49; *49*
Dilthey, W. 14
Dingler, H. 48
Diskurs, rationaler 94, 152 f.
Dohrn-van Rossum, G. *64*
Dritte Welt 167 f.

Droste, V. *141*
Duhem, P. 48; *30*
Düring, J. *33*
Einstein, A. 28, 48
Einzelwissenschaften 16 f.
Eliade, M. 146; *26, 178*
Ellul, J. 20, 83, 134-138, 146, 153; *12, 159*
Elm, T. *8*
Engels, F. 40, 100, 115
Engfer, H.J. *47*
Entfremdung 151, 174
Entheiligung 29, 49, 138
Erfindungen 111, 113 f.
Erkenntnisinteresse 89, 150
Ethik 127 f., 177 f.
Etzler, J.A. *179*
Experimente, systematische 42 f.
Experten 67, 88, 156 f.
Expertokratie 157
Fellmann, F. *65*
Ferré, F. *68*
Feuerbach, L. 64, 99 f.; *77*
Feyerabend, P. 157 f.; *194*
Fichte, J.G. 116
Finalisierung der Wissenschaft 155 f.
Florman, S.C. 158; *195*
Forschung, radikale 169
Fortschritt, technischer 110
Fortschrittserwartungen 147, 174 f.
Fortschrittsoptimismus 95 f.
Frankfurter Schule 14, 149-154
Franklin, B. 14, 103
Franz von Assisi 62
Freiheit 89, 91, 97 f., 128
Fresco, M.F. *164*
Freyer, H. 82 f.; *82, 111*
Gadamer, H.-G. *101*
Galilei, G. 28, 32, 38, 43-45, 156; *49*
Gegennatur 108
Gehlen, A. 82, 100; *92*
Geist 127 f.
Geometrie 36, 43-46

Geschichte der Technik 8
Gethmann, C.F. *135*
Giedion, S. *135*
Gieraths, J. *3*
Gil, T. *67*
Gille, B. *87*
Glaser, W.R. 82; *91*
Goethe, J.W.v. 45, 51, 114, 159
Gogarten, F. *69*
Gott 38, 53, 141, 147
Gottl-Ottlilienfeld, F.v. 110; *11*
Großklaus, G. *67*
Habermas, J. 83, 86-88, 149, 152-154; *95, 99*
Handwerkstechnik 13, 101-104
Harich, W. 169 f.; *215*
Hegel, G.W.F. 10, 14, 37, 100, 107 f., 136, 151
Heidegger, M. 36, 46, 88, 121, 138-143; *165, 166, 167*
Heine, H. 152
Herder, J.G. 102
Hermeneutik 44
Hiebel, H.H. *8*
Hieber, L. *193*
Historischer Materialismus 40, 69, 100, 106, 115-118, 122
Hobbes, T. 48, 53
Hölderlin, F. 140
Horkheimer, M. 18, 83, 149, 152; *94*
Hubig, C. *199*
Hübner, K. 144; *192*
Humboldt, A.v. 159
Huning, A. 66; *2, 3*
Husserl, E. 48, 88, 120 f.; *52*
Huxley, A. 132; *155*
Idealismus 105, 107, 110-114
Ideen 113
Ideologie 145, 153, 156
Ihde, D. *135*
Illich, I. 146, 169 f.; *175*
Industrielle Revolution 13, 55
Infrastruktur 68

Ingenieurwissenschaften 13, 24, 49, 59, 72 f., 79
Innovationen, technische 10, 111
Institutionen 154
Interessengegensätze 163
Jaspers, K. 124, 140; *143, 168*
Joerges, B. *135*
Jokisch, R. *87*
Jonas, H. *199*
Jünger, E. 124
Jünger, F.G. 124; *142*
Kant, I. 13, 32, 44, 99, 105, 113, 126, 133, 141, 177; *19*
Kapp, E. 14, 101; *7*
Karmarsch, K. 125; *144*
Klemm, F. *38*
Knappheit 74
Koch, C. *97*
Kommunismus 60, 115 f., 146, 169 f.
Komplexitätsreduktion 16
Konstruktivismus 48, 51
Kontingenz 134
Konventionalismus 48, 51
Kopernikanische Wende 98
Koselleck, R. *110*
Koyré, A. *41*
Krause, M. *8*
Kreuzer, H. *5*
Kritische Theorie 112, 149-154
Kritischer Rationalismus 149
Krohn, W. *192*
Krolzik, U. *68*
Kuhn, T.S. 12; *4*
Kultur 126-128, 162
Kunstfertigkeit, praktische 13 f.
Kybernetik 53, 120
Landes, D.S. *21*
Laplace, P.S. de 53
Lebensqualität 168
Leibniz, G.W. 13, 43, 105
Leiss, W. *44*
Lem, S. 145; *174*
Lemberg, E. *173*

Lenk, H. *3, 86, 97, 198*
Leroi-Gourhan, A. 102; *114*
Lersch, P. 123; *140*
Leukipp 52
Lévi-Strauss, C. 172; *217*
Lindner, H. *87*
Lompe, K. *181*
Lorenz, K. *112*
Lorenzen, P. 48
Lösungsgestalten, prästabilierte 113 f.
Löwith, K. 62
Lübbe, H. *212*
Luhmann, N. 25, 86 f., 149; *17, 99*
Lukrez 52
Lyssenko, T.D. 156
Machbarkeit 130
Mackey, R. 18; *3*
Magie 30 f.
Mai, M. *181*
Mängelwesen 102
Mann, T. 148
Marcuse, H. 21, 135, 146, 153 f.; *13*
Marktwirtschaft 26, 60, 74 f.
Marx, K. 14, 37, 40, 50, 60, 96, 100, 114-118, 131, 151; *132, 133, 186*
Maurer, R. *164*
McGinn, R.S. *139*
Meadows, D.L. *205*
Methode, analytische 42, 159
Meyer, M. *54*
Meyer-Abich, K.M. *210*
Mitcham, C. 18; *3*
Mittel-Zweck-Relation 66, 171
Mittelstraß, J. *28, 48*
Moderne 12, 26 f., 60, 63, 117, 126
Monod, J. 50
Morus, T. 116, 131; *153*
Moscovici, S. 106-108; *120*
Moser, S. 9; *1, 3*
Mumford, L. *72*
Nationalsozialismus 146
Natura naturans 105 f.

Natura naturata 106
Naturalismus 105-109
Naturgesetze 72
Naturphilosophie, antike 31
Naturphilosophie, scholastische 43
Naturvölker 95 f.
Naturwissenschaften 24, 33, 54-59, 72, 79
Nestle, W. 143
Newton, I. 28, 32, 38, 45, 51, 53, 159
Nietzsche, F. 88, 177
Oelmüller, W. *189*
Ökologieprobleme 64, 71, 88, 128, 149, 159-165
Oldemeyer, E. *67*
Oltmans, W.L. *205*
Oresme, N. 52
Organprojektion 101
Organverstärkung 110
Ortega y Gasset, J. *112*
Passmore, J. 63; *70*
Perfektionierung 113, 124
Physik, mathematische 47
Platon 28, 32, 36, 47 f., 51, 113, 116, 131; *37*
Plessner, H. 100
Plutarch 37
Poincaré, H. 48
Pope, A. 53
Popper, K.R. 150
Poser, H. *172*
Positivismusstreit 149 f.
Praktischer Syllogismus 66
Prauss, G. *164*
Produktionsfaktoren 89
Prognose 87
Rahmenbedingungen 76
Rapp, F. *3, 74, 85, 87, 164, 181, 182*
Rassem, M. *68*
Rationalismus 29
Realitätsprinzip 89
Realtechnik 20 f., 24
Renn, O. *210*

Ressourcen, materielle 73
Ribeiro, D. *134*
Ropohl, G. 25, 108 f.; *18, 86, 123*
Rosales, A. *164*
Rotschild, J. *196*
Rousseau, J.J. 165
Sachsse, H. 29; *3, 25, 193, 216*
Saint-Simon, C.H. de 84
Säkularisierung 143, 148
Schäfer, L. *44*
Schefold, B. *210*
Scheler, M. 88, 100, 140; *117*
Schelling, F.W. 99, 134; *158*
Schelsky, H. 82-84, 135, 153; *96*
Schirmacher, W. 146; *164*
Schmid, M. *184*
Schmidt-Biggemann, W. *62*
Scholastik, 37, 45
Schrey, H.-H. *187*
Schulz, W. *170*
Schumacher, E.F. 167 f.; *211*
Schumpeter, J.A. *89*
Schwellenwerte 161 f.
Selbstbegrenzung 169
Senghaas, D. *97*
Serendipity 59
Serres, M. *207*
Seubold, G. *164*
Sieferle, R.P. *186, 203*
Skinner, B.F. 132; *156*
Smith, A. 162
Snell, B. *22*
Sozialvertrag 165
Spinoza, B. 13, 43, 88, 105
Steger, U. *206*
Stöcklein, A. *68*
Stork, H. *3*
Subjektivität, Prinzip der 97 f.
Synergieeffekte 79
Systeme, soziale 24 f., 86, 154
Technik, maschinelle 49 f.
Technik, organische 50, 70
Technikbewertung 165

Technikdeutungen, monistische 92,
    107 f.
Technikkritik, feministische 158
Techniksteuerung 81-84, 154-157
Technokratiediskussion 69, 81-84
Technologie 22
Temple, W. 64; *78*
Theorie 117
Thomas von Aquin 145
Tondl, L. 22; *15*
Topitsch, E. *101*
Toynbee, A.J. 101; *115*
Transferprozesse 172-174
Tuchel, K. 22; *16, 131*
Ullrich, O. *209*
Ulmer, K. 36; *24*
Unfreiheit 128
Utopie 40, 129-132
van den Daele, W. *192*
van der Pot, J.H J. *3*
van Dijk, R.J.A. *164*
Variation, intellektuelle 38
Verfallstheorien 128 f.
Veränderungsbereitschaft 92
Veräußerlichung 123
Verfahrensweise 20, 137
Vernunft 152, 160
Verzicht 128

Vijgeboom, H.W.P. *164*
Wahrheit 16, 163
Weber, M. 26, 84, 95; *20*
Weingart, P. *192*
Weiss, U. *54*
Weltzivilisation, technische 172, 177
Werkzeuggebrauch 99, 101-104,
    139, 169
Wertentscheidungen 85-91, 94 f.
Wertneutralität 88, 170
Wesensbestimmung der Technik 9 f.,
    133 f., 141 f.
Westphalen, R. Graf v. *181*
Whitehead, A.N. 28; *23*
Wieland, W. 34; *31*
Wilke, J. *67*
Wilkinson, J. 136
Winner, L. *97*
Winterling, F. *152*
Wirtschaftlichkeit 80
Wirtschaftssystem 111
Wirtschaftswissenschaften 164
Wittgenstein, L. *60*
Wright, G.H.v. *80*
Zielursachen 33
Zimmerli, W. Ch. *3*
Zwei Kulturen 12

Friedrich Rapp, geb. 1932, Studium der Physik und Mathematik an der TH Darmstadt (Staatsex.) und der Philosophie an der Universität Fribourg/Schweiz (Prom.), 1972 Habilitation für Philosophie an der TU Berlin; seit 1985 Lehrstuhlinhaber für Philosophie an der Universität Dortmund mit dem Schwerpunkt Philosophie der Technik. Veröffentlichte u.a.: *Contributions to a Philosophy of Technology* (Hg.), 1974; *Analytische Technikphilosophie,* 1978 (engl. 1980, span. 1981, chin. 1986); *Naturverständnis und Naturbeherrschung* (Hg.), 1981; *Whiteheads Metaphysik der Kreativität* (hrsg. zus. mit R. Wiehl), 1986 (engl. 1990); *Begriffswandel und Erkenntnisfortschritt in den Erfahrungswissenschaften* (hrsg. zus. mit H.-W. Schütt), 1987; *Fortschritt. Entwicklung und Sinngehalt einer philosophischen Idee,* 1992.

In der Reihe **zur Einführung** bisher erschienen:

Adorno
von Willem van Reijen

Günther Anders
von Konrad Paul Liessmann

Karl-Otto Apel
von Walter Reese-Schäfer

Hannah Arendt
von Karl-Heinz Breier

Roland Barthes
von Gabriele Röttger-Denker

Bergson
von Gilles Deleuze

Bloch
von Detlef Horster

Hans Blumenberg
von Franz Josef Wetz

Martin Buber
von Siegbert Wolf

Ernst Cassirer
von Heinz Paetzold

Donald Davidson
von Kathrin Glüer

Derrida
von Heinz Kimmerle

John Dewey
von Martin Suhr

Diderot
von Ralph-Rainer Wuthenow

Umberto Eco
von Dieter Mersch

Norbert Elias
von Ralf Baumgart
und Volker Eichener

Foucault
von Hinrich Fink-Eitel

Paulo Freire
von Dimas Figueroa

Freud
von Hans-Martin Lohmann

Friedlaender (Mynona)
von Peter Cardorff

Erich Fromm
von Helmut Wehr

Habermas
von Detlef Horster

JUNIUS

Heidegger
von Günter Figal

Thomas Hobbes
von Wolfgang Kersting

Hölderlin
von Henning Bothe

Horkheimer
von Willem van Reijen

Husserl
von Peter Prechtl

Uwe Johnson
von Stefanie Golisch

Hans Jonas
von Franz Josef Wetz

C.G. Jung
von Micha Brumlik

Kafka
von Wiebrecht Ries

Kant
von Jean Grondin

Kierkegaard
von Konrad Paul Liessmann

Alexandra Kollontai
von Gabriele Raether

Julia Kristeva
von Inge Suchsland

Kropotkin
von Heinz Hug

Lacan
von Gerda Pagel

Gustav Landauer
von Siegbert Wolf

Lao-tzu
von Florian C. Reiter

Lévinas
von Bernhard Taureck

Lévi-Strauss
von Edmund Leach

Karl Liebknecht
von Ossip K. Flechtheim

Luhmann
von Walter Reese-Schäfer

Rosa Luxemburg
von Ossip K. Flechtheim

Lyotard
von Walter Reese-Schäfer

Machiavelli
von Quentin Skinner

Herbert Marcuse
von Hauke Brunkhorst
und Gertrud Koch

Marx
von Ossip K. Flechtheim
und Hans-Martin Lohmann

George Herbert Mead
von Harald Wenzel

Montaigne
von Peter Burke

Franz Neumann
von Alfons Söllner

Nietzsche
von Wiebrecht Ries

John Rawls
von Wolfgang Kersting

Wilhelm Reich
von Martin Konitzer

Karl Renner
von Anton Pelinka

Richard Rorty
von Detlef Horster

Otto Rühle
von Henry Jacoby
und Ingrid Herbst

Sartre
von Martin Suhr

Saussure
von Peter Prechtl

Carl Schmitt
von Reinhard Mehring

Schopenhauer
von Wolfgang Korfmacher

Georg Simmel
von Werner Jung

Sohn-Rethel
von Steffen Kratz

Sorel
von Larry Portis

Manès Sperber
von Alfred Paffenholz

Spinoza
von Helmut Seidel

Rudolf Steiner
von Gerhard Wehr

Tocqueville
von Michael Hereth

Trotzki
von Heinz Abosch

Max Weber
von Volker Heins

Simone Weil
von Heinz Abosch

Peter Weiss
von Stefan Howald

Carl Friedrich von Weizsäcker
von Michael Drieschner

Alfred North Whitehead
von Michael Hauskeller

Wittgenstein
von Chris Bezzel

Virginia Woolf
von Vera und Ansgar Nünning

JUNIUS

David Nyberg

Lob der Halbwahrheit
Warum wir so manches verschweigen

Aus dem Amerikanischen von Henning Thies

Ehrlichkeit, Aufrichtigkeit, Wahrheit – diese
moralischen Forderungen gelten noch immer
absolut und unverändert. David Nyberg wagt
die Gegenthese. Wenn es die Wahrheit nicht
gibt, sondern nur Ansichten über Wahrheit, ist
dann das Spiel mit den Schattierungen der
Wahrheit, mit Beschönigungen und Verschweigen nicht sogar ein wichtiger Teil der Selbst-
vergewisserung des Menschen? Amüsant und
doch fundiert zeigt Nyberg anhand der alltäglichen Halbwahrheiten, daß ein lebenswertes
Zusammenleben in der menschlichen Gemein-
schaft ohne Täuschung und Selbsttäuschung
undenkbar wäre.

304 Seiten   gebunden   ISBN 3-88506-241-0

Jean-François Lyotard

Die Phänomenologie
Aus dem Französischen von Karin Schulze
Mit einem Nachwort von Christoph von Wolzogen

Die Beschäftigung mit der Phänomenologie
lohnt, weil Sinn hier nicht ein für allemal
bestimmbar, sondern vieldeutig ist wie die
Geschichte selbst. Es geht ihr darum, den
Menschen hinter den objektivistischen und
systematischen Schemata wieder zu erfassen.
Lyotards Kritik am Totalitätsdenken der
Gegenwart: in dieser Untersuchung aus dem
Jahr 1954 hat sie ihre Wurzeln.

190 Seiten   gebunden   ISBN 3-88506-421-9

Julia Kristeva

Die neuen Leiden der Seele
Aus dem Französischen von Eva Groepler

Im Streß der Unterhaltungs- und Erlebnisge-
sellschaft finden die Menschen nicht mehr zu
jener Repräsentation der alltäglichen Erfahrungen, die man psychisches Leben nennt. Ist die
Psyche, die eine dunkle und doch unverzichtbare Grundlage unserer Identität ist, weil sich
in ihr die Konflikte des abendländischen Menschen spiegeln, in Auflösung begriffen?
14 Beiträge einer der bedeutendsten Vertreterin-
nen des französischen Poststrukturalismus.

272 Seiten   gebunden   ISBN 3-88506-232-1

JUNIUS

Hinrich Fink-Eitel

Die Philosophie und die Wilden

Über die Bedeutung des Fremden
für die europäische Geistesgeschichte

Seit der Entdeckung Amerikas vor mehr als 500
Jahren begleiten die Mythen des Bösen Wilden
und des Edlen Wilden das Denken der alten Welt.
Sie bringen zwei unterschiedliche Reaktionen auf
das Fremde zum Ausdruck: Macht und Melan-
cholie. Hinrich Fink-Eitel zeigt die Kontinuität
dieser Zweiteilung bis zu den strukturalistischen
Philosophen der Gegenwart.

408 Seiten   gebunden   ISBN 3-88506-233-X

Herbert Schnädelbach / Geert Keil (Hg.)

Philosophie der Gegenwart - Gegenwart der Philosophie

Sinn ist eine knappe Ressource geworden, so
daß immer mehr Menschen an die Philosophie
die Erwartung richten, grundsätzliche gedank-
liche Orientierung zu bieten. 25 prominente
Autoren des Fachs zeigen, daß die akademische
Disziplin in der Lage ist, ihre eigene Geschichte
und den darin angesammelten Reichtum philosophischer Denkerfahrung immer wieder für die
Gegenwart fruchtbar zu machen.

384 Seiten   gebunden   ISBN 3-88506-218-6

JUNIUS